行走在教师身边的科研

海淀区教育科研“种子教师”研究项目实践探索

吴颖惠　杜卫斌 等　著

北京大学出版社
PEKING UNIVERSITY PRESS

图书在版编目(CIP)数据

行走在教师身边的科研：海淀区教育科研“种子教师”研究项目实践探索/吴颖惠等著. —北京：北京大学出版社，2019. 9

ISBN 978-7-301-28945-7

Ⅰ. ①行… Ⅱ. ①吴… Ⅲ. ①中小学－教育研究－海淀区 Ⅳ. ①G632.0

中国版本图书馆 CIP 数据核字（2017）第 267298 号

书　　名	行走在教师身边的科研——海淀区教育科研“种子教师”研究项目实践探索 XINGZOU ZAI JIAOSHI SHENBIAN DE KEYAN——HAIDIANQU JIAOYU KEYAN “ZHONGZI JIAOSHI” YANJIU XIANGMU SHIJIAN TANSUO
著作责任者	吴颖惠　杜卫斌 等　著
责任编辑	巩佳佳
标准书号	ISBN 978-7-301-28945-7
出版发行	北京大学出版社
地　　址	北京市海淀区成府路 205 号　100871
网　　址	http://www.pup.cn　　新浪微博：@北京大学出版社
电子信箱	zyjy@pup. cn
电　　话	邮购部 010-62752015　发行部 010-62750672　编辑部 010-62754934
印 刷 者	三河市北燕印装有限公司
经 销 者	新华书店
	787 毫米 × 1092 毫米　16 开本　13.5 印张　255 千字
	2019 年 9 月第 1 版　2019 年 9 月第 1 次印刷
定　　价	50. 00 元

序一

任何一项教育改革，都必须充分调动广大教师参与的积极性和主动性。没有教师积极参与的教育教学改革，无论多么宏大、多么科学，最终都难以逃脱失败的命运。作为教育活动的主要实施者，教师必须参与到教育科研活动中来，必须成为学校教育科研的主力军。教师参与教育科研活动的深度与广度，一般是由教师个人的认知学识、情感态度和能力水平所决定的。我国各级教育科研部门不仅承担着丰富教育理论、推进教育改革的任务，而且承担着提升教师专业能力与水平的历史使命。对于基层教育科研部门来说，后者则更为重要。从某种意义上来讲，区县教育科研工作的首要任务就是教育科研活动的组织与管理，通过组织更多的教师参与教育科研活动，来培养教师、发展教师，促进教师从被动参与教育科研活动到主动设计课题研究，并逐渐使他们成为教育科研活动的“行家里手”，从而完成从实践到理论的专业飞跃。

北京市海淀区教育科学研究院（以下简称“海淀区教科院”）作为最基层的教育科研机构，多年来广泛组织和带领教师参与“群体教育科研”（由教育行政管理者、教育科研专业工作者和广大中小学教师共同组成课题组，采用行动研究方法，开展基于学校改进与发展的研究活动）。近年，海淀区教科院又创立了教育科研“种子教师”（以下简称“种子教师”）这种新型教师专业研究项目，旨在引导教师在学校实践现场中，经历一次又一次的教育科研活动，在充分表达、共同分享、相互讨论的基础上，认识、学习和完成各项课题或项目研究任务，不断提升自身的教育科研能力与水平，培养更多推动教育改革的“种子力量”，从而促进区域教育的内涵发展和品质提升。

一、扎根实践土壤的教师专业发展路径设计

教师从事教育科研活动显然不是为了创立教育理论、形成教育

流派，而是为了获得更为深刻的教育感知，形成更为通达的教育理念，并且能够将这种教育感知、教育理念与个人的教育经验相融合，成为一种来自教师心灵深处的促进教育变革的行动力。只有这种理论与行动相结合的行动力，才能够应对学校教育发展的“大变局”。智能移动互联网早已打开学校教育的大门，“核心素养”概念的提出又促使教师重新认识学科教学的功能与价值。教师必须在实践中完成从“如何教学”到“怎样教好”的转变。“教好”不仅包括知识教学，还包括立德树人，需要教师尽快完成从学科本位向学科核心素养、从示范引领教学向问题解决教学的全方位转变。教师不但要善于教，更要善于从学的角度去建构新型教学及育人模式；不但要对所教学科有深入的研究和了解，而且要能够超越学科，从培养完整的人的角度去关照课堂及一切育人细节。时代的变化和需求，让教师认识到了教育科研活动的意义与价值，并主动投身于教育科研活动之中。

教育科研活动离不开课堂教学，课堂教学永远是教师研究的“原点”。教师需要在日常教育教学过程中发现问题、提出问题，并努力寻找解决问题的有效方案，而这样一个过程恰好是研究的完整过程。华东师范大学钟启泉教授认为：“学校改革的核心环节是课程，课程改革的核心环节是课堂，课堂改革的核心环节是教师发展。”[①]“种子教师”研究项目的设计，正是基于引导教师在常态化教育现场中开展研究的这一思想。

“种子教师”研究项目面向全区所有中小学一线教师，在全面分析教师认知力、学习力、思考力和创新力等研究特质的基础上，经过层层筛选，2013 年最终选出 284 位教师，作为海淀区教育科研“种子教师”的首批研究团队。这些教师在学校里没有头衔，也没有骄人的名气。称其为“种子教师”，就是希望他们如草的种子一样，平凡、普通，但具有旺盛的生命力，扎根于教育教学实践的田野中。“种子教师”研究项目的主题设计一开始就接近教师的教育教学实践，走的是大众化、低重心的研究之路。这种教育科研取向，破除了科研“神秘论”与“高深论”，让研究走下神坛，走进教师日常的教育实践生活。这是一种根植于课堂教学的科研方式，已经在海淀区教育的广袤大地上绽放出勃勃

① 钟启泉.课堂研究[M].上海：华东师范大学出版社，2016：106.

的生机与活力。

组建“种子教师”研究项目的根本目的是促进教师由经验型向研究型的专业发展范式转变。一般来讲，一名教师经过3～5年的教学实践，就会积累一定的教育教学经验，并按照自己的经验模式开展教学活动。这类教师通常被称为经验型教师。经验型教师容易出现思维模式僵化、教学方式简单、教学成绩平庸等情况，参与教育改革与教学改进的能力明显不足。既具备丰富的教学经验，又具备良好的教育理论修养、教育科研意识和能力，善于总结教育规律与方法，乐于开展教育反思的教师通常被称为研究型教师。中小学教师要实现专业发展，就要从经验型教师走向研究型教师，这是教师专业发展的必由之路。如果大多数中小学教师都能够成为研究型教师，那么教师的专业性、自我形象和社会认可度就会得到改善。因此，从某种意义上讲，培养研究型教师是支撑学校可持续发展的根本策略。

二、专业学习与实践改进并举的教师研究方式

教师所做的研究是一种工作中的研究，也是一种学习中的研究，其参与教育科研活动的目的、功能、价值、方式、方法、成效、评价等，都与专业教育科研工作者有不同之处。教师需要在教育科研活动中将自身已有的教育知识和经验进行总结、提炼和升华，形成一种可以操作的教育思想与方式。教师从事教育科研活动一般要经历专业引领、同伴分享和行为改进三个阶段。

在专业引领阶段，专业教育科研人员是“种子教师”教育科研活动的组织者，要为参与教育科研活动的“种子教师”创设有意义、有价值、有获得感的学习体验，他们也是“种子教师”同伴学习的促进者。专业教育科研人员需要充分发挥思想引领和统筹规划的作用，要提供教育科研思想和资源支持，协助组织好各项教育科研活动，并及时总结、宣传教育科研成果；还要提供专家资源，开设“种子教师”的专项课题并提供专项经费支持，搭建论坛等交流平台，对有价值、有意义的课题研究进行“一对一”的跟进指导等。

在同伴分享阶段，“种子教师”要走进学校，了解各校的研究特色。相关学校要提供优秀教师展示研究课，为“种子教师”的成长打开窗口。“种子教师”在研讨中要了解教师如何进行课题研究，如何将研究成果落实在教育教学实践中并指导教育教学实践工作。教育科研活

动的主题设计和参与方式要尊重教师的选择，让教师能选择最适合自己的主题。在保证基本品质的前提下，把选择的权利还给学习者，也是未来教师教育科研活动的基本特点。

在行为改进阶段，“种子教师”在了解教育科研方法的基础上，重点通过研讨活动，实现教育思想与实践经验的有机结合，进而从参与课题研究走向独立承担课题研究工作。“种子教师”以自己承担的课题为依托，与有同样需求和研究兴趣的教师联系起来，形成跨学校、跨学科的研究团队，不定期开展研修活动，真正促进教育教学行为的改进。

具体来说，这种新型教师科研活动具有以下特点。

(1) 突出实践性和实用性。

区别于一般意义上的教研活动，“种子教师”的教育科研活动更重视研究，在研究中，将教师已有的实践经验和研究成果作为学习资源，在“专业学习”和“实践改进”之间形成有机的互动，将实践经验和研究成果转化为“种子教师”的方法论，从而提升教育科研活动的实用性。每次教育科研活动都有比较明确的研修主题，这些主题都来自教师的教育教学实践，引导“种子教师”在行动中研究问题、解决问题，能够将教学实践性知识策略化、逻辑化，即教师能研究、会写作。研修主题包容性强，不同学科学段都可以参与。例如，关于阅读问题的研究，二里沟片区组织了“阅读，让我们成为‘有思想的教育者’”的主题研修活动；针对《北京市实施教育部〈义务教育课程设置实验方案〉的课程计划（修订）》中关于中小学实践课程的开展要求，海淀片区开展了“实践课程培养学生什么素养”的主题研修活动。

(2) 突出开放性和融通性。

“种子教师”团队是一个来自不同学校，在年龄、阅历、学历、任教班级、学习意愿和能力、专业发展水平等方面存在诸多不同的群体。这就决定了“种子教师”的教育科研活动必须是一种打破学校、学科、学段界限的综合的融通性研修活动。“种子教师”教育科研活动的开放性和融通性集中体现在：① 保持中小幼学段、学科的打通，探寻教育的本质；② 关注课堂与学生发展相结合；③ 关注教师研究与学校发展；④ 了解各校的发展和研究特色，拓宽“种子教师”的视野。这种开放融通的研修方式，突破了传统研修相对单一的局限，可以有效提升教师的育人能力，帮助教师形成教育性思想，而非仅仅是学科性思维。

（3）突出团队性和研修性。

“种子教师”的成长，必须通过团队合作来实现。共同体追求的是一种价值观的趋同和行为目标、组织目标的一致，这种团体组织可以是紧密的，也可以是松散的。学习共同体是一种以教师自愿为前提，以分享（资源、技术、经验、价值观等）、合作为核心精神，以共同愿景为纽带，把教师联结在一起，并引导和促进其互相交流、共同学习的学习型组织。“种子教师”团队涉及138所学校，是海淀区目前涉及面最广的一支教师研究团队。从总体上看，共同学习已渗透到研究团队的各个环节和全过程，“种子教师”追求不断学习并在研讨交流中实现自我发展和超越。

在全区统一规划领导下，“种子教师”教育科研活动实行片区负责制。项目组以地理位置为主要依据，将全区划分为八个片区。“种子教师”教育科研活动分为集中研修与自主研修两种：前者主要通过片区集中或全体集中开展活动，一学期记1学分；后者主要通过“网络＋自主阅读＋具体问题的自主研究”开展活动，一学期记1.2学分（此处的学分指的是“种子教师”继续教育中的科研必修学分）。作为成人的教师，其主要的学习方式与途径是自我指导学习，而不是强制性的灌输和说教。教师依靠自己或者在他人的帮助下，逐步建立问题意识，主动诊断自身的学习需求，规划学习目标，选择和使用恰当的学习策略进行学习。“种子教师”每三年一届，三年内要完成相应的课程和学时，取得学分，同时获得专业发展，成为教育科研骨干教师。“种子教师”的研修活动具体包括：按照要求完成每学期一定课时的研修，参加每学期片区组织的两次集中研修活动，并积极参与研讨；完成每学年一次的科研论文征集；参加每学年一次的“种子教师”论坛；积极参与“种子教师”专项课题申报。

（4）突出经验性和学术性。

“种子教师”集中研修活动。强调以教师已有的经验为基础，通过体验式的研讨，让教师更多地参与其中；通过分享成功的经验，使每位教师认识到自身的不足，借鉴和吸收他人正向的经验，解决自己的问题；通过相互影响、加深了解得到启发，把其他人分享的内容内化成自己新的经验；同时，教师通过把自己的成功经验分享给其他人，可以得到外界的认可和重视，使其产生强烈的满足感和成就感，从而促使其不断学习，进而使研修真正成为触及教师教育行为和理念深刻变化的学习过程。例如，在四季青片区研修活动中，北京市第十九中学的“种子教师”王秀丽老师以“且思且行，走向专业”为题，向大家分享了她是如何在教育教学实践中开展课题研究的；在二里沟片区的研修活动中，海淀区花园村第二小学的白雪老师以“最近发展区究竟在哪儿”为题，梳理了自己的“种子教师”研修心得。这些分享使得现场研讨变得真实、生动，充满感染力。

通过论坛，教师相互交流教育教学中遇到的实际问题和处理问题的方式；通过分享交流，教师之间不断相互启发、拓宽视野、交流成果、增强友情；在活动中，教师传递着自身的价值观，打造着“种子教师”的学术领导力，增强了“种子教师”的专业自信以及基于学科教育实践理解的话语权和影响力。2015 年 4 月 17 日，以“科研促发展”为主题的首届海淀区教育科研“种子教师”论坛在北京实验学校（原北京立新学校）成功举办，来自海淀区各校的“种子教师”和学校教科室主任共 350 多人参加了该论坛。2016 年 5 月，第二届海淀区教育科研“种子教师”论坛分片进行，各片区开展了主题不一、形式不同的“红五月”系列论坛活动，更突出了人人参与研讨体验的特色。截止到 2016 年年底，两届论坛共评选出一等奖论文 37 篇，二等奖论文 83 篇，形成了一批成果，产生了一定的影响。

三、引领教师专业成长的教育科研方式创新

海淀区开展的“种子教师”研修活动，在市、区、校不同层面，均引起了良好反响。北京市教育科学研究院的綦春霞老师认为，海淀区的“种子教师”研修活动具有一定的创新性和较强的实践价值。“种子教师”研修这种方式为海淀区培养了一批中青年优秀教师。正如北京理工大学附属中学严水冬老师所言：“研修活动解决了我们工作中存在的一些困惑，点燃了我们智慧的火花，激励我们不断努力。”

“种子教师”研修活动的目的重在提升教师的研究能力、交流能力和引领能力，逐渐形成与此相对应的活动形式，并在研修过程中形成一些生成性的课程（如表 0-1 所示）。

表 0-1 “种子教师”研修活动的目的、活动形式及具体内容

能力提升	活动形式	具体内容
研究能力	阅读	专家推荐图书与教师个人研究领域书籍相结合
	写作	包括课后反思、教育随笔、研究论文等形式
	科研讲座	一是录制系列科研讲座，通过微信平台发布，“种子教师”可以反复收看，部分实现自主研修，从而完成整体研修课时；二是利用集中研修的时间，安排科研讲座
	观摩课	与集中研修活动主题结合，主要是围绕课题研究课堂，发现研究状态下的课堂，进而形成专业视角下的观摩课
交流能力	研讨	围绕研究内容，进行真研讨、真碰撞，这个过程也是课题研究深入和推广的过程
	论坛	相互交流教育教学中遇到的实际问题和处理问题的方式，通过分享交流，相互启发、拓宽视野、交流成果、增强友情；通过分享，每个人都可以得到智慧、经验、思想和信息
引领能力	主持课题、策划活动	独立主持课题研究或项目，以及进行活动的策划

“种子教师”是一群有进取心，有一定研究素养、影响力和教育情怀的思想者和行动者。“种子教师”研修活动以及相应的政策支持，成为一批年轻教师成长的平台。正如中国人民大学附属小学张宏光老师所说，“种子教师”研修活动打开了教师的眼界，能为教师搭建一个展示、交流、学习的平台，有利于教师树立新的教育思想、新的教育理念，有利于提高教师的业务能力，有利于提高教师的课堂教学艺术，有利于促进“种子教师”向研究型教师的转变。北京市海淀区定慧里小学的刘丽伟老师在感受到研修活动带给她的对教育的新认识和新理解之后说：“放下了之前的抵触情绪，开始从内心真正融入研修团队，每次活动，都努力调课参加，同时逼迫自己在小组活动中积极发言，不做那个‘沉默是金’的伪装者，在不断的聆听学习、交流讨论中，让自己的大脑飞速运转，丰满自己的羽翼。”几年来，一批“种子教师”得到了发展，成长为市区骨干教师；有些“种子教师”成为自己所在学校科研主任，有的甚至成为副校长，开始发挥更大的影响力。北京市海淀区

花园村第二小学的白雪老师还应邀参加了朝阳区的教育科研活动，交流分享自己的研修所得。

海淀区“种子教师”研修活动是一种扎根于教师教育实践的科研方式，同时，它也是一个长期的、缓慢而有韧性的过程。教育科研需要时间上、精力上的付出和投入，没有这个过程，“种子教师”就无法实现向研究型教师的转化。希望“种子教师”成为卓越的人，成为富有信心和雄心、试图影响教育的人物。当今学校教育发展需要这样的研究型教师，我们既要脚踏实地，又要仰望星空。希望海淀区“种子教师”研修活动的探索，能为提高教师综合素养、增强教师育人能力提供一条可借鉴的途径。

吴颖惠
海淀区教科院院长
2019 年 5 月

序二

在北京市海淀区的教育大地上，活跃着一支近 300 人的教师队伍。在过去的几年里，他们在海淀区 20 所学校进行了 35 次片区集中研修，他们开展各种专业阅读活动，分享自己的阅读体会；他们以身边的教育问题和现象为主题，组织各类跨学科、跨学段和跨学校的专题研讨活动；他们不断地反思、写作，积累了大量的案例，讲述着自己的教育故事。这就是海淀区“种子教师”研究项目。该项目注重实践，坚持交流分享的原则，行走在海淀区各中小学和幼儿园的教育教学第一现场。

相对于高校偏重理论研究的专家，“宽厚的理论修养、多样的实践策略和丰富的教育教学案例”是中小学实践型教育专家的重要特点。在“种子教师”的研修活动中，项目组以下述三个要素为指导，努力引导“种子教师”成长为研究型教师、专家型教师。

一、多种途径提升教师理论修养

所谓理论修养，不仅指记住一些教育理论知识，更重要的是将理论知识内化为教育的敏感和直觉。真正的教育专家在面对复杂的教育现象时，不仅能归纳总结现象本身，而且能解释其背后的规律。一些看似玄妙的教育灵感和知觉，其实都是基于深厚的理论修养。

“种子教师”主要来自一线，承担着具体的学科教学任务。教师在学校实践层面埋头深耕久了，往往容易停留在经验和感性层面，出现理论与实践的断层，从而制约了专业发展。很多教师对教育理论的实际作用体会不深，同时也苦于缺少提升理论修养的方法，经常会把理论修养简单化为阅读专业的理论书籍。怎样才能让教师自觉突破这种认识的局限呢？

第一，组织跨学科和跨学段的研修活动。

在研修的初期，教师们参加研修活动的目的主要集中在自己所教的学科上，尤其关注学科知识和技能的传授，同时仅关注自己教授的学段。局限于学科视野，不关注学生成长的纵向过程，是制约教师走向专家型教师的重要原因。如何引导教师突破这样的制约因素？项目组设计了跨越学科和学段的研修活动。在组织研修活动时，教授不同学科的教师聚集在一起，来自学前、小学、中学的教师打通分组，共同就某一个教育话题展开研讨。教师们渐渐发现，不同学科虽然有自己的学科特点，但教学的基本原理是相通的，一些超越学科边界的教学认识，在一次次的碰撞中逐步形成。教师开始谈论有效教学的特点，谈论分层教学、差异教学，谈论学习方式，等等。在跨学段的研修活动中，教师们逐步形成对教育的整体观。在自己的学科教学上，教师们开始关注各个学段的学科知识体系的前后联系和衔接，关注学科体系的整体建构。同时，教师们也注意到不同学段学生的年龄特点，对人的成长有了更宏观的认识。

第二，开展学生发展视角的课堂教学观摩。

课堂教学观摩是教师最感兴趣的研修活动之一。"种子教师"对课堂教学的观摩，重点应该放在哪里呢？项目组设计了两种思路：一是组织打通学段的同学科教师观摩课，比如各个学段的语文教师，共同观摩一节初中语文课；二是组织同学段不同学科教师观摩课，比如所有的小学老师，共同观摩一节小学数学课。在实际的研修活动中，教师根据自己的兴趣选择观摩课，常常出现既跨学科又跨学段的情况，比如一位小学数学老师，去观摩一节初中的语文课。这种课堂观摩活动逐步让教师形成一种观摩课的切入角度，即学生发展的视角。"眼中要有学生"，成为教师对课堂好坏评价的出发点，比如怎样关注学生差异，怎样从学生的成长、心理发展的规律、学生年龄阶段的认知特点等去设计教学环节。从关注学科教学到通识教学，再到学科教育，教师们的教育理论修养逐步得以提升。

第三，组织学校办学特色分享活动。

"种子教师"的研修活动强调回到教师的身边，扎根于教师的教学实践，研修活动一般都放到学校去组织实施。因为每一所学校都有自己的办学特色，所以项目组在每一次的研修活动中，都加入学校办学特色的分享活动。学校办学特色的分享，使得教师开始关注学校教育的整体，了解学科教学在学校办学中的地位和作用。教师们认识到，每一位教师的发展都与学校的整体发展密切相关。教师突破了"我的工作就是教好书、教好学生，学校发展是领导们的事"的比较狭隘的认识，开始关注学校的重大事件和学校的办学理念，主动将自己的发展与学校的整体发展结合起来。这对拓展教师视野，提高教师综合素质大有裨益。

第四，关注教师自身修养的阅读活动。

专业阅读、专业反思和专业写作，是教师科研的几种方式。这些方式打通了教师教育感性与理性之间的壁垒。说到教师的专业阅读，人们往往想到的是阅读专业的教育理论著作。但在现阶段，教师更为缺失的是对教师职业价值的深刻认识，这种认识的缺失导致教师精神成长乏力。项目组通过开展阅读活动，力图让教师关注自己的内心、关注精神的修炼。《教学勇气》一书提出了一个重要命题：教师应该如何关注自己，如何过一种完整的教育生活。忽略了内心真实的声音，教师要突破就很难。比如清华大学附属小学语文学科窦桂梅老师的语文课，那种充满诗情画意和昂扬激情的教学风格独树一帜，但一般教师学不来，生硬学习就会“邯郸学步”。学不来，还会非常焦虑。怎么办？教师需要找到一种和自己性格、特长相结合的方式，内心不要有冲突。如果找到一种适合自己的教学方式，就不会纠结了，就会觉得很自然，活得很真实，然后就会很自信。项目组通过组织各种阅读分享活动，帮助教师发现自己，提升自身对教师职业价值的认同感。

“种子教师”研修活动让教师从他们早已习惯的学科教研进修活动中解脱出来。它虽然不能给教师的学科教学带来“立竿见影”的效果，但是对教师提升理论素养的影响是显而易见的，让教师逐步习惯用教育的宏大胸怀去审视具体的教育问题。

二、帮助教师形成有效的教育实践策略

真正的教育专家，一定是在理论与实践之间自由穿梭的人。一个好的专家，一定不是光讲纯理论的东西，他们既能根据理论设计方案方法，具体指导实践，又能跳出实践经验与感性层面，发现更为深刻的规律和本质。在专家眼里，实践与理论没有截然的界限，教育中的每一个实践，都孕育着理论的因子，而理论背后是大量的实践。如何帮助教师将日常教育教学的实践经验，通过运用相关的教育理论加以阐释和梳理，形成能“自圆其说”的实践策略，就显得尤其重要。

项目组在北京市温泉第二中学组织研修活动时，选择了该校课堂教学中形成的“低、小、多、快”教学策略作为研修的主题，启发教师体会教育理论转化为教育实践策略的思路。该策略的具体内容包括以下几个方面：

“低”即“低起点”，就是摸清学生相关知识、基础、能力和心理准备的实际，把起点放在学生努力一下就可以达到的水平上，使新旧知识产生联结，形成网络。实践中，教师着重通过问卷、访谈、诊断性测试、预习检查、口头或书面提问等方式了解学生的水平，确定教学起点。

“小”即“小步子”，就是根据学生实际，确定学生能达到的实际目标，教学的步子要小，把教学内容按由易到难、由简到繁的原则分解成合理的层次，然后分层渐进，把产生挫折事件的频率减至最低，使学生层层有进展，处处有成功，保持积极学习的状态，感到自己有能力进行学习，从而不断增强学习的自信心和学习动机。

“多”即“多活动”，针对学习困难学生有意注意时间短、记忆容量小、概括能力弱的特点，改变教师大段讲解的倾向，师生活动交替进行。这样不仅调节了学生的注意力，更重要的是学生通过大量参与学习活动，增加了自我表现的机会，能力的发展也在逐步积累中得到实现。这种良性的循环，又大大促进了学生各方面的发展。

“快”即“快反馈”，就是在每一层次的教学过程中，既有教师的“讲”，也有学生的“练”，还有教师的“查”。这种快速的反馈，不仅可以把学生取得的进步变成有形的事实，使之受到鼓励，乐于接受下一个任务，而且可以及时发现学生在学习中存在的问题，及时矫正乃至调节教学进度，从而有效地提高课堂教学的效益，避免课后大面积补课。

在观摩课后，“种子教师”集中研讨一个主题：“低、小、多、快”教学策略为什么有效？经过研讨，大家认识到，这种教学策略支撑的教育理论是有效学习理论，这种策略是符合学习规律的。学习理论指出，有效学习的发生包括学习者本身和学习者以外的外部条件。从学习者来看，首先，有效的学习要考虑学习者已有的学习经验，即起点。教学的起点，就是学生已有的知识。北京市温泉第二中学受生源影响，所以确定了低起点的策略。其次，要关注学习者的主动性，若是学生没有主动性，那有效的学习是不会发生的。最后，学习者思维的积极投入。一定要设计活动让学生思考。从学习者本身来讲，这三个条件具备了，有效的学习就可以发生。从外部条件来说，第一，要考虑学习材料的呈现，这是影响学习是否有效的一个因素，这方面教师在备课时要注意思考。第二，要考虑学习环境的创设，教室的物理环境、学生的心理环境等对学习都是有影响的。第三，要考虑学习结果的反馈，如果学生在学完后，不知道自己的学习情况如何，也不利于有效学习。北京市温泉第二中学提出的“低、小、多、快”教学策略符合有效学习发生的条件，因此，取得了很好的效果。

不难发现，教师要形成自己的教育实践策略，需要对教育教学工作进行系统的总结，在总结的基础上提炼出策略，并能借助教育相关理论来分析和解释这种策略，继续指导新的教育实践，这样就完成了教育实践策略的研究闭环。项目组力图通过这样的研修活动，让教师体会教育理论是如何支撑和指导教育实践的，更重要的是引导教师借助教育理论，有意识地梳理和提炼在教育实践中积累的成果和经验，形成富有操作性的实践策略。

三、引导教师积累自己的教育案例

正如律师的成长依托于无数的诉讼案件，医生的成熟基于无数的病例一样，教师的成长一定是以大量丰富鲜活的教育案例为基础的。好的教师总是善于讲故事，总是能从真实发生的教育案例中发现教育的价值。好的教育案例绝不单纯是一个实践，而是教育理论与教育实践的结合体，最能直观、生动而且具体地呈现教育思想的光芒。因此，积累教育案例，成为教师成长的必经之路。

海淀区的教育科研“种子教师”研究项目，从 2014 年 10 月开始已经进行了 35 次片区集中研修活动，征集到的优秀案例和论文超过 500 篇。通过参加集中研修，教师们深度参与，无论在具体教育教学知识技能的学习方面，还是在教师职业价值的领悟、教育科研方法的习得方面，均有不同程度、不同侧面的收获。教师们逐步形成了一种学习共同体，这种跨校的教师研修团队，扩大了教师的交往范围，提升了教师的综合素质。教师们也从多个角度，开始讲述自己的教育故事。研修活动的论坛，给教师提供了展示自己的教育智慧和教学成果的平台。教师们撰写的论文、案例，以及申报的各级课题，见诸报端和杂志，反过来也提高了他们专业发展的动力和积极性。

三年一届的“种子教师”研修活动，只是为教师成长为真正的教育专家做了启蒙性的准备。我们真心希望这批教师带着三年的印记，点亮心中追求卓越的梦想，由此踏上专家型教师的实践之路。

严星林
海淀区教科院科研管理所所长
2019 年 5 月

目　录

第一章　教育科研促进教师专业发展

一、教育科研与教师专业发展

（一）教师专业发展概述

1. 教师专业发展与教育改革

在全球化浪潮和互联网技术等因素的推动下，社会发展具有开放、多元、快速变化、互联互通、信息来源广泛等特点。个人的成功和社会的发展越来越依赖于每一个社会成员的学习能力和创新能力。因此，新时代的教育应是创新教育，要培养具有学习能力和创新能力的人才。

为此，世界各国家和地区纷纷推行教育改革，希望通过大力发展教育，建立本国或者本地区潜在的、庞大的人才库，从而提高综合实力，维持或增强其在全球化市场中的竞争力。① 例如，20 世纪 80 年代以来，美国先后进行了三波教育改革：第一波旨在通过国家指令性课程和考试提高学生的成绩和成就感；第二波旨在改进教学和教师教育；第三波在重新设计学校教育的同时，为学习设定了更加富有挑战性的标准，以达至更好的结果。②

进行教育改革，教师是关键。只有造就一大批热心教育事业、具有良好专业素养的教师，才能把教育改革落到实处，才能培养出符合时代需要的高质量人才。从某种意义上说，教师队伍整体专业能力的高低，决定着教育改革的成败。

2. 教师专业发展的界定

从广义的社会学视角来说，“专业”是依据社会职业划分的专门职业，即某专业相对于其他专业有着独特的技术、运行及评估机制，不同的专业之间具有不同的理念与操作系统。首先，教师专业发展就是要使教师职业达到“专业”化。也就是说，教师要经历从接受师范教育的学生，到初任教师、有经验的教师、实践教育家等的持续发展过程；其次，教师专业发展是教师个

---

① 卢乃桂.信息社会的人才要求[J].教育研究，2000(11).

② 卢乃桂，钟亚妮.国际视野中的教师专业发展[J].比较教育研究，2006(2).

体的专业成长过程，特别是教师个体内在专业结构的更新、演进和丰富。

总的来说，教师专业发展的基本内容包含三个方面：一是专业知识；二是教育实践能力和教育研究能力；三是积极的情感和高尚的人格。其中，专业知识是教师专业发展的基础，教育实践能力和教育研究能力是教师专业发展的保障，积极的情感和高尚的人格是教师专业发展的动力。

教师专业知识，是指教师在教育教学过程中，进行有效教学必须具备的各种知识的总称，它包括学科专业知识、教育专业知识、实践性知识和普通文化知识等。

教育实践能力是衡量教师专业能力水平的一项重要指标，是专业能力中的核心内容，它包括表达能力、组织能力和学科教学能力等。教育研究能力和水平则体现了教育实践与教育理论的密切结合，是教育教学创新对教师发展的必然要求，是教师专业发展的基本保证。

教师积极的情感和高尚的人格是影响教育教学效果的重要因素，是教师专业活动和行为的动力系统。教师的理性人格会潜移默化地影响学生。

综上所述，教师专业发展可理解为教师不断成长、不断接受新知识、不断提高专业能力的过程。在这一过程中，教师通过不断的学习、反思和探究来提升自身专业水平。

3. 教师专业发展的目的与功能

关于教师专业发展的目的与功能，学术界众说纷纭。澳大利亚迪肯大学教授格伦迪和澳大利亚莫道克大学教育学院高级讲师鲁宾逊认为，教师专业发展有三个基本目的与功能：即拓展、更新和成长。拓展，是指教师在原有认知基础上引进和增加新的知识与技能；更新，是指用最新成果取代过时的内容，是对原有知识与实践的转换与变革；成长，是指教师专业知识与专业技能的提升。他们认为，专业发展是教师专业生涯的内在组成部分，教师知识技能与判断力的不断拓展、更新和提高有助于他们改进教学实践。① 澳大利亚悉尼大学教育学院教授戴和萨奇提出，教师专业发展的基本功能包括三个方面：一是通过改善实践促进教育政策的推行；二是通过改进教师表现提高学生的学习成就；三是提升教学专业的身份与地位。②

---

① Grundy, S. & Robinson, J. (2004). Teacher professional development: themes and trends in the recent Australian experience. In C. Day & J. Sachs (Eds.), *International handbook on the continuing professional development of teachers* (pp. 146—166). Maidenhead: Open University Press.

② Day, C. & Sachs, J. (2004). Professionalism, performativity and empowerment: discourses in the politics, policies and purposes of continuing professional development. In C. Day & J. Sachs (Eds.), *International handbook on the continuing professional development of teachers* (pp. 3—32). Maidenhead: Open University Press.

4. 教师专业发展是学校发展的基础

习近平总书记指出“教师是立教之本、兴教之源”。具体到学校，则“教师是立校之本、兴校之源”。学校组织教学、开展活动，要靠教师；学校开展课程建设、提升课堂效率、促进学生成长，要靠教师；学校安全管理、服务改进，要靠教师；学校文化建设、品牌打造，还要靠教师……可以说，教师专业发展是学校发展的基础。

虽然教师专业发展是一个高度个体化的过程，但它不是在真空中发生的，而是教师个体与情境交互作用的结果。这种情境可以从空间和时间两个维度来考虑。

教师专业发展的空间情境是指教师工作于其中的社会、组织和文化环境。教师工作情境由不同层面构成，具体包括：教师与同事、家长、学校领导等人员形成的多重社会交往关系；学校中特有的文化，包括规范、价值、习惯与传统等；学校政治与组织架构等。

教师专业发展的时间情境由教师个人的生活经历和教学生涯构成。教师在某一时段的学习有其先前的经历，也有对未来的期望。过去、当下和未来构成了教师的工作时间。教师将其体验建构为有意义的故事，同时也不断地构建和再构建教师身份以及教学理论。①英国布莱顿大学教育研究中心的古德森认为，教师的“生活故事”应该放到更广阔的社会历史情境中去理解，从而建构其“生活史”。

综上所述，由于教师专业发展的内容和目标涉及教师和学校，教师专业发展受到特定情境（时间和空间）的影响，教师个体的专业发展也可能影响学校的变革。因此，学校应将建设一支师德高尚、业务精湛、数量充足、结构合理、充满活力、相对稳定的教师队伍，作为推动学校发展的前提。

（二）以教育科研的方式促进教师专业发展的思考

1. 当前中小学教师教育科研的现状

自20世纪90年代在中小学推广教育科研以来，很多教师或深或浅地参与了教育教学的课题研究。课题研究已促使不少“经验型”教师转型为“研究型”教师。但是，在推广课题研究的过程中，由于对研究目的认识不清，相当一部分教师把它作为职称晋升的“敲门砖”，为了迎合成果评审，使本该与教育教学实践紧密相连的中小学教育科研活动变成了研究报告的撰写与成果包装，以致教育科研在中小学教师实际工作中没有发挥其应有的作用，一

① Goodson, I. F. (Ed.) (1992). *Studying teachers' lives*. London: Routledge.

定程度上影响了教师科研能力的提升。

2014 年 11 月，项目组对海淀区四季青片区 48 位“种子教师”进行了“科研现状调查问卷”，下面以这次调查中的部分数据为例，来分析当前中小学教师教育科研的现状。调查结果分别如表 1-1、表 1-2、表 1-3、表 1-4、表 1-5 和表 1-6 所示。

表 1-1　海淀区四季青片区“种子教师”从事教育科研的学校要求情况

选项	有明确要求	有要求，但没有行动	没有要求
百分比	78.2%	21.8%	0%

分析：表 1-1 中的数据显示，大多数学校对教师的教育科研都提出了要求，学校为此做了一定的组织工作，创设了一定的教育科研条件和学术氛围。“种子教师”几乎都参与了学校组织的教育科研活动，但有一部分“种子教师”认为这种要求更多地停留在口头和宣传层面上，没有真正落到实处。

表 1-2　海淀区四季青片区“种子教师”从事教育科研组织与指导的形式

选项	上级部门	学科、教科室	同伴	自我反思
百分比	23.2%	33.8%	13%	30%

分析：从表 1-2 可以看出，当前中小学对教师教育科研指导的形式比较丰富，科研指导主要源于学校的力量及教师本身的学习能力，区域之间交流及同伴互助相对薄弱，一定程度上影响了成果推广与分享，同时也说明教师缺乏科研能力的提升途径。

表 1-3　海淀区四季青片区“种子教师”对教育科研的看法

选项	教育科研很重要	教育科研很重要，但没必要一定搞教育科研	教育科研不重要	教育科研与自己无关
百分比	34.6%	40.7%	4.4%	20.3%

分析：从表 1-3 可以看出，不少教师对教育科研和自己从事教育科研的意义和作用认识不足，没有把教育科研与自己的教育教学工作联系起来，把从事教育科研看成是别人的事情。这种认识势必对他们从事教育科研产生消极的影响。

表 1-4　海淀区四季青片区“种子教师”对教育科研促进教师专业发展的认识

选项	教育科研对教师专业发展帮助不大	教育科研对教师专业发展有一些帮助	教育科研对教师专业发展帮助很大
百分比	34.6%	40.6%	24.8%

分析：从表1-4可以看出，教师对教育科研促进教师专业发展的作用认识不充分，这有可能导致他们在教育教学实践中开展教育科研的意愿并不强烈。

表1-5　海淀区四季青片区“种子教师”开展教育科研的方式

选项	独自开展教育科研	与同事合作开展教育科研	基本上不能开展教育科研
百分比	22.5%	50.7%	26.8%

分析：表1-5中的数据说明了大多数“种子教师”在开展教育科研时离不开别人的指导和帮助，在教育科研上能够独当一面的教师还比较少。这在一定程度上也反映了当前中小学教师的教育科研能力与水平的现状。

表1-6　海淀区四季青片区“种子教师”开展教育科研时存在的困难

选项	时间不够	缺乏研究资料	缺乏专家指导	自身理论水平不高，缺乏教育科研知识与技能
百分比	22.5%	16.8%	30.4%	30.3%

分析：表1-6中的数据反映出当前中小学教师在开展教育科研活动的过程中遇到的问题和困难是多方面的，其中最突出的困难是缺乏专家的指导、自身理论水平不高以及缺乏教育科研知识与技能。

从以上几组数据可以看出：海淀区四季青片区“种子教师”绝大多数都不同程度地参与了教育科研活动，但目前各学校对中小学教师教育科研活动进行指导的形式较单一，指导力量也较薄弱，使教师的教育科研活动缺乏专业的引领；学校教育科研的氛围不浓厚，不少教师对教育科研有畏惧心理，对自己从事教育科研的意义和作用认识不足，缺乏信心；部分教师没有把教育科研与自己的教育教学工作联系起来的意识，往往把教育科研看成是专家的事情，缺少教育科研想法。

从调查结果来看，教师开展教育科研活动的动机更多的是一种外部压力和要求，教师普遍缺乏开展教育科研活动的内在需求，并且伴随着较浓厚的功利色彩，真正抱有提升自身素质和提高教育教学质量目的的教师数量较少；教师缺乏相关的教育科研知识与理论，不能及时、科学、有效地发现教育现象中存在的值得研究的教育问题，研究意识淡薄；大多数教师在开展教育科研活动时往往有依赖别人指导和帮助的倾向，在教育科研上能够独当一面的教师数量较少。

随着教育科研在中小学的不断推进和深化，目前，人们普遍认为中小学教师的科研核心，应该是思考与行动，即与工作紧密结合，以项目形式促进中小学教师开展行动研究，这也是海淀区教科院成立“种子教师”研究项目的背景。该项目旨在让“种子教师”由经验型教师发展成研究型教师，其工作推动过程遵循科研的一般方法与路径，遵循科研的内在逻辑，将教育教学改革研究与探究性的教育教学实践相结合，以期探索出一条适合中小学教师的科研之路。

2. 教育科研助力教师专业发展

教育科研有助于教师的专业发展，是提高教学质量的保障。

首先，从教学工作本身来看，教师只有具备了科研能力，才能更好地去追求创新，达到最佳的教育教学效果，才能适应教育改革和发展的需要。教育科研是教师更新知识的最佳途径和方法。研究意味着要在实践中积极探索，而教师一旦开始研究，必然会自觉地学习，注意收集、分析和加工信息，把研究变成促进信息加工的过程。

其次，从教师的专业发展和教育教学能力的提高来看，开展教育科研工作，有助于促进教师的专业发展和教育教学能力的提高。教师具备了科研的能力以后，不但会在教育教学实践中自觉地学习教书育人的理论知识，而且会自觉地以研究者的眼光去观察、思考和解决教育教学活动中遇到的各种问题，同时还会主动地反思和改进自己的教育教学工作。

最后，从社会发展的要求来看，创新教育离不开科学研究。新时代的教育是创新教育，要培养具有创新能力的人才，因此，教师自己必须具有创新精神和创造才能，而教师的创新精神和创造才能离不开科学研究，只有在教育实践中不断探索、研究的教师，才能真正具备创新精神和创造才能。

3. 教育科研在教师专业发展中的价值定位

教育科研的大量事实告诉我们，“认识教育、完善工作、发展自我”是教师参与研究的意义与价值的清晰表述。其真实含义在于把关注的重点指向教师自身的教育实践，着眼于促进教育的进步，提高教师在复杂的教育情境中解决复杂问题的专业能力，并将教师视为一个有追求、有理想的实践者，促使教师将达到专业成熟作为理想境界。

中小学教师结合教育工作实践而进行的教育科研工作与教育专家的教育科研工作相比，目的有所不同。一般而言，后者是要发现与揭示教育规律，构建和完善教育理论体系，促进教育科学发展；而前者的教育科研工作，当然也期望发现规律，获得教育科研的成果，但更关注完善工作和提升自我，以获得促进教育进步与自我发展的成果。大量成功的经验表明，只有当教育科研的课题直接针对解决现实教育教学问题时，教师才有兴趣参加，成果更多体现在实践经验与方法上，即便在经验和方法上没有什么大的突破，教师仍然会因为参与了研究而获得较大进步。因此，寻找适合教师实际的教育研究范式，就要将“追问实践”看作是教师研究的基本特质，从而使教育科研能够亲近每一位教师。可以说，教师的研究越是贴近教师的专业生活，就越是能在接近实践的层面上发生，就越有效。

就绝大部分教师的教育科研工作而言，其主要价值不是对新的教育规律的发现和求证，而是教师研究意识的唤醒，是对教师生活和教育意义的深刻理解和体验，是教育智慧的获得和教育机智的增长。

总结参与教育科研工作的许多教师的经验后可以得出结论：教育科研工作是教师的幸福之源。主要缘由在于：一是教育科研提供的有关教育规律性的认识，能减少教师因缺乏有效教育手段而产生的烦恼，从而增加教师的工作胜任感和成就感；二是教育科研促使教师不断在新的领域开拓，领略新鲜事物，得到更多方面的发展，从而获得满足感；三是教育科研有助于教师职业德行、专业水平的提升，能帮助教师成为更有人格魅力、学术功底更为扎实、更受人尊敬的人。正如海淀区四季青片区“种子教师”王秀莉在谈自己的科研之路时所说：“教育科研让我更专业，让我在面对各种教育教学问题时知道怎样去解决或面对。”

二、教育科研促进教师专业发展的路径

2013年12月，北京市海淀区教育科学研究所（以下简称“海淀区教科所”，现更名为北京市海淀区教育科学研究院，简称“海淀区教科院”）出台了《海淀区教育科研“种子教师”评选与管理办法（试行）》，推出“种子教师”研究项目，提出对“种子教师”进行教育科研理论及方法的集中培训，通过研修的方式，开展系列活动，以提升“种子教师”的科研水平。在机制保障方面，项目组实行了片区负责制，即划分片区，每个片区由一位学校科研主任担任负责人，根据片区情况，策划组织“种子教师”研修活动。在之后三年内，各片区负责人均精心策划和组织了形式多样、内容丰富的“种子教师”研修活动，培养了一批科研骨干力量。其中不少“种子教师”从科研骨干成长为科研干部，如中国人民大学附属小学张宏光老师、双榆树中心小学刘志霞老师、上庄中心小学陈燕松老师等，现已成为所在学校的科研主任，主持学校科研工作。

下面以海淀区四季青片区为例，详细介绍该项目三年来从策划、组织、实施到教师专业发展与迅速成长的历程。

（一）聚焦问题，确定研修思路

为了让“种子教师”的研修活动切实有效，海淀区四季青片区负责人何

耀华主任认真分析了四季青片区“种子教师”研修团队的特点，发现这是一支差异非常明显的教师研修团队——学段不同，教师分别来自幼儿园、小学及中学；程度不一，既有入职不久的青年教师，又有教学经验丰富、科研水平很高的教师。如何让来自不同学校、处于不同发展阶段的教师都能从研修活动中有获得感？这就需要有一个很好的切入点。何耀华主任在翻阅有关教师研修文献的同时，结合自己的教育科研工作经验，认为可从以下三个视角来设计“种子教师”的研修活动。

首先，“种子教师”的研修活动势必要打破学校、学科、学段的界限，围绕教师所需要的教育教学研究的基本素养来组织实施。

其次，要开展一次成功的研修活动，必须以解决教师实际存在的困惑及面临的问题为出发点，只有这样，才能激发教师内在的主动学习、研究和实践的动机和欲望，才能让他们感受到获得专业成长、实现自身价值的乐趣。

最后，研修活动要注重互动性。“种子教师”都有自己的教学经验与理念，被动式的培训很难改变“种子教师”原有的观念，只有让“种子教师”参与讨论与展示，在讨论中进行思想碰撞，产生更深的认识，研修活动才能取得实效。

基于以上思考，何耀华主任确定了四季青片区“种子教师”研修活动的思路：在让“种子教师”了解科研的意义，感悟研究力量的基础上，进行科研方法培训，并通过专家引领、同伴互助及教师自我反思等方式，有效促进“种子教师”科研能力的提升。

（二）感悟研究力量，开展研修活动

为了了解“种子教师”的需求，何耀华主任从学习目的、学习方式、学习内容及组织形式四个方面进行了调研。调研结果反映了“种子教师”的需求主要有三点：一是教师希望能够通过研修活动，获得提高自身专业水平、提高教学效率所需要的知识和技能；二是教师更希望通过现场观察、交流研讨、亲身实践等方式来学习专业知识或技能；三是教师认为研修活动应努力创造一种宽松、民主的人际氛围，激励人人都能积极地参与到学习过程中，为促进自身专业发展的共同目标做出贡献，并从中尽可能多地受益。

根据调研结果，四季青片区“种子教师”研修活动的设计主要以同伴互助为主，通过教育叙事方式，先让“种子教师”感受到研究的力量，然后通过交流和互动，进一步使“种子教师”认识研究与教学的关系。

1. 教育叙事，真实而感性

教育叙事是叙述教育教学中真实情境和真实故事的活动，其实质上是通

过讲述教育故事，体悟教育真谛的一种研究方法。教育叙事的目的是通过叙事展开对现象的思索和对问题的研究，是一个发现和揭示教育规律的过程。其特点主要有：

（1）叙述事例必须是已经发生的、真实的；

（2）叙事要以事件以及所感所想为主线；

（3）所叙述事例应能令听者感同身受，能引起共鸣；

（4）是获得教育理论或教育信念的方式的归纳；

（5）叙事的目的不是自我陶醉，而是与众人分享、共同成长。

教育叙事是教育教学反思的重要方式。反思，一般是指行为主体立足于自我以外，批判地考察自己的行为及其情景的过程。教学经验并不会自然地成为自己的学习资源，只有经过反思的经验才是教师的成长财富。美国心理学家波斯纳提出了教师成长的公式：成长＝经验＋反思。相反，如果一个教师仅仅满足于获得经验，而不对经验进行深入的思考，那么，他即使有 20 年的教龄，也可能只是 20 年不断的重复工作。除非他善于从经验反思中吸取教益，否则他的工作就很难有什么改进。

反思是促进教师专业发展最重要的高级思维能力，处于教师发展的中心位置。例如，在一次研修活动中，“种子教师”王秀莉以“且思且行，走向专业”为题，介绍了自己对课题研究的感悟：在开始做研究的时候，先是理解和套用理论，这很有用；在研究进入比较成熟阶段的时候，专家引领很重要。她认为科研改变了自己的思维方式，进而改变了自己的行为方式。具体表现为在教育教学中，自己总能带着问题思考，如为什么要做？该怎样做？这么做有用吗？这么做有理论支持吗？王秀莉老师还以“‘暖’系列主题班会”为例，分享了她的班主任工作中的研究案例。她说：“通过研究，我成长为一名具有专业素养的教师，这让我的思维方式发生了转变，遇到问题会思考了。原来我关注学生是否喜欢我，学生成绩怎样，那时候我会很急躁；现在我会以专业态度去解决问题，不随意喜怒。教育工作必须对学生负责，更要采用高效的方法。”

2. 交流互动，提升认识

思想的碰撞是提升认识最好的方法之一。例如，在王秀莉老师主讲的这次研修活动中，组织“种子教师”就王秀莉老师的发言内容进行研讨，目的是让“种子教师”结合自己的教学实践，谈谈自己的认识和理解，以使他们能自觉地将研修中的收获应用到教学实践中。

海淀区教师进修学校附属实验学校的张畅老师说，这次研修活动让她认识到课题研究要植根于教育教学，课题研究给教师们提供了研究的支持，大家可以将自己在工作中的想法加以实施，课题研究可以使教师有收获，使学生受益。

首都师范大学附属小学的马艳芳老师则说，通过这次学习研究，他进一步了解到在学校进行教育科研的意义，认识到课题研究就是以教育科学理论为武器，有目的、有计划地用科学的态度认识教育现象、提炼教育经验、探索教育规律的一种创造性的实践活动。

通过王秀莉老师主讲的这次研修活动，“种子教师”深刻认识到整个课题研究的过程，实际上是一种从学习理论到研究实践的过程。在这个过程当中，教师可以提高发现问题和分析问题的能力、收集文献资料和筛选信息资料的能力、归纳和概括研究资料的能力等。教师开展教育科研工作，不仅可以为教育科研提供大量的实践经验，而且可以吸收各种先进的教育理论，把这些理论应用到实践中，进而提升教育教学水平。

对于本次研修活动，海淀区教科院科研管理所严星林所长点评到，教育研究的力量可以表现在两个方面：一是研究可以改变学校的治理结构；二是研究带给教师理性的精神、聚焦问题的能力、诊断（评估）意识和专业的自信与自尊（图 1-1 为严星林所长正在对研修活动进行点评，点评的具体内容见本章附录 1）。

图 1-1　严星林所长点评研修活动

（三）科研方法培训，实践探索创新

教师参与教育科研工作的价值不仅仅局限于获得研究成果，更重要的是获取成果之前的经历，以及获取成果的方法。教师如果不懂教育科研方法，那么他们的实践经验只会停留在感性认识的层面上，处于无意识的积累状态。

没有理论指导的分析，其认识是肤浅的，方法和策略是有局限性的，教学改进是缓慢的，结果是不确定的，行为上还会重蹈覆辙。

基于这些思考，项目组在各片区相继组织开展了科研方法培训（图 1-2 为科研方法培训的分组研讨现场），并组织大家研讨如何运用科研方法，学会“在行动中反思”，形成问题，进而形成课题。下面以四季青片区的两次研修活动为例进行阐述。

图 1-2　科研方法培训的分组研讨现场

1．“教育教学实践中的问题及思考”及“如何做好课题申报”

为了帮助教师充分利用教育教学实践过程中的研究资源，及时将其转化为研究内容，消除“我会教书，我不会研究”的想法，四季青片区的研修活动邀请了北京市第十九中学的任雪洁老师来做讲座。任老师以“教育教学实践中的问题及思考”为题，介绍了自己在教学中对传授知识和培养学生思维能力的困惑，以及探索处理这二者之间关系的教学方法的过程。同时，四季青片区的研修活动还邀请海淀区教科院的李艳莹老师做了题为“如何做好课题申报”的讲座。李艳莹老师针对教师课题申报中的问题，对如何选好题目及如何严谨科学地设计论证做了详细介绍。

讲座结束后，结合李艳莹老师的讲解，参加研修活动的“种子教师”分组研讨了两个课题申报的案例，并就两份课题申请书中“设计论证”部分的研究目标、研究内容、研究方法进行了讨论。中国人民大学附属小学的张宏光老师、海淀区教师进修学校附属实验学校的张畅老师分别代表小组进行了展示交流。

最后，四季青片区的研修活动负责人何耀华主任谈到自己的成长经历时，认为自己从一线教师成长为学校科研干部，在科研上取得的一点点成果，是从不断学习、不断实践和认真完成学校交办的各项任务中慢慢积累的。“种子教师”要“做中学”，唯有这样，才能理解和掌握科研方法。

2.“如何进行开题论证”

要使一个研究有价值、有创见性，并取得显著的科研成果，需要有计划地实践和有步骤地探索。而认真撰写研究方案（即开题报告），是提高课题质量和水平的重要环节。研究方案对整个研究工作的顺利开展起着关键作用。为此，项目组对四季青片区“种子教师”进行了“如何进行开题论证”的培训。

培训围绕“什么是开题论证?”“开题论证要解决的核心问题是什么?”“怎样的课题开题报告才算是规范的?”“开题论证如何才能做得更好?”等问题进行设计，整个活动分两个单元。

第一个单元，学习、观摩课题的开题论证。参加研修活动的“种子教师”分组观摩了北京市第十九中学 9 个区级课题的开题论证，海淀区教科院吴颖惠院长、海淀区教科院科研管理所严星林所长等专家对课题进行了点评。

第二个单元，分享与交流。在观摩了 9 个开题论证后，“种子教师”就“对课题开题环节的理解和认识”话题分组进行了研讨。中国人民大学附属小学的张宏光老师代表第一小组发言，他们组认为课题研究主要是一个解决问题的途径，有四个步骤：提出问题、分析问题、提出假设、检验假设。提出的问题要小而具体，要聚焦；检验假设的时候，要求目标显性、可操作、可观察、可测量。海淀区教师进修学校附属实验学校的张畅老师代表第二小组发言，他们组认为：在课题研究中，第一步要明确研究什么，即方向要明确，同时，课题研究要和学生的实际相贴近，研究要使学生受益；第二步要思考研究方法是什么，研究方法要结合研究内容，而不是简单地罗列。北达资源中学的朱文娟老师代表第三组发言，他们组认为本次活动促进了教师对开题环节的认识和理解：问题提出涉及教师对课题的研究和思考；文献综述要对本研究有作用，要对文献进行提炼，而不是简单罗列；研究内容包括概念的界定、明确目标和研究的具体内容。首都师范大学附属小学的马艳芳老师代表第四组发言，他们组认为开题报告有三个要点：价值、清晰、规范。价值来源于课堂教学中的基本问题，同时立足于学生的发展；清晰就是清楚研究的内容，在文献综述中要把文献和本课题研究的关系理清楚，目标过程以及人员分工都要清晰；规范是指行文要规范，环节要规范。

北京市第十九中学的檀晋轩副校长对本次活动进行了总结。她认为科研能力是教师的专业保障。“种子教师”研修活动更要引导教师学会和研讨“在行动中反思”。教师的研究能力，首先表现在对自己的教育实践和周围发生的教育现象进行反思，善于从中发现问题，从而改进自己的工作并形成理性认识上。教学反思是促进教师专业发展的重要环节，也是不断提升教师专业水平的重要途径（图 1-3 为檀晋轩副校长正在对本次活动做总结，具体总结内容见本章附录 2）。

图 1-3　檀晋轩副校长正在对研修活动做总结

（四）优秀教师引领示范，促进教师自主发展

优秀教师是教师队伍中德才兼备的优秀人才，是教师队伍的核心与中坚力量。他们对教育教学理念有自己独特的、创新的见解，他们有很强的专业敏感性，有很强的洞察力和解决问题的能力，还有较强的教学研究能力和吃苦耐劳精神。

在教育改革和发展的过程中，积极地发现和培养优秀教师资源，充分发挥其示范、引领作用，逐渐形成“以点带面、以面带片”的发展趋势，能更好地促进教师自主发展。一方面，优秀教师要扮演好“火种”的角色，让自己的专业素养得到同行认可；另一方面，学校要充分利用优秀教师的“火种”角色，加强对骨干教师的宣传和推广，让优秀教师每学期定期或不定期地在校内进行公开、示范教学或者开展专题讲座。这样做不仅有利于带动广大教师的成长和发展，而且有利于提高学校乃至区域教育的质量。在海淀区“种子教师”研修活动过程中，项目组通过组织优秀教师开设展示课，分享成长历程等方式，很好地发挥了优秀教师的引领示范作用。

下面以中国人民大学附属小学李化玲和周俞两位老师在“种子教师”研修活动中的展示课为例，介绍在课题研究统领下的课堂对教师成长的作用。

中国人民大学附属小学在校领导的带领下，开展了“人大附小‘课堂四声’实践研究”，旨在改变传统课堂师生间的单向互动状况，使课堂发生明显变化。李化玲老师将“蚂蚁做操（乘法竖式）”研究课作为课题成果呈现给“种子教师”。课堂上，李老师借助学生身边的生活情境导入，吸引学生的注意力，调动起学生的学习兴趣。在教学的过程中，李老师让学生将几种方法同时板书在黑板上进行对比，让学生分析各种方法，培养学生的分析能力和理解能力。这节课是开放式的，由学生之间质疑辩论、教师适时加以引导调控组成。通过学习，学生依据已有的知识和经验，发现学习知识的规律以及知识间的联系，大胆猜测，并且能够带着期待的心情继续学习。在研讨活动中，教师们认为这节展示课培养了学生的思维能力，激发了学生探究数学规律的兴趣，能够体现“人大附小‘课堂四声’实践研究”课题研究所要达到的目标，充分体现了一位优秀教师对教学的深刻见解。

周俞老师的“拯救小公主”展示课，专业性更强。周老师针对有学习障碍的学生，设计情景游戏模式，通过肢体训练，培养学生的注意力和配合能力，既对两位学生进行了肢体能力改善训练，又进行了社会性训练。研讨中，教师们认为这节课以学生为中心，有个性、有针对性，培养了学生的注意力及配合能力，也锻炼了学生的沟通交流能力，体现了教师较强的研究能力和实践能力。

虽然两节展示课的教学对象及内容各不相同，但“种子教师”从中能够看到优秀教师对教育独到的理论认识和较强的实践能力。张宏光老师在交流中说：“我虽然不追求做一个声名显赫的教师，但要做一个明明白白的教师，既要低头拉车，也要抬头看路，提升自己的专业素养的方法只有学习—研究—实践—创新，贯穿始终的是大脑不停顿的思考。”

【附录1】海淀区教科院科研管理所严星林所长的研修活动点评实录

研究的力量

一、科研如何促进学校发展

北京市第十九中学的科研路径：调研入手—规划先行—跟进改革措施。该校科研水平很高。科研促进学校发展是一个过程。

我到北京市第十九中学的直接感受：

(1) 教师的表达很自信，开题论证脱稿汇报，能清晰地把自己的思维展示出来。

(2) 教师对目前的教育理念——立德树人、促进学生全面发展的认识很深刻。刘桂英老师提出“把我想做的教育传递给学生，为什么我们的教学不能改变学生呢？我们要通过教育教学改变社会”。这些都让我印象深刻。做科研要坚持、要投入，要不怕麻烦，克服困难之后才能看到效果。一个学校的治理结构转变很困难，但课题研究可以改变学校的治理结构。

二、课题研究带给教师什么

（1）课题研究带给教师理性的精神。课题研究有利于教师进行独立思考和判断，这体现在课题研究中问题的提出部分。

（2）课题研究带给教师聚焦问题的能力。教师从纷繁复杂的工作中找到核心问题的能力，是课题研究带给我们的。课题研究要求我们必须明确课题的目标是什么，要解决的问题是什么。这些问题一定是从很多问题中选择出来的核心问题。

（3）课题研究带给教师诊断（评估）意识。课题成果要追问，如何评价效果，体现了用证据说话的意识。比如，想说明课题促进了学生的发展，那么证据是什么？在不断的追问中教师形成了诊断（评估）的意识。

（4）课题研究带给教师专业的自信和自尊。北京师范大学的石中英教授说过：“研究没有高下之分，只有品质之分。”课题研究会带给教师自信。王秀莉老师在分享课题研究的体会时说：“研究让我的班主任工作更加专业化。”这就是专业的力量，就是研究的力量。

【附录2】北京市第十九中学檀晋轩副校长总结实录

如何促进教师专业发展

“种子教师”研修活动的目的是促进教师的专业发展，我认为，科研能力是教师专业发展的保障。在“种子教师”感受到研究力量的基础上，活动的组织策划则要将重点落在“如何提升种子教师的科研能力”这一问题上。

怎样的培训方式更能与“种子教师”的特点相适应？“种子教师”都是长期奋斗在教育教学一线的教师，他们的经验和能力主要是在实践过程中，经过与学生对话和交流，在不断反思的基础上逐渐积累和发展起来的。“种子教师”研修活动既要注重对教育科研方法的培训，还要注重引导教师学会“在行动中反思”，单纯的讲座式的培训无法解决教师成长的困惑及其对实践性知识的需求。研修活动着重进行科研方法培训，教师运用科研方法，便可研讨如何“在行动中反思”。让教师置身于不断的学习与反思、不断的实践与提升之中，真正体验丰富的理论知识是对自己当前工作的支持和帮助，从而促进自己专业成长。

首先，教师要勤于学习，不断提高自己的理论素养。教育研修活动是提高教师理论素养、不断优化教师教育思想的重要途径。教师教学能力的提高是以教师理论素养的提高为前提的。教师不再是无所不知的“圣人”，而是学生的“领路人”。教师必须通过自己的理性思维将所学专业知识进行科学的梳理。如何思考、如何将所学知识进行再加工，取决于教师的教育思想，这将直接影响学生的学习方法和发展方向。教育理论素养是教师教育思想形成的基础，因此，提升教师对教育教学的理性认识，优化教师的教育思想，主要是通过提高教师的教育理论素养来实现的。

其次，教师要加强自身修养，不断提高自身的职业道德水平。学生正处于长身体、学知识、立德志的重要时期，他们的模仿性强，可塑性大。教师是他们直接交往的对象，教师的一言一行，对学生思想品德的形成都起着潜移默化的教育作用。教师高尚的道德思想观念对学生有着积极的导向作用，能帮助学生提高道德认识；教师积极的道德情感富有感染力，可以引起学生情绪和情感上的共鸣，从而可以帮助学生形成丰富的道德情感和健康的情绪；教师坚毅的道德意志，对学生有巨大的激励作用，能增强学生克服困难的信心与力量，鼓舞学生练就坚定的意志和顽强的毅力；教师高尚的道德行为，对学生有直接的示范作用，能帮助学生养成良好的道德行为习惯。可以说，教师是学生道德的启蒙者和塑造者。大量教育实践证明，教师的职业道德本身就是一种巨大的教育力量。因此，教师要认真学习“教师职业道德”规范，提高自身的职业道德水平，这不仅是实际工作的需要，也是教师专业发展的内在需要。

最后，教师要加强自我反思，不断提高专业水平。教师的研究能力，主要表现在对自己教育实践和周围发生的教育现象进行反思，善于从中发现问题，从而改进自己的工作并形成理性认识上。教师也可以通过互听、互评，在教学中发现问题、提出问题、解决问题，在自我反思中提升自己的教学水平。教学反思是促进教师发展的重要环节。通过反思，探索解决教学中存在的问题，提高教学的主动性、目的性和创造性，能够帮助教师获得理性升华。加强自我反思，也是不断提升教师专业水平的重要途径和方法。

第二章　以科研共同体为核心的实践模式

一、科研共同体活动模式

（一）共同体和教育共同体

“共同体”最早是一个社会学概念，是指人们在共同的条件下，为了共同的目标而结成的集体。“共同体”在教育领域的研究始于20世纪80年代末，德国学者滕尼斯（Ferdinand Tönnies）在其著作《共同体与社会：纯粹社会学的基本概念》中使用了“共同体”一词，使作为纯粹社会学概念的“共同体”研究渗入包括教育领域在内的多个领域。教育共同体具体指教育领域的成员或机构以共同发展为愿望，以获得共同进步为目标而结成的团体。

（二）科研共同体

1. 什么是科研共同体

科研共同体，是指区域教育科研人员为了共同目标，自主策划、组织和实施教育科研活动，实现群体共同成长的一种组织形式。其具体是指：在共同的目标引领下，根据“分级、分层、分类”原则，按照课题研究的主题、类别和学校科研发展的层次，采取自愿与统筹相结合的方式，将教师群体划分为“区域共同体、类别共同体、学段共同体”三级教育研究团体，实施“轮值”“交流”“个性服务”等运作机制，采用观摩、沙龙、论坛、讨论等带有主题的研修活动方式，提高成员的教育科研意识和能力，提升团体的教育科研培训实效，促进科研队伍共同成长。

2. 科研共同体的作用

（1）破除身份职责疏离，发挥合作功能。

缺乏合作是中小学教育科研工作的短板，长期制约着中小学教育科研的质量。科研共同体将专业影响力涵盖至从区域教育科研部门到普通教师的宽广范围，着力打破由行政区划和权力层级造成的身份疏离，有效改善了各校因疏离而产生的竞争与对立关系。科研共同体为建立新型团队关系提供了合作空间和规则支持，各成员地位平等，互为伙伴关系，大家相互尊重，共享义务和权利。

我国学者杜惠慧对浙江省区域科研培训无法满足教师多样化需求的现状进行了分析，提出构建和实施科研共同体的必要性。她认为科研共同体的实施需要各级共同体和区域科研管理部门的共同支持。科研共同体激活了培训教师对教育的思考和研究的热情。改进科研培训的最有效途径，就是将教师置于必须思考、促进思考、考验思考的环境中，而科研管理者的唯一任务就是营造教师愿意思考、乐于思考、主动思考、互相启发、共同进步的环境，这就是科研共同体的本意。①

(2) 优化科研管理方式，发挥改进功能。

科研共同体强化顶层设计和高位引领，着力打破层级教育科研管理体制，改变以往封闭被动的管理模式，以优势互补为平台，建构专题研究的共赢体系。

我国学者张明从教师研究共同体的内涵和特征出发，详细分析了教师研究共同体的实施程序和实践方式。他强调，科研共同体中的教师要勤与专家对话，获得成长捷径；要通过团队协作，学会倾听、分享和表达；要抓住成长机遇，谋求主动发展，搭建成长平台，拓展成长平台，拓展研究途径。②

(3) 凝聚专业知识力量，发挥沟通功能。

科研共同体的最大价值在于知识传播和信息沟通。我国学者包智强和吴伟昌认为，科研共同体能够发挥合作、改进、沟通的独特功能。他们提出，科研共同体由参与主体、协调主体、监督主体构成，核心要素包括共同愿景、参与合作与分享、民主领导与决策，主体与核心要素的共同作用构成共同体的运行机制。同时，他们也提出了教师主体性有待提升、监督主体尚待明确和愿景聚合尚需加强三方面的问题。③

(三) 科研共同体对教师发展的作用

科研共同体为教师开展实践研究提供了条件，也为教师专业成长提供了平台和路径。在这一过程中，不仅教师的教学理念和教学行为都发生了变化，而且教师也获得了专业发展的成就感、满足感。教师的成长可以直接促进教育教学改革，在落实职业能力的同时也可以间接提升学习的积极性。

1. 科研共同体促进教师专业发展

科研共同体能够激发教师内在的发展需求。从教师的专业发展动机来看，

---

① 杜惠慧.区域教育研究共同体的构建与实施[J].教学实践,2016(2).

② 张明.谈教师研究共同体的实践[J].教育论坛,2014(3).

③ 包智强,吴伟昌.校际教科研共同体:区域教科研的新范式[J].上海教育科研,2013(12).

一方面，科研共同体中教师的优势存在差异性，这样的差异可以帮助教师客观地看到自身的短板和发展的空间，激发教师提升自我的意愿和动力；另一方面，科研共同体中开放的交流和共享机制可以使教师的专业知识产生聚变。在科研共同体中，教师可以获得平等交流的机会，每位教师都能在自己的专业知识领域里与大家沟通交流，反思提升，使得知识体系更完善；在其他领域和有疑虑的知识里，通过学习交流，教师可以获取建议并借鉴别人成功的经验，丰富知识储备，促进专业发展。

2. 科研共同体提升教师教学质量

在教学过程中，“教师”与“学生”两个主体之间是相互影响的。教师首先要保证自身的专业发展，才能不断地促进学生的学习和发展。通过参加科研共同体组织的各种活动，教师可以不断提高专业素养，增强课堂吸引力，激发学生的学习兴趣；教师能够对自己的教学进行反思，不断改进教学的方式方法，从而帮助学生提高学习效率；同时，通过在科研共同体中的沟通、交流和学习，教师能够不断提升教育管理水平，了解各类学生成长成才的规律，因材施教，促进学生全面发展。

3. 科研共同体强化教师学习动力

“合作、分享、创生”作为教师专业学习共同体的精神，对教师平常的教学活动有着深刻的影响。这种精神指引教师不断更新自己的教育观念，在实际行动中加以实践，并向外延伸，与学校文化相融合，成为学校文化的一部分。同时，科研共同体促使教师对学校教育管理中存在等级的观念发生转变，以积极主动的心态参与到更为民主、自由、开放的共同体活动中来，强化自身的学习动力，促使学校形成浓厚的学习型文化氛围。

二、科研共同体的组建及成功案例特点分析

（一）国内组建科研共同体的方式

国内组建科研共同体的方式主要有两种：第一，校本项目科研。参加教育科研的成员从本校实际情况出发，研究各自的项目。第二，校际项目科研。在进行校本项目科研的基础上，参加区域教育科研活动的成员打破学校限制，在同一区域内组织学习、交流和研究。通过这两种方式，可以帮助科研共同体中的教师在经验学习和问题解决的过程中提高创新能力和反思批判能力，从而促进教师的专业持续发展。①

① 苏传盛，何基生. 构建学区科研共同体引领农村教师专业发展[J]. 学理论，2010(11).

我国学者包智强、吴伟昌所做的校际教育科研共同体研究，对校际教育科研共同体组建方式进行了如下的阐释。

构建和运行校际教育科研共同体需要三个基本的条件：确定共同体主体、构建运行要素、建立运行方式，这三者共同作用形成的运行机制是校际教育科研共同体得以维系和运作的重要保障。①

（1）三重主体。

校际教育科研共同体的主体由参与主体、协调主体、监督主体这三重主体共同构成。由于教育科研共同体在本质上是促发群体学习的组织，学习是为了更好地教学和研究，从而积累知识，研究则是为了解决教学中存在的问题。在教育科研共同体内，学习、教学和研究是“三位一体”的关系：学习即研究，研究即教学，教学即学习。

（2）三大运行要素。

校际教育科研共同体采用流动开放的管理方式，其构成主要依赖于成员的观念、合作和领导方式。与此相应，共同的发展愿景、成员学校的参与合作和分享、组织的民主领导与决策，是校际教育科研共同体的主要指标，也是校际教育科研共同体的三大运行要素。

（3）运行机制。

校际教育科研共同体中的教师虽然具有共同体的主体身份，但其职责更多的是为了完成学校的教育科研任务。资深教师和专家是校际教育科研共同体的协调主体，主要从事专题活动设计、资源协调、信息调配等平台建设工作。专题活动在汇聚理论知识和实践经验的同时，更为共同体成员提供了信息交流的机会，能促进共同体成员彼此交流和共同提高，激发产生更多智慧。在校际教育科研共同体中，协调主体活动、建设专题活动平台和信息交流平台均实行民主领导和民主决策，以便最大限度地保证共同体成员的分工合作和学习共享。

（二）国内外科研共同体成功案例特点分析

1. 国内科研共同体成功案例的特点

科研共同体的形成，可以有效提升教育科研活动的空间，优化教育科研的环境，为教育科研提供更高层面和更宽领域的创新制度的支撑和支持。国内科研共同体成功案例一般都具有如下特点。

（1）实行共同领导与决策，建立新型“合作关系”。

科研共同体推崇民主式管理，即把领导视为一种领导者与被领导者双方

① 包智强，吴伟昌．校际教科研共同体：区域教科研的新范式[J]．上海教育科研，2013(12)．

合作的过程。分享和参与便是这种管理理念相辅相成的两个侧面。分享要求领导者主动授权，将权力下放，而参与则突出被领导者以主人翁身份介入管理。

例如，杭州市职业教育科研共同体就通过层级科研共同体，实现了分权和教师参与的领导。在学校，不再是校长或者领导层做出决策，而是建立了一种结构和过程，大家共同决策，进行实质的决策制定，提高共同决策的能力，最终带动了科研共同体工作效率的提升。①

（2）理论学习形式多元化，形成任务驱动型实践形式。

教师理论学习一方面是为了提升专业素养，另一方面是为了指导教育教学实践。在当前新技术、新媒体发达的情况下，作为成年人的教师，大家可以采用多种学习方式，包括自主学习、合作学习、在线学习等。科研共同体在组织教师学习时，既注重教师对理论知识的学习，又强调在学习活动设计中教师的参与、体验，常常通过完成具体任务的方式提升教师的学习能力和合作能力。

例如，杭州市职业教育科研共同体的运作载体与内容在理论层面和实践操作层面展开。理论层面：主要通过开发学习包、组建讲师团、建立工作室、实行片区负责制、开发成果资源库和网络互动平台等多元组织形式，组织共同体成员进行职业教育教育科研理论知识层面的学习、共享与提升。实践层面：通过课题立项、论文写作、成果研究等实施任务驱动式实践，同时还通过帮扶薄弱地区或学校开展教育科研问题研究，来共同提高科研共同体的教育科研水平。②

（3）以课题研究方式开展活动，形成校本教育科研及校区间协作模式。

教育科研工作的开展需要彼此之间互相依托，其中一个重要途径是校本教育科研及校区间的协作。校区间的协作不但能实现各校优势互补，更重要的是，这种协作是学校开展校本教育科研的一个极其重要的保证。

例如，南京市下关教师进修学校的科研共同体活动以课题研究方式进行。他们认为：新课程的综合化特征，需要教师与更多的人，在更大的空间，用更加平等的方式开展工作，需要教师之间开展更加紧密地协作。

（4）建立完善的实施机制，保障科研共同体的高效运转。

科研共同体一般都是跨学校、跨专业的学习研究性组织，需要有相关机制，以获得相关政策、经济和资源上的支持，并确保共同体持续运转和发展。

---

① 张金英，张灵仙，冉云芳. 区域职业教育“教科研共同体”的构建与机制创新——以杭州市为例[J]. 职业技术教育，2015(9).

② 同上。

科研共同体要将参与的教师由简单的执行者和追随者发展为有共同愿景、共同参与的领导者和决策者，使教师从个体发展走向共同合作、协同进步。

例如，杭州市职业教育科研共同体在运作过程中，通过建立动力机制、约束机制、保障机制、评价机制等，来实现科研共同体共同愿景和目标的达成，确保科研共同体研究的领域或问题能服务于教育、经济、社会，并得到不断修正和循环提升。

2. 国外科研共同体成功案例的特点

国外关于教师学习共同体的研究开展较早，也有一些研究将教师学习共同体作为教师专业发展的一种方式。最近几年，国外关于教师学习共同体的研究也逐渐转向实践方面，但大部分集中在对教师合作性文化和实践操作层面的探索上。

这里以美国米申·黑卢学校小型学习共同体的创建为例来介绍。该校校长狄波拉·玛雅提倡构建小型学习共同体，她尊重学生的尊严和学习的可能性，了解教师工作的困难和宝贵。例如，该校一年级教师队伍共 20 人，以 5～6 人为一个小组开展项目学习。课程由历史、科学（包含数学）、文学、作文、艺术五种学科组成。在项目学习过程中，他们一般上午聚焦其中一科进行项目学习，下午是读书、作文、外语、音乐的学习和课外活动。在这种学习方式下，团队成员之间尊重每个人的学习。在这里，学校倡导民主化，课堂体现着“合作学习”“学习共同体的建设”的理念。

（三）北京市海淀区“教育科研‘种子教师’研究项目”科研共同体的组建

为提升北京市海淀区青年教师的教育科研能力，海淀区教科院成立了海淀区教育科研“种子教师”研究项目，同时形成了海淀区“种子教师”教育科研共同体，其组织和管理办法如下。

1. 海淀区“种子教师”教育科研共同体的三重主体

海淀区“种子教师”教育科研共同体由参与主体、协调主体、监督主体共同构成。

（1）参与主体。

海淀区“种子教师”教育科研共同体的参与主体是该区中小学、幼儿园教师，要求是爱岗敬业，乐于奉献，执着于教育科研工作，具有一定研究能力和学术水平。

（2）协调主体。

海淀区“种子教师”教育科研共同体的协调主体包括片区一些学校的科

研主任和海淀区教科院。

为组织好“种子教师”研修活动，海淀区教科院将全区划分为 8 个片区：东升片区、海淀片区、双榆树片区、北部新区片区、五棵松羊坊店片区、西苑片区、四季青片区、二里沟片区。海淀区教科院聘任片区内一些学校的科研主任为科研共同体片区负责人，根据片区情况，片区负责人可自主协调安排“种子教师”的研修活动。

海淀区教科院为“种子教师”及其研修活动提供政策上的支持，协助支持片区负责人组织片区研修活动，提供各种服务，并及时总结、宣传片区研修活动。

（3）监督主体。

海淀区“种子教师”教育科研共同体的监督主体不是某个具体组织，而是在共同体运作过程中各成员需要遵守的规则和履行的职责。

2. 海淀区“种子教师”教育科研共同体创建的三大要素

共同的发展愿景、成员学校的参与合作和分享、组织的民主领导与决策，是评价共同体构成的主要指标，也是海淀区“种子教师”教育科研共同体创建的三大要素。

（1）共同的发展愿景。

海淀区“种子教师”研究项目是一种跨学校、跨学科、跨学段的综合性研究项目，所追求的是教育性思想，而非仅仅是学科性思维。项目总目标是使“种子教师”实现从经验型教师向研究型教师的转化。项目分为三个阶段，即感知阶段、体验阶段和领导力建设阶段，旨在引导“种子教师”在行动中研究问题、解决问题，将教学实践性知识策略化、逻辑化，即教师能研究、会写作。

（2）成员学校的参与合作和分享。

“种子教师”研究项目在研修活动中注重研讨，改变了只“听”而少“研讨”的陈旧模式，研修活动的设计更多的是让研修者积极参与其中，并在研讨中与自身既有知识经验内化整合，进而促使研修者的教育行为和理念都发生深刻变化。

为实现“种子教师”研修活动的目标，使活动能够真正促进每位“种子教师”教育教学水平的发展，海淀区教科院为研修活动提供了教师培训、网络平台、学术交流等多方支持，并与海淀区各中、小、幼学校和高校积极沟通合作。

（3）组织的民主领导与决策。

各片区教育科研共同体的负责人依据本片区情况，在海淀区教科院的政策支持和各种资源支持下，自主策划研修方式与内容。各片区负责人通过问卷调查等，了解“种子教师”的需求，配合区教科院每学期重大的科研活动，如科研论文征集、课题申报等，制定了“种子教师”研修活动的三年发展规划。海淀区教科院协助支持片区负责人组织的片区研修活动，并及时总结、宣传片区研修活动。

3. 海淀区“种子教师”教育科研共同体的运行机制

（1）研修形式。

海淀区“种子教师”教育科研共同体采取集中研修（片区集中、全体集中）和自主研修（网络＋自主阅读＋具体问题的自主研究）相结合的研修形式。

（2）研修学分。

每学期 2.2 学分（其中集中研修 1 学分，自主研修 1.2 学分）。

（3）研修课程。

研修课程包括阅读、写作、观摩课、研讨、论坛、科研讲座等。

（4）奖励机制。

关注优秀“种子教师”的研究，为其提供更多的资源支持（如专家跟踪指导），目的是帮助其打磨、提炼和推广科研成果。

（5）退出机制。

不能按时参加研修活动，不能按时完成研究论文和不能按时提交研修总结的“种子教师”，将被视为自动退出，没有结业证书，更不能参与优秀科研“种子教师”的评选。

三、教育科研共同体活动方式的设计——以海淀区“种子教师”研究项目双榆树片区为例

（一）依托龙头学校优势，引领教师提升教学水平

北京交通大学附属中学（以下简称“交大附中”）是北京市示范高中校，也是海淀区最大的教育集团。目前的规模是一校六址，其中四个校区位于海淀区“种子教师”研究项目双榆树片区。因此，双榆树片区在“种子教师”研修活动中，依托这样的龙头学校，引领、带动片区内的“种子教师”共同发展，提升教师的科研和教学水平。

1. 借助“三有”课堂标准研讨，提高“种子教师”教学水平

“有趣、有参与、有成就”是交大附中幸福课堂的标准，交大附中通过落实该课堂标准，全面提升学校的教学质量。

2016 年 5 月 11 日，交大附中举办了“有趣、有参与、有成就”的幸福课堂开放日活动，海淀区双榆树片区的 47 名“种子教师”全部参加了学习和交流。活动中，交大附中教育集团做了“构建‘有趣、有参与、有成就’的幸福课堂”的主题报告。整个活动为“种子教师”展示了“有趣、有参与、有成就”幸福课堂标准的内涵与实施策略。“种子教师”结合自己的工作，研讨了“有趣、有参与、有成就”课堂标准的实施方法和实施策略。

(1) 了解“有趣”课堂标准的作用和策略。

有趣的课堂一定是学生喜欢的课堂。有趣更指学生有思考的乐趣、探索的志趣和追求的雅趣。

“种子教师”认为，“有趣”的课堂是指学生在课堂上有一种愉悦的情绪和积极的情感体验，不仅指学生产生浓厚的学习兴趣，还包括教师给学生提供自主探索的空间，创设适合学生发展的学习氛围，能让学生生动活泼、积极主动地学习，在趣味中获知、在求知中得趣，促进学生全面和谐发展。

通过研讨，“种子教师”进一步明了了“有趣”课堂的三大认识策略。

策略一：捕捉学生的兴趣所在——关注学科知识和生活的联系。

研讨会上教师们认为：展示课中，马剑老师在生物课上讲呼吸的作用，通过猪肺的实物，捕捉学生的兴趣所在，在关注学科知识和生活的联系方面做得非常好（图 2-1 为马剑老师展示课现场）。所以，“关注学科知识和生活的联系”就是一个很好的策略。

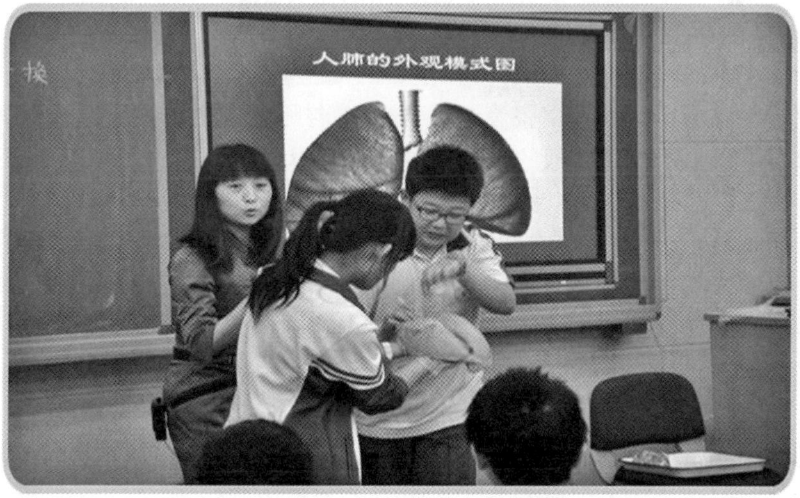

图 2-1 马剑老师展示课现场

策略二：从“坐中学”走向“做中学”——让学生的智慧在指尖灵动。

传统的教学方式是“坐中学”，学生在教室规规矩矩地端坐，听教师讲授，只重视学而忽视了做。实际上，“做”与“学”同等重要。

在这次研修活动中，文瑞琴老师的物理课内容是压强和压力，文老师通过物理实验让学生真实地感受到了压力和压强的存在（图 2-2 为文瑞琴老师展示课现场）。

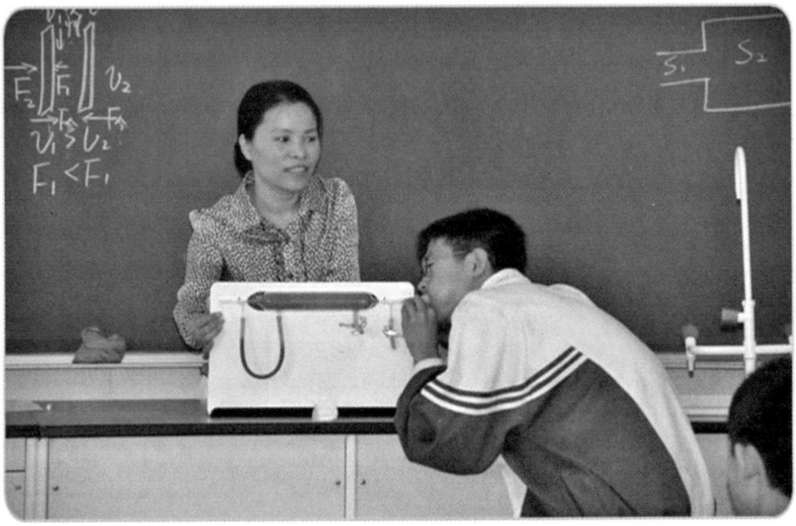

图 2-2　文瑞琴老师展示课现场

今典小学的马玉梅老师说：“在小学的课堂教学中，教师经常让学生到讲台上做一些演示活动，学生很喜欢。今天文老师把这个方法用于比较难学的物理课中，学生产生了强烈的兴趣，参与到学习中的效果非常好。”

策略三：上“有味道”的课——“有趣”课堂要有“学科味”。

有“学科味”，就是要在注重获得知识的过程中，培养学生的探究能力，注重打通课内外的衔接，让课堂成为学生积累生活经验的途径，体会知识对于生活的意义。

在这次研修活动中，张利国老师的展示课讲的是“光的折射”，通过“筷子变弯”“照片错位”的实验引入，让学生动手来探究入射角、折射角的关系（图 2-3 为张利国老师展示课现场）。这样的引入方式，给了“种子教师”极大的启发——课堂教学不仅要有趣，还要有本学科的“味道”。生活是教学的源头活水，是教学的根基所在。只有高度关注学生的生活世界，才能帮助学生体会生活的意义和实现生命的价值。

图 2-3　张利国老师展示课现场

（2）了解“有参与”的课堂教学策略。

有参与的课堂一定是高效的课堂，教师在课堂中起主导作用，学生是课堂参与的主体。学生的参与包括行为参与、认知参与和情感参与等。

策略一：经营有空间感的课堂。

有“空间感”的课堂，是指给予学生充分的学习空间（也就是学习机会）。学习是学生自己的事情，谁也不能替代，教师的任务只是提供引导和帮助。

例如，张文涛老师在英语课上，通过设问和不断追问，设置了让学生“挠头”的问题，目的就是为了追求有“张力”的“动起来的智慧课堂”（图 2-4 为学生在课堂上认真讨论）。

图 2-4　学生在课堂上认真讨论

在之后的研讨会上，交大附中的闫辉老师对张文涛老师的这节课给予了高度评价。他认为，“让学生经历完整的学习过程对学生思维的发展具有重要的作用，但在很多课堂上，教师为了在规定时间内把课程内容讲完，常常会牺牲学生经历完整学习过程的机会，常常是教师‘替学’‘替说’。在张文涛老师的这节课上，我们看到，学生能说的尽量让学生说，学生能做的尽量让学生做，让学生经历完整的学习过程，这才是真正打开学生学习空间的重要途径”。

策略二：建立有挑战性的合作学习。

日本学者佐藤学认为，有质量的合作学习并不只是简单的分组讨论，合作学习中，有两个方面更为重要：一是教师应该为学生提供有较高难度的、挑战性的任务；二是教师要采取一定的策略将来自于个体或小组的思想和学习过程在班级中分享。

在王瀚霆老师的历史课上，王老师通过组织学生小组合作模拟考古，让学生充分参与到了历史教学中（图 2-5 为王瀚霆老师展示课现场）。听课的“种子教师”对这样的授课方式大为称赞，认为这样的方式不仅开发了学生的智力，更教会了学生如何面对挑战。

图 2-5　王瀚霆老师展示课现场

策略三：多样的教学策略的“混搭”。

为了满足各个学段教师一起观摩学习的需求，贾静老师上了一节数学“混搭”课，就是把互动游戏和课堂教师“混搭”在一起。这种“混搭”的教学方式，把难学的数学变得神奇、好玩、易学，也给了听课的“种子教师”很大的启发。

（3）了解“有成就”的课堂活动设计。

“有成就”就是通过每一节课让每一位学生在自己原有的基础上都有提高，即教师每一节课都关注学生的学习结果，这个结果不仅是知识的获得，还包括学生的学习自信心的培养、合作交流意识的形成、独立思维习惯的养成、情感态度价值观的建立等。

在这次研修活动中，王玥老师的历史课讲的是“交通与通信工具的进步”，王玥老师带领学生观察BP机的构造，这激发了学生的兴趣和好奇心。带着这种兴趣，学生认识到随着时代的进步和社会的发展，通信工具在不断演变。这样的教学设计使原本枯燥的教学内容变得生动，学生学得深入、透彻。听课的“种子教师”认为：在这节课中，通过对“交通与通信工具的进步”的学习，学生认识到这种进步深刻地改变了人们的生活。这种认识就是学生成就感的体现。

2. 通过授课教师分享交流，体会“三有”课堂标准的落实

（1）历史教师王瀚霆与“种子教师”的分享。

“有趣”的教学实践，让学生爱上历史课。很多人觉得历史难学，反过来，只要历史课堂生动有趣，那么历史往往会成为学生最喜爱的学科之一。为了让学生们喜欢历史课，王瀚霆老师通常在课堂中采取“以知识点为骨架，以故事为血肉”的思路，在分析的过程中适当抛出一些有趣的问题，在落实知识点的同时配以生动有趣的故事，帮助学生理解和记忆。

“有参与”是指让学生有获得感。王瀚霆老师在网上购买了皮诺考古模型，还在课堂上设计了让学生体验曾侯乙编钟出土过程的小活动，都有效地提升了学生的参与感和成就感。王瀚霆老师的交流实录见本章附录1。

（2）地理教师刘一明与“种子教师”的分享。

地理教师刘一明在与“种子教师”分享时说，课堂上学生的参与度非常重要。要想提高学生参与度，教师就需要预设多个教学活动，这样必然会出现时间把控的问题。因此，要把“有趣、有参与、有成就”结合得好，教师就要在备课时有所删减，设置学科体系架构，引导学生参与讨论。

刘一明老师认为，在课前和课后的任务布置过程中，教师要及时跟踪，让学生做到及时反馈；否则，难以取得预期的效果。

3. 借助“备课组微项目”研究，提高“种子教师”的研究水平

2015年3月26日，双榆树片区“种子教师”参与了交大附中的“备课组微项目”研修活动，观摩并学习了“备课组微项目”教研方法。“备课组微项目”研究就是依循学生身心发展规律，针对每位教师和所教学生的实际情况，在备课组集体教研的基础上，教师可以实施各自的教学方法，以构建多元化

的研究模式。该研修活动以备课组为单位，大家找到教学中遇到的急于解决的具体问题，通过行动研究法，逐渐积累解决课堂教学难点的技巧，最后达到“提升学生学习能力，形成教师教学特色”的效果。

“备课组微项目”研修活动包括课堂教学展示、课后交流讨论等。此次研修活动不仅为双榆树片区的“种子教师”展示了交大附中的幸福课堂教学方法，更为教师解决教学中的实际问题提供了简单、有效的教研方法参考。

（1）“备课组微项目”课堂教学展示。

在“备课组微项目”研修活动中，四位教师进行了教学展示。进行教学展示的教师和他们展示的教学内容分别是语文教师孙洪超的“柳叶儿”、数学教师李然的“一次函数的性质”（图 2-6 为李然老师展示课现场）、化学教师刘洋的“数据表证推理可逆反应——图像专题”和音乐教师王雅吟的“青春舞曲”，授课年级涵盖了初一、初二、高一、高二。四位教师在展示自己的教学水平和风采的同时，更展示了交大附中“备课组微项目”研究的教学成果。

图 2-6 李然老师展示课现场

四位教师的课堂教学展示凸显了交大附中“备课组微项目”教学研究的特色和成效：孙洪超老师的“圈点批注”研究，提高了学生对语文课的学习兴趣和学生的学习成绩；李然老师的“一次函数的性质”研究，把难学的数学变得生动有趣，使学生学起来更有活力；刘洋老师的“巧用翻转课堂”研究，将信息技术融入教学，让“种子教师”和学生眼前一亮，赢得了听课者的一致好评；王雅吟老师通过灵活多样的课堂活动，引导学生积极参与，突出学生的主体地位，课堂开放，富有创意。

（2）课后教师自由研讨、共同提升。

展示课后，授课教师和听课的“种子教师”一起进行了充分的交流和讨论。北京师范大学第三附属中学的黄杰老师很激动地说："我在20多年的地理教学中，经常会遇到很多小问题，总也找不准解决的办法。今天学到了既实用又有效的方法，就是采用'备课组微项目'"。

海淀区教科院科研管理所严星林所长对"备课组微项目"研修活动给予了高度的评价。他说交大附中的教学研究不仅做得漂亮，而且做到了实处，产生了实效，解决了学校的实际问题，促进了学校的发展，通过"备课组微项目"研究来解决教学中遇到的问题，是操作性和实效性俱佳的方法，值得"种子教师"学习和借鉴。

（二）依据片区学校特点，增强教师纵横交流学习

双榆树片区共有27所学校，47位"种子教师"，包含了从幼儿园到高中的各个学段。每个学段的学生特点不一样，教学方法既有区别又有衔接，成功的衔接与过渡对初中教育乃至高中教育有着举足轻重的作用。因此，结合片区学校的构成特点，每次的研修活动，不论中学、小学，还是幼儿园，都组织全体"种子教师"参与，目的是开阔视野，纵向贯通，横向拓展，提升"种子教师"的综合能力。这样的跨学段、跨学科研修，不仅仅使显性知识点有效衔接和融合，更重要的是使隐性的思维方式、思想方法得以借鉴和互补。

1. "种子教师"走进北京明天幼稚集团第七幼儿园

2016年4月13日，双榆树片区"种子教师"在明天幼稚教育集团第七幼儿园（以下简称"七幼"）研讨"信息技术助推绿色生态课程可持续发展"相关课题（图2-7为双榆树片区的"种子教师"在七幼参观学习）。

图2-7　双榆树片区的"种子教师"在七幼参观学习

“种子教师”们走进七幼，了解幼儿园“信息技术助推绿色生态课程可持续发展”的研究，了解课题研究如何开展和落实。整个研修活动分为园内参观、看研究课、听园长谈、交流研讨展示四个环节。研修活动中，“种子教师”深刻感受到幼儿教育中的游戏、信息化在绿色生态课程中所起到的作用，以及对幼儿可持续发展的潜在的影响。此次课题从课程到园内资源开发、布置和利用，都展现了教育目标的自然渗透，给参加研修的“种子教师”以很大的启发。

园内参观，使“种子教师”感受到了幼儿教育中浓重的生活化气息。从桌椅的摆放、园内分区的布置，到幼儿的活动，无不与生活息息相关。从物理空间来看，学习资源随手可见，区域功能性较强。七幼的教师介绍说，该幼儿园将课程的理念与相关区域相结合，活动的开展符合幼儿的年龄特点，游戏性、趣味性都很强（图 2-8 为双榆树片区的“种子教师”在七幼参观学习）。

图 2-8　双榆树片区的“种子教师”在七幼参观学习

七幼的刘靖、赵娟和刘圣南三位教师的研究课整体上体现和突出了课题的几个关键词：信息化、绿色和可持续发展。七幼支秀萍园长的介绍加深了“种子教师”对七幼课题研究的理解；七幼的教师一方面与该幼儿园“大课题”保持一致；另一方面，也创新地开展各项工作，并在实践与反思中不断发展。

活动的最后是分组研讨展示环节，在上述活动基础上，“种子教师”分享、交流感受，研讨“信息技术助推绿色生态课程可持续发展”这一课题研究从哪些方面进行，如何更好地推进此课题的研究进程，并以思维导图的形式展现了出来（图 2-9 为“种子教师”分组讨论现场）。

图 2-9 “种子教师”分组讨论现场

幼儿教师每天工作的每个环节、点滴细节中都蕴含着无限智慧，这些智慧的得来都离不开科研，教师要用科研的头脑与思路，优化自身的教学工作，提升工作质量。教学是科研的阵地，只有真正发挥科研对教学的有效价值，才能更好地促进教育科研水平的提升。“种子教师”纷纷表示：通过多次的研修活动，大家开拓了眼界，开阔了思路。

2. 跨学科横向拓展，综合提升“种子教师”的综合育人能力

2015 年 4 月 18 日，结合“种子教师”研修活动跨学段、跨学科的特点，项目组组织双榆树片区的“种子教师”参加了交大附中初二年级以“黄土地，民族魂”为主题的跨学科的综合课展示研讨活动，目的是以本次活动为平台，提升“种子教师”的学科融合能力。

下面详细阐释这节跨学科综合课的研究过程。

（1）确定学科整合思路，培养“种子教师”的跨学科思考能力。

本节课的总体目标是：确定学科整合思路及各学科的落脚点，培养“种子教师”的跨学科思考能力。

通过多学科协作完成对西北地区自然环境、社会状况、文化生活、精神风貌等的整体认识，传承中华民族优秀传统文化中的自强不息、不屈不挠、乐观向上的民族精神。

美术：了解非物质文化遗产的传承，理解其所承载的文化元素和内涵。（形象感知）

地理：认识黄土高原是中华文明的发祥地，理解合理地改造自然以及人

地和谐相处的关系。（现实分析）

语文：通过文本深入分析，以“白杨树”意象去深化理解北方农民哨兵守土有责、不屈不挠的革命乐观主义精神。（深入理解）

政治：了解黄土地上生出了怎样的民族精神，提出自己的想法，提升价值观，体现知行并进、行胜于言的德育效果。（升华认识）

四个学科的教学内容相联系，共同表现一个主题：深刻理解生活在黄土地上的人们自强不息、不屈不挠、乐观向上的民族精神。

（2）实施跨学科教学，培养“种子教师”的跨学科教学研究能力。

本节课所涉及的内容，各个学段的“种子教师”都接触过，怎样更好地与其他学科融合开展教学是“种子教师”应思考的问题。

跨学科主题整合教学对教师的要求很高，它改变了传统的单学科教研模式，教师需要从学生角度出发，研究教学内容以及怎样搞“教研整合”。实施跨学科教学的优点是：能有效地避免重复讲述，节约时间，提高课堂效率；虽是一个内容，但各学科侧重点不同，在全方位地培养学生的同时，极大地提升了教师的跨学科教研水平。

通过本次研修活动，“种子教师”明白了：各学科教师仅就各自的学科的讲授，不能达到整体育人效果。

（3）研讨活动中“种子教师”主要观点的概述。

① 跨学科教学的课前研磨整合非常重要。教师不是为了整合而整合，而是为了根据主题，开拓学习空间，形成一个有效的主题学习场景，从而全方位地引导学生感受西北人的西北精神，有效地开展综合学习活动。

② 美术、地理、语文、政治等学科在一个大的主题下，做到融会贯通，不仅使学生学到了不同学科的知识，提高了学科能力，而且还向教师提出了走出学科教育，拓宽自己的视野，更好地适应未来教育教学新模式的新要求。

③ 跨学科整合教学带来了学习方式上的转变，有助于学生学习能力的提升。

（三）海淀区教育科研共同体实践的总结与反思

1. 总结

通过三年的“种子教师”研修活动，“种子教师”边学习，边实践，区域教育科研共同体逐渐形成，成效显著。

（1）学习先进理念，拓展教育思路，使“种子教师”教育科研共同体逐渐形成。

“种子教师”研修活动使“种子教师”学到了许多先进的教育理念和方

法。研修中有大量的实践案例，这些实践案例对理论有了进一步验证，再通过教师的互动与交流、专家的精辟见解，以及同行的精彩点评、分享与感悟，“种子教师”在教育教学理念方面有了很大的提升。对教育观念的不断更新，也使“种子教师”的教育教学方法得到了改进和提高。

（2）搭建成长平台，促进专业发展，保障了“种子教师”教育科研共同体的稳定。

“种子教师”是一群有进取心，有一定研究素养、影响力和教育情怀的教育工作者。“种子教师”系列研修活动的开展以及相应的政策支持，使“种子教师”研究项目成为一批年轻教师成长的平台。这个平台对教师发展的助推作用也正在日益显现，从机制上确保了“种子教师”教育科研共同体的稳定。

（3）理论结合实际，做好本职工作，确保了“种子教师”教育科研共同体的正常运行。

教而不研则浅，研而不教则枯。思想深度决定一切，做一个有思想的反刍者。通过参加“种子教师”研修活动，“种子教师”解开了他们工作中存在的一些困惑，点燃了他们智慧的火花，并激励自己不断努力工作。双榆树中心小学的刘志霞老师说，“种子教师”研修活动让她收获了志同道合的科研伙伴，在教育教学的探索中，教师们一起研讨，一起深挖教育中的本质问题，在和谐共进的研讨氛围中见证了彼此的成长。“种子教师”在获得发展的同时，也带动了更多教师共同研究，得到学校的肯定和支持，有效地保障了“种子教师”教育科研共同体的正常运行。

2. 反思

“种子教师”研究项目以区域教师教育科研共同体的方式组织研修活动，三年的实践证明这是一个非常好的研修模式，在“种子教师”成长和专业发展方面作用明显。但它仍处在探索的阶段，还有很多的不足，需要改进。比如，在“种子教师”的管理方面，因为涉及的单位很多、学段多，所以，还需要在此方面进行探索完善；教师的评价，还需要从评价的意义和价值方面加强认识，要通过评价来引领“种子教师”发展，最后达到“种子教师”的自我发展。

【附录】交流实录——王瀚霆

所谓“三有”课堂，指的是有趣、有参与、有成就的课堂。

有趣，其实是一个有些争议的话题。毋庸置疑，我们每个人都喜欢听有趣的课，都讨厌那种极其无聊的课。很多人觉得历史“难学”，原因就在于历史学科需要背诵的内容太多；反过来，只要历史课堂生动有趣，那么历史往往会成为学生们喜爱的学科。

为了上好“先民的智慧与创造”研究课，我在网上购买了皮诺考古的铜钟模型，在课堂上设计了让学生体验曾侯乙编钟出土过程的小活动，希望通过该活动让学生体会考古工作者的艰辛，感受考古工作的基本方法。事实证明，学生非常喜欢这个环节，他们觉得十分有趣，整堂课的后半部分的氛围与前半部分有一个较为明显的对比。学生觉得有趣，我自然也觉得有成就感。

在学习“北伐战争”时，我简要分析了为什么要进行北伐，接下来讲的一个问题是北伐的方针。为了避免满堂灌，我提供了北伐三股军阀势力的资料，让学生充分讨论：如果你就是当时的国民革命军统帅，你会采取怎样的方针政策？初中的学生对这类问题还是非常感兴趣的，他们讨论得非常热烈。经过充分讨论，大多数人的意见是可以统一的。在得到结论后，我又安排了课本剧表演的环节，直接把当时的场景还原出来。有的班级表演得有声有色。

“有参与”是生成高效课堂的一个非常重要的方面，但是凡事不能过度。不同学科的特点是不一样的，教学方法由学科特点决定。在历史课的教学过程中，讲授法是非常有效的一种教法，“参与”应当是教学的手段，手段最终还是应该为目的服务，过分强调“参与”也会有失偏颇。

我们希望课堂有趣，希望学生参与进来，最终的目的是为了“有成就”——不仅仅是教师的成就，也是学生的成就。应当说，“有成就”与“有趣”“有参与”是浑然一体的：当学生完成课堂讨论，展示了自己敏捷的思维与独到的分析能力后，他们自然会充满成就感。

本节课当学生从考古模型当中克服重重困难，在课堂上初见成果时，他们不仅体会到了考古工作者的艰辛，还体会到了战胜困难的喜悦与成就感。我们总说教育是育人的，那么就应该通过教学活动提升学生的自信心，让他们试着塑造自我，培养他们的意志品质与非智力因素，进而提高他们的学习质量乃至生活质量。

第三章　以科研选题为核心的实践模式

随着新课程改革对教师要求的提高，教师的教育科研能力已经成为教师的基础能力。

爱因斯坦曾说：提出一个问题往往比解决一个问题更重要，因为解决问题也许仅仅是一个数学上或实验上的技能而已，而提出新问题、新的可能性、从新的角度去看待旧的问题，都需要有创造性思维和想象力，而且标志着科学的真正进步。由此可见，进行教育研究，最重要的是做好选题工作，选题能为教育科研确定一个明确的目标。选题正确与否，决定了科研方向正确与否，决定了科研能取得什么样的成果以及成果的价值。

一、一线教师与教育科研选题

1. 教育科研课题

教育科研是指人们运用科学的方法，对教育理论和教育实践中的某一现象进行专题的、系统的研究，探求教育事物的真相、性质和规律，并努力取得一定的科学结论的活动。

教育科研包含了三层含义：第一，教育科研是一种在探索中获取新认识的过程，是人们进一步揭示教育事物的真相、性质和规律的活动。这是教育科研的本质和目的。第二，教育科研要运用科学的方法。第三，教育科研的结果是获得新认识，形成科学的结论，即形成科学的理论或观点。

课题，即要研究、解决的问题、主题或专题。所谓教育科研课题，是指有具体的目标和要求，通过一定的科研方法去研究和解决的特定的教育问题。

2. 教育科研选题

科研选题，包括确定研究方向和选择研究的具体内容两个方面。

教育科研选题，即针对教育领域中具有普遍意义的某个或某类特定问题，根据自己的研究特长和主要研究方向，确定研究目的、范围和任务，并选择一个主题规范研究。

根据定义，我们不难发现，教育科研选题在整个课题研究过程中承担着三个方面的作用：一是聚焦作用。确定了选题，就是确定了科研活动的计划，这个计划就能使研究者把有限的精力集中在科研活动的某一问题或某一领域。二是激励作用。选题就是一种目标，确定了选题就是确定了目标，这个目标促使研究者时时面向目标，向目标努力。三是导向作用。选题是一种方向，确定了选题就确定了研究的方向，方向正确与否在很大程度上影响着研究的效果。

3．一线教师在确定教育科研选题时存在的问题

（1）“假问题”现象。

有的一线教师在确定教育科研选题时不从学校教育教学的实际出发，特别是一些应用型研究选题，缺乏较详细的学习积累和调研论证，想当然地从理论到理论，还有一些选题贪大、贪多，缺乏针对性，根本没有按照新课程改革的要求和教育教学的实际需要来解决一些实际问题。这些选题研究成果的效益低，“假问题”现象严重，违背科研的初衷，也无法解决教育教学中的实际问题。

（2）“炒冷饭”现象。

在学校的要求下，或者因个人“发展”的需要，很多教师不是从工作中遇见的问题出发来选择研究的问题，而是搜索别人的研究，依此选择并确定自己的研究内容。甚至，有些教师不了解当下国内外相关领域的研究现状和发展趋势，在确定教育科研选题时经常出现选择了他人早已研究并且已有成果的问题，导致所做的研究与自己的工作脱节，缺乏新意、没有创新、浪费资源，出现“炒冷饭”现象。

（3）“视野偏窄”现象。

一线教师一般从事的都是独立学科的教学工作，对学科知识认识很深刻。但是，在新课程改革背景下，有些教师没有从课程育人的高度去思考课程教学，而仅仅局限在知识层面。因此，有些教师在确定教育科研选题时视角往往只盯在学科知识上，没有与时俱进，出现“视野偏窄”现象。

（4）“赶班车”现象。

一般来说，要较好地完成一项课题研究，必须具备下列两个条件：第一，客观上，要有必要的研究资料、科技信息、研究技术、研究经费等作为支撑；第二，主观上，要具备较强的专业知识、教育理论、研究能力以及对课题研究的兴趣。有的教师由于并不完全具备上述两个条件，又缺少周密的考虑，当面临申报各级各类教育科研课题的机会时，仅用两三个晚上就完成确定选题和填制申报材料等工作。结果由于准备不足，仓促上阵，急着向科研主管部门申报，便出现了“赶班车”现象，导致某些课题申报后无法立项，即使立项了也难以圆满完成研究任务，造成很多不良后果。

4. 一线教师对教育科研选题定位的缺失

任何科研活动都始于问题，没有问题就没有必要进行科学研究。英国科学家贝尔纳认为，选择课题是科研的战略起点。问题总是摆在科研活动的前方，等待人们去发现、去分析，去解决。教育科研选题决定着教育科研活动的主攻方向、研究目标，使研究的目的具体化，使研究活动指向特定的教育对象、教育内容和范畴，具有指向性、概括性和限定性等特点。教育科研选题的确定，对于整个研究过程和教育活动的组织管理都具有十分重要的意义。但是，一线教师对教育科研选题的定位不足，甚至可以说是缺失，使教育科研工作褪色很多，不能体现研究的价值。而这种缺失主要反映在以下几个方面。

(1) 对教育科研选题的价值认识不足。

教育科研是解决教育实践和教育发展中必须解决的问题的，是已知领域和未知领域的连接点。它既反映对现有教育实践和教育认识的广度和深度，又反映对未来教育领域探索和前进的广度和深度。而当教师真正选定了某一课题，则代表着他们的研究价值取向及未来可能实现的价值。

教育科研的目的是要解决教育面临的各种问题。由于这些问题对教育的影响不同，在教育活动中所处的地位和作用不同，因而其价值体现也就不同。例如，当前中小学教育正处在深化改革时期，从教育理念、教育思想到教育模式的转变，甚至是教育技术的变革等都有很多值得教师思考的内涵和外延。

当教师没有准确认识到选题的价值时，就无法找到真问题，也就不可能确定科研课题进行研究，这也是长期以来一线教师无法深入开展教育科研工作的主要原因之一。

(2) 对选题的导向功能认识不明。

教师的教育研究往往是根据个人实践和自身发展的需要，从现实的工作中选择问题进行研究的，这就需要根据待解决的问题确定研究的方向。什么是研究方向？所谓研究方向，就是研究者在教育科研中经过长期的实践所认定的必须着手解决的某个或某方面的问题，并在这方面开创自己的研究领域，形成稳定、明确的主攻目标和研究线索。好的教育科研选题，将极大地推动教育实践，甚至会揭示在一个时期内教育实践和教育理论的发展方向。

同时，选题还影响着整个研究过程。选题是对研究对象、研究范畴、研究主题的界定，整个研究工作由此开始，并围绕其进行。比如，“城镇初中学生不交作业的原因及对策研究”，这个选题指出了研究的对象是初中学生，研究范围限于城镇，研究目标是揭示出“不交作业的原因”，并提出相应的对策。而整个研究方案的设计、实施，研究成果的鉴定，又都必须紧紧围绕该选题进行。显然，选题明确，整个研究活动的方向就明确。

（3）对教育科研选题制约整个教育科研工作过程的地位认识不明。

选题作为教育科研工作的起点，制约着教育科研整个工作的过程。在研究过程中，不同的教育科研选题，研究方法、研究工具等都不尽相同，资料的收集和利用方式也存在差异。例如，“现阶段中学生课外阅读状况分析研究”与“现阶段中学生课外阅读指导研究”，这两个选题都需了解学生的课外阅读情况，但前者应侧重于对阅读内容、阅读量、阅读范围的分析，后者则应侧重于对阅读方法的研究。

二、如何进行教育科研选题

教育科研选题是否合适，往往会影响到课题研究，影响到教师对问题研究的深度，影响到教师的专业发展。“种子教师”要更好地开展教育科研工作，首先要学会正确选题。如何进行教育科研选题，需要先了解下面几个关于教育科研选题的基本知识。

（一）确定教育科研选题的原则

选题是科研工作从预备阶段转入主要阶段的关键步骤，是一个课题开展研究工作的起点。确立一个有质量的课题，往往对科学的发展起着积极的作用。虽然教育的领域广大，科研课题十分丰富，但要真正选择一个既有较高价值，又适合自己的研究课题并不容易。为保证研究的质量，教育科研选题应该遵循以下基本原则。

1. 价值性原则

选题具有价值性，指的是选择的研究问题既要面向教育自身发展的需要（理论价值），又面向教育实践的需要（实践价值）。理论价值和实践价值必须统一，不能互相割裂开来；否则，就没有研究的必要。正如德国哲学家康德所说：没有理论的经验是盲目的，没有经验的理论是空洞的。中小学教师的科研选题应始终围绕学校和教师迫切需要解决的问题，找准教育科研与教育教学实践的最佳结合点，同时实现课题研究的理论价值和实践价值。

2. 科学性原则

所谓科学性原则，是指在选题时，无论是理论研究，还是实践研究，都必须符合已经为人们所认识的教育规律，都应建立在客观事实的基础上，实事求是。也就是说，在选题过程中，用基本原理作为理论基础，对选题起到定向、规范、指导和解释作用。没有以一定教育科学理论为依据的选题的立意必然起点低、盲目性大。这就要求教师在选题时，要用事实作为实践基础，既要系统地观察，又要深入地思考，同时还要客观地收集资料，完整地描述研究数据。教师可以通过对教育的历史、现状的分析，对他人的研究成果和各方面资料的收集、整理和分析，经过严密的科学论证等确定选题，切忌主观想象、盲目选题。

3. 创新性原则

创新性是科学研究的最显著特征。可以说，没有创新性的科研选题就是没有价值的选题。这里的“新”有三层含义：一是全“新”，即他人没有研究过或很少研究的课题；二是“半新”，即他人虽研究过但未完全解决的课题；三是“推陈出新”，即他人已研究解决过的但仍可深化发展甚至相悖的课题。创新不仅包括研究内容的创新，还包括研究方法、研究技术的创新。发现了新的问题，采用了新的方法、新的技术，产生了新的观点、新的思想等，均是创新。

对于教育教学一线的普通教师而言，创新性是相对的。因为在教育教学实践中，教师们所遇到的问题常常是大同小异的，对同一问题的解决方法和解决途径却是多种多样的。所以，即使是曾经有人研究过的问题，或已经有了某种答案的问题，也可以成为进一步研究的课题，也都具有创新价值。

4. 目的性原则

教育科研是一项目的性极强的活动。教育科研选题首先要明确目标。为什么选择？此项研究对教育具有什么价值？选题者必须明确回答这些问题。只有选题目的明确，研究方向才易于把握，也容易坚定研究者的信心。选题的目的应该来自教育的客观需要，即应从教育实际出发，去解决教育中的理论或实际问题，进而促进教育的改革和发展。此外，还要从教育改革、教育管理、教学实际的需要出发，选定自己的研究问题。遵循目的性原则，进行教育科研选题应做到“四个结合、四个为主”，即个人的研究兴趣要与社会和学校工作的客观需要相结合，以社会需要为主；基础研究要与应用研究相结合，以应用研究为主；宏观研究要与微观研究相结合，以微观研究为主；历史研究、超前研究要与现实研究相结合，以现实研究为主。

5. 可行性原则

教育科研是一项严谨求实的活动。在教育科研选题时必须充分考虑主客观条件，分析其在实际研究过程中的可行性。从主观方面看，要考虑个人是否具备课题研究必需的知识水平和研究能力，个人的经验、精力，以及兴趣等是否满足研究的需求。从客观方面看，要考虑是否有必要的资料、工具、设备、经费、时间等，是否能得到领导的支持和各方面的配合等。对教师来说，教育科研选题应从实际出发，充分考虑自己的力量与研究课题的大小、难易情况是否相称。初次从事教育科研工作的教师应该选择那些范围较窄、内容比较具体、难度较低的选题，特别是应紧密结合自己的教育教学及教育管理实际，选择有可利用的条件、成果，能直接用于自己实践的选题。以后，随着自己经验的不断积累、科研能力的不断提高和视野不断开阔，可以逐渐选择一些难度较大或综合性较强的选题。

（二）教育科研选题的来源

作为特殊的教育研究群体，一线教师不同于专业研究者，其研究工作应主要围绕自身的教育教学实践展开。因此，中小学教育科研选题主要有两大来源，一个是教育教学实践中需要解决的问题，另一个是教育理论文献中提出的关于教育理论或实践的问题。

作为一线教师，他们更多的研究倾向于解决教育教学实践中的具体问题，教师的教育科研选题主要来自工作实践，因此，选题的主要范围包括：新课程改革中的教育科研、教学改革中的教育科研、德育创新中的教育科研、班级管理中的教育科研、学校管理中的教育科研、教育内外联系中的教育科研等。具体的可研究的教育科研选题的来源主要有以下几个。

1. 从教学活动中来

一线教师都有自己的工作任务与职责，工作追求的目标就是工作效益的最大化。教师在完成本职工作任务的过程中，教育科研活动能起到助力推动的作用。

（1）将教育实践活动中迫切需要解决的问题直接转化为教育科研选题。

教师可以把那些重要的、在教育实践活动中迫切需要解决的问题转化升级为科研的问题，即形成教育科研的选题。例如，长期困扰教育界的中小学课业负担过重问题产生的原因是什么？这一问题怎样才能得到解决？再如，学习困难的学生有哪些特点？教育教学中怎样促进学习困难学生的转化？学生厌学是一个相当普遍的问题，这种状况是怎样形成的？与教学内容、教学方法有着怎样的关系？怎样提高学生的学习兴趣？等等。这些问题几乎每位教师在自己的教学过程中都会碰到，并一直没有得到彻底解决。把这些突出的现实问题提炼成科研课题进行研究，最能充分发挥教师自身的优势，也最能直接提高教学质量。

（2）从教学实践中的疑难、矛盾和困境中来。

教师可以从教学实践中的疑难、矛盾和困境中发现研究的问题。在教学过程中，教师常常会遇到各种各样的疑难、矛盾与困境，并且没有现成的解决方法可供借鉴。这些疑难、矛盾和困境常见的有以下几种类型。

① 教师的理想与实际存在着差距。例如，教师希望在教学过程中突出学生的主体性，并以此为基础进行新的教学设计，试图更好地激发学生的兴趣，唤起学生的学习热情。但实施下来效果却并不明显，学生的学习成绩还受到了一定的影响。

② 教学情境中教师与学生、学生与学生的目标之间存在着冲突。例如，教师从“培养学生创造力”的指导思想出发，在教学中布置较有挑战性的作业，但这种做法却导致一部分学生跟不上学习进度，从而产生挫败感，最终出现厌学的情况。

③ 教师与领导、同事或家长对教育教学存在不同甚至对立的看法。例如，有的教师为了提高教学质量，在课堂教学中不断做出新的尝试，以改变原来的“讲授式”教学，但周围同事或学生家长却不认同，认为教师在出风头，这样做会影响学生学习。

④ 教学中存在的“两难困境”。例如，教师如果过于顾及单个学生的个性发展，就有可能妨碍全体学生的整体发展；教师如果只关注学生的兴趣，则规范性就很可能被削弱；教师如果想充分发挥学生在课堂中的主体地位，则教师的引导角色可能无法很好地实现等。

上述的疑难、矛盾和困境都可成为教师的研究问题，教师需要在研究的过程中找出化解问题的方法，解决疑难，化解矛盾，走出困境，从而提升教学效果。

(3) 从具体的教学场景中来。

教师可以从具体的教学场景中捕捉研究的问题。中小学教师与专业研究者的一个重要区别就在于，教师一直生活在教育教学的现场，在现场中感受教育事实、生发教育理念、提升教育智慧。而教育现场是教育问题的源发地，是问题产生的土壤，身处教育现场的教师对教育现场发生的事的任何真切而深入的分析，都可能产生大量的有待研究的问题。一线教师要善于在教育实践现场发现问题、提出问题并研究问题。

2. 从文献中来

从教育实践中选题与从理论文献中选题，两者是相辅相成的。一个有品质的研究课题往往既有实践价值，又有理论价值。从实践中产生的研究课题往往都是理论上没有解决的问题，实践研究所解决的具体实践问题，往往又有一定的理论意义，可以丰富和发展现有理论。

(1) 他人的研究可以为教师选题提供借鉴。

通过阅读文献资料，在了解他人研究的基础上，教师可以发现自己要研究的问题。这主要有以下几种情形：

① 研究与他人相同的问题，但是阐发自己的观点，得出自己的结论。例如，看到别人研究“关于减轻中小学生课业负担的对策”，自己在思考的基础上，发现自己能得出不同的主张、不同的研究结论，于是选择同样的问题进行研究。

② 选择与他人的问题类似或接近的问题进行研究。例如，了解了他人研究的“减轻小学生课业负担的对策”这一问题，自己选择“减轻中学生课业负担的对策”这一问题进行研究。

③ 选择一个比他人的问题更具体或更深层次的问题进行研究。他人的研究成果总会留下没有解决的问题；同时，教育在发展，一个问题解决了，往往又会引出另一个新问题。因此，结合自己工作实践，就很容易发现、选择、确定要研究的问题。例如，创新教育是近年来备受关注的一个问题，涌现出大量的研究成果。但是当阅读了若干有关创新教育的研究文章之后，就会发现目前创新教育的研究还侧重于理论研究，较为笼统和粗糙，与实践联系不足，尚未把有关理论与教育教学的实际工作融会贯通在一起。因此，我们就可以将创新教育实践方面的问题作为研究的问题。

（2）教育刊物可为教师确定选题提供线索。

在教育类的报纸杂志中，都有教育科研及其动态成果的反映，透露出各种各样的教育信息。经常阅读教育类报纸和杂志，可以从其提供的信息中发现很多值得深入研究的问题。例如，2016 年 11 月，教育部等 11 个部门联合发布了《关于推进中小学生研学旅行的意见》的文件。之后，各种教育刊物中就高频出现与中小学生的研学旅行课程相关的信息。如果教师诚心想做研究，就可以从这些信息中敏锐地获取很多可研究的问题，如研学旅行课程的设计、研学旅行中的育人模式、研学旅行中的团队建设策略，等等。教师如果能常常关注教育信息、教育动态，做好情报资料的收集整理和分析工作，日积月累，做有心人，就能从教育信息中发现可以作为教育科研选题的问题。

3. 从同伴交流中来

教师可以从与他人进行的教育教学问题的讨论中得到启示，发现需要研究和探索的问题，并通过对有关问题的深入思考，将发现的问题发展为教育科研选题。通过这种渠道获取选题通常有以下两种方式。

① 可以从其他教师的成功经验或失败教训中总结出要研究的问题。因为每一位教师都会在教育实践中积累不少的经验与教训，在与他人的交流中教师可以获得大量的信息，通过对信息的分析，结合自己的教育教学实践，便可选择出自己可以进行研究的问题。

② 与持有不同理论观点的教师进行交流，不同观点之间的碰撞有利于扩展研究视角和视野，通过交流聚焦争论点，这些争论点就是需要研究的问题。教师可以通过对这些争论点进行理性分析，来归纳提炼出教育科研选题。

4. 从教育改革中来

新一轮基础教育课程改革（以下简称“新课改”），是21世纪中国教育改革的大事，是既不能全盘否定过去被实践证明的观点，又要体现新时代要求和未来社会发展需要的一个大课题。要做好这件事情，不仅需要专业理论研究工作者的参与，更需要一线教师的参与。新课改是一个动态的概念，是一个不断前进的过程，这就需要教师与时俱进，及时研究新情况、新问题，适应时代前进的步伐。

教师在面对新课改中出现的新困惑、新问题时，应主动去认识它、研究它、解决它。解决这些新困惑、新问题的基本手段是教育科研。中小学教师和学校干部最熟悉本校课改的实际，他们所发现或提出的问题具有针对性、实用性，同时，他们还可以直接在实践中探索、分析和总结。所以，广大教师开展教育科研工作具有得天独厚的条件。例如，某高中有位教师觉得本校在数学课堂教学中的练习不从数学实际出发，课堂讲解虽容易，但作业难度很大，结果出现学生课业负担过重的现象，有悖新课改的要求。基于实际，学校建议该教师提炼问题，进行专题研究，即形成“高中数学课堂教学对课后作业效率影响因素的研究”课题，围绕着精心设计的练习开展实验以及相关研究工作。

5. 从教育科研指南中来

北京市每年均向全市教育部门发布《教育科研课题指南》，海淀区在“十二五”“十三五”期间均向全区发布了《海淀区教育科研课题指南》，这两个“课题指南”中列举了市区近几年教育科研课题研究范围。这基本上代表了北京市或海淀区教育领域在近几年内需要探索解决的一些疑难和发展的方向。教师可以从这两个“课题指南”范围内结合本校实际确立教育科研选题，并积极开展研究工作。

（三）教育科研选题的方法

1. 问题筛选法

这是一线教师常用的方法。在学校教育教学实践中，常常会遇到一些疑难问题，教师可对这些问题加以归纳整理，再分析其重要程度和研究这些问题的意义，确立研究价值，在此基础上，广泛听取学校领导、教师同伴的意见，从中筛选出价值较大，且适合自己研究水平和能力的问题作为研究的内容。

2. 归纳反思法

归纳反思法，即对日常教育教学实践和思考中长期积累的经验知识进行反思，从而得出一些好的教育科研问题的方法，相当于选题来源于自身工作实践。一线教师在实践中都积累了不少经验，通过归纳反思，将实践经验总结出来，并上升到理论的高度，可以形成对某类教育问题的一般规律性认识，这些一般规律性认识反过来又可以指导日常的教育教学工作。在这个过程中，教师力图回答、解决一系列的问题，然后根据这些问题组成部分的难易程度，或将它们独立设为待研究的问题，或将它们组合成为待研究的问题。

3. 现状分析法

现状分析法，即教师通过对学校教育教学现状的分析，发现或指出其中存在的弊端，从而选择适当的问题进行研究的方法。在现状分析过程中，教师要善于“捕捉偶发事件”，从中发现“偶然”中的“必然”，进而确定可研究的问题。

4. 资料寻疑法

古人云：“尽信书不如无书。”书籍中或资料中的结论或观点不一定全是正确的，不可能没有值得质疑的地方。其实，在信息资料中往往隐含着有意义的科研课题。通过对资料的分析，比较不同观点，追问前人的结论，揭露结论与实践的差异等，可以产生新的研究问题。

5. 理论推演法

理论推演法，即从教育理论中演绎出问题进行研究。理论推演法要求教师运用某个成熟且熟知的理论对教育教学中的问题进行解释论证，一方面，需要教师验证理论的可行性；另一方面，需要教师发现实践中的问题以及问题的特殊性。通过理论推演，教师可辨析教育理论的适用性和局限性，并通过实践研究，给出补充结论或建议。

（四）教育科研选题的一般步骤

教育科研选题是一个比较困难、比较复杂的过程，要经历一个从产生研究动机到选定研究方向，从研究问题朦胧到逐渐清晰，从有初步的研究构想到确立研究问题以及明确研究目标的过程。教育科研选题一般包括以下几个步骤。

1. 选择研究方向，即提出问题

一线教师结合自己在教育教学实践中观察到的一些教育现象或遇到的教

育问题，依据教育改革与发展的总的大方向、某学科领域的发展方向和研究者本人的研究兴趣，通过多种方式收集有关资料，对这些资料进行分析，发现研究问题，初步确定选题。如果研究的课题较大，可以分解为若干个小的问题来进行研究（做好题目进行分解或者限定，从不同的角度来解释问题）。

2．进行文献检索，即提炼问题

一线教师在教育教学实践中遇见的各种教育现象或教育问题，大多是很多一线教师共同遇见的问题，也有少数是个别现象。共性的问题一定有人进行了研究，教师需要通过检索文献、分析文献、梳理问题解决的共性方法与个性方法，思考自己想要解决的问题，思考问题解决的方法。对于没人研究过的个别现象，教师可以从教育教学实践中选择问题产生的原因，寻求解决问题的途径。上述过程，即提炼问题。

3．开展选题论证，即形成选题

选题论证，即通过专家咨询或小组讨论，对问题进行论证，就是要明确为什么要研究，研究什么，如何清晰地表述问题，这个问题属于什么性质的研究，有没有研究价值，前人研究到什么程度，用到什么方法进行了研究等。解决好这些问题后，最终形成选题。

4．制订研究方案，即确定选题

形成选题后，就要进而明确研究背景，准确把握当前相关研究的进展，制定研究目标、方法、路径等，做好研究的计划，最终确定选题。

（五）教育科研选题时应注意的问题

“千里之行，始于足下。”选题是开展教育科研工作的第一步，也是关键的一步。因此，教师必须对选题工作予以充分重视，不断提高自己的选题水平，进而使教育科研不断地在新的起点上发展。在这个过程中，我们应该注意以下几个问题。

1．关注选题的切实性

选题决定着课题研究的方向和内容，是课题研究的向导，因此，选题要有切实性特点。要保证选题的切实性，需要使选择的问题与研究内容一致，选择的书面表述与研究的问题一致。否则，会使研究工作失去价值。

如果选题没有反映研究内容的范围，就会引起实际研究的偏向。一线教师在进行选题时，常常出现选题指向的研究内容与实际研究内容产生重大偏差的现象。这主要体现在三个方面。第一，题目过大。例如，“我国中小学体育教师培训课程研究”，从题目上来看，有几个关键词，一是从范围上看是

“我国”，二是从对象上看是“中小学体育教师”，三是从内容上看是“培训课程”，这三个关键词中的每一个都是较大的概念，假如将其放在一起确定为一个研究题目进行研究，很难完成，更难深入。我国的中小学体育教师的培训很难梳理清楚有多少类型和数量，培训的课程更是层次不一，内容繁杂。另外，要研究培训课程的哪一方面还很难判断，是要研究培训课程的设置，还是要针对课程实施情况进行研究，都无从考量。因此，仅从题目上来看，这个题目就体现出了一个“大”字。在研究过程中，会因“大”而“空”，很难完成研究工作，也就得不出研究成果，其研究价值也就可想而知了。第二，题目体现的研究范围的缺失。例如，“中小学体育教师培训课程效果的实证研究”，该题目很显然是读不通的，“课程”本身怎么会有什么“效果”呢？只有从“课程实施”角度才能归纳总结其“效果”。因此，假如加上“实施”一词，无论从语法上，还是从语意上都能表达得较为准确，且具体全面。第三，题目偏离研究内容所体现的方向。以“高中数学课堂教学有效策略研究”为例。根据题目，该研究应该抓住这几个关键词：“高中数学”“课堂教学”“有效策略”，明确研究的范围是高中数学课堂教学，研究对象是课堂教学有效策略。实践中发现，真正的研究落在“如何有效解题”上。题目偏离研究内容所体现的方向，最后结题时，无法自圆其说。

2. 不断提高教师的科研素质

教师要提高自身选题水平，除了应加强教育理论学习、注重科研道德修养之外，很重要的一点就是要不断提高自身的科研素质。科研素质包括必要的基础理论和专业知识，探索、创新精神，科研技能和技巧。这些可以从以下四个方面去培养。

(1) 立足职业发展，养成探索、创新的品质和行为习惯。教师要敢于提出问题，敢于发表不同见解，勇于与困难、挫折，甚至失败做斗争，能以百折不挠的精神与坚强的毅力去推动教育科研事业的进展。

(2) 结合专业发展，不断扩展自己的知识范围。除了本专业和与将要研究的课题有关的知识外，教师还应具备其他邻近学科的知识。因此，在开展教育科研工作前，系统学习教育学、教育心理学、教育科学研究方法及教育统计知识等是非常必要的。

(3) 结合科研工作的特点，一方面，教师要努力培养独立思考与独立工作的能力；另一方面，教师还要善于跟其他研究者合作与共事，在教育科研课题研究的全过程中，要与研究团队的其他成员互相学习，取长补短。

(4) 根据科研内容，及时了解与掌握科研动态、教育政策等，做好信息收集、整理、分析、应用工作。

3. 不能盲目跟风

当前，新课改已经全面铺开，许多新名词铺天盖地而来，各种理念层出不穷，如教育均衡发展、公平教育、社会主义核心价值观教育、核心素养、减负增效、校本化实施国家课程、实施绿色评价等。教师在进行教育科研选题时不能盲目跟风，要结合学校的实际和自己的工作实践，有针对性地根据校情，校本化地确定自己研究的方向；否则，眉毛胡子一把抓，反倒什么研究也做不了。

4. 重视文献研究

通过文献查询，分析文献，教师不仅能了解想要研究的问题的研究现状，而且可以借鉴已有成果的研究方法、策略、经验、教训等，补充自己研究过程中的不足之处；同时，还可以对比自己研究的问题，寻找自己研究的亮点，鼓励自己，积极推进教育科研工作。

对于如何进行教育科研选题，福建教育学院理科研修部的陈光明老师有如下建议。

（1）选题宜小不宜大。选题越小、目标越集中，就越容易把问题讲清楚，要以小见大，做深做透。

（2）选题宜实不宜虚。要结合工作实践选择实实在在的、具体的问题，切忌选择抽象、空泛的问题。

（3）选题宜活不宜僵。可根据课程改革的最新进展灵活确定选题，也可根据实际研究的需要对原有选题做适当调整，切忌故步自封、僵化不变。

（4）选题宜重不宜轻。所谓“重”，是指选题与教学实践的密切程度、意义的大小，最好是教学实践中必须重视的问题，而不是可有可无或与教学关系不大的问题。

（5）选题宜准不宜偏。选题的方向要明确、角度要准确、内容要确切，所选问题不能偏离教育改革与教育发展的方向。

（6）选题立意宜深不宜浅。应从纷繁复杂的教育现象和变化莫测的教学情境中发现和提出有意义的问题，并进行从特殊到一般的提炼，同时要逐层深入挖掘问题，认识不能肤浅。

（7）选题角度宜宽不宜窄。应广泛地占有资料，对问题进行多角度分析，旁征博引，并把握其内在的联系。

（8）选题中心宜集中不宜分散。要突出问题的中心和问题的主要方面，突出聚焦点，不能面面俱到。

（9）选题领域宜熟不宜生。选题不要超过自己力所能及的范围，要“取熟避生”，也就是要选择自己比较熟悉且有一定研究基础的问题。

（10）见地宜新不宜旧。应提出新的问题、新的可能性，或从新的角度来看待旧的问题，从而获得突破性进展，或展示新的见地；不能人云亦云，简单地重复别人的研究或简单地进行经验堆积，结论要有新的指导意义。

三、“种子教师”教育科研选题培训

（一）主题式研修推进“种子教师”培训

主题式研修就是在一定时间内围绕教育教学中的某一个共性问题开展全体性的研修活动，整体推进，分步实施。

“种子教师”主题式研修的基本思路是：问题驱动、主题统领、专题解决、落实任务。在研修活动中，要做到明确研修主体、研修主题、研修时间和研修成果。

1. 任务明确，利于落实研修内容

主题式研修的主体是“种子教师”，研修的主题源自学校教育教学中的实际问题，依托区域教育资源开展，具有鲜明的校本性、人本性、科研性、依托性等特点。当集中研修之后，教师很容易结合教育教学工作，将任务具体落实到自己的工作中，增强了研修的实效性，提升了研修的质量。

2. 营造氛围，组建最佳研究团队

通过主题式研修，大家可以找到共性的问题，形成跨校级研究，组建最佳研究团队。研修的主题缘起于教师的困惑，困惑的破解源自对主题的坚持，坚持的品质源自对实证的感悟。通过组建有相同研究目标的团队，团队成员相互支持，相互鼓励，相互促进，将思考融于教育教学情境中，将问题解决融于教学实践中，真正体现了“种子教师”研修的意义。

3. 受益共享，建设科研平台

海淀区“种子教师”分片区进行的主题式研修活动，片区内的“种子教师”均是参与者，通过全体教师的自我展示、交流与分享，拓展了教师的科研视野，改进了他们的科研方法，提升和发展了他们的科研能力。通过各学段、各学校共研相同或类似的问题，逐步建设成了区域科研平台，提升区域“种子教师”整体科研水平，形成合力，为区域教育科研工作的发展贡献力量。

“种子教师”主题式研修实践证明：只有明晰概念，才能做实内涵；只有持续实践，才能体悟方法；要获得进步、赢得质量，就要坚持学习理论、提炼经验、筛选观点、固化成果。

（二）“种子教师”教育科研选题研修——以海淀片区“科教融合，共同发展”研修活动为例

1. 方案及活动环节设计

海淀片区“科教融合，共同发展”研修活动方案和活动环节如表3-1和表3-2所示。

表3-1　海淀片区“科教融合，共同发展”研修活动方案

时间	2015年10月13日	地点	北京市中关村中学竑堂
人员	海淀片区“种子教师”、海淀教科院科研员		
研修主题	“科教融合，共同发展”——教育科研选题研究		
研修方式	案例展示、教师研讨、专家指导		
研修背景	根据对海淀片区“种子教师”的调研，结合北京市中关村中学、中关村一小、双榆树中心小学等几所学校科研主任工作实践中所遇到的问题（如教师对教育科研课题的概念、教育科研研究的方法等不是十分明确）及“种子教师”对教育科研选题的学习需求，海淀片区项目组确定了“学习科研课题选题”研修内容		
活动目标	目标一：了解什么是教育科研 目标二：了解什么是教育科研选题		

表3-2　海淀片区“科教融合，共同发展”研修活动环节

活动环节	具体内容	设计意图
展示	“基于历史学科能力培养的课堂教学策略研究”选题交流	展示源自教育教学实践的科研成果，启发“种子教师”思考教育科研选题的路径和方法
	“基于PBL教学法的高中学生英语听说能力培养的策略”选题交流	
	“数学史融入高中数学解题教学的策略研究”选题交流	
交流	话题一：根据您的听课，您认为课堂上哪些是与授课教师课题研究相关的研究？即哪几点能够体现出他的研究内容？ 话题二：课题研究与课堂教学的结合点如何选择？ 话题三：在繁忙的日常工作条件下，我们如何进行课题研究？	教师通过交流研讨，体验教育科研课题如何选择，在什么地方选择，其抓手是什么
点评	分析教育科研选题的途径	结合学校教育教学工作实际，分类列举教育科研选题的方向，启发“种子教师”用科研的眼光去审视自己的工作，用研究的行为去开展工作，进而实现专业发展

2. 活动过程及分析

(1) 活动主题的确定。

海淀片区项目组从一线教师工作原点出发，调研了解教师的需求，认为要想很好地开展教育科研工作，首先需要了解教育科研选题的知识，学习选题的方法，体验选题的过程，落实选题在教育教学实践中的具体应用。实践证明，绝大多数的一线教师对教育科研选题是比较陌生的，或者知其名而不知其实，从而严重影响到教师的科研意识和科研行为。

在调研的基础上，经过多方研讨，项目组将海淀片区“种子教师”首次集中研修的主题确定为“科教融合，共同发展”，研修活动的核心内容为“教育科研选题的路径与方法”。

(2) 活动主题的研讨。

为了激发“种子教师”的主观能动性和创新性，实现研修中同伴互助、共同提升的目标，此次研修活动分三个环节进行。第一是展示环节，即教师展示分享课题选题过程；第二是交流环节，即教师分组研讨交流；第三是点评环节，即专家点评。研修活动中，项目组将与会教师分成五组，研修前为教师提供思考的问题，引导教师带着问题参与交流展示活动，研修活动中，引导教师开展研讨，交流经验，学习和借鉴他人的优点和经验，提升个人的科研素养。

① 第一环节：展示。

A. 王爱平老师的展示分享。

北京市中关村中学王爱平老师以《中国经济史》一课为例，展示了她的课题“基于历史学科能力培养的课堂教学策略研究”选题过程，她认为历史教学应培养学生的自主学习能力，主要从以下两个方面进行。

第一，创设教学情境，提高学生的学习兴趣：紧紧把握新课程的理念，创设历史情境，激发学生的学习兴趣。

第二，加强学法指导，引导学生学会学习：采用思维导图的方法，系统构建历史知识系统，引导学生用时间轴串联基本历史事件，横向与纵向相结合思考历史问题，帮助学生形成历史知识框架，培养学生历史学科核心素养。

B. 袁月老师的展示分享。

北京市中关村中学袁月老师以 *Interviews* 一课为例，提出了 PBL 教学法在高中英语教学中应用的策略。

a. 以问题导入新授，用问题引领教学。导入新课的方法很多，其中，问题导入法是被英语教师看好的方法之一，问题导入法能直接将学生带进有问题的课堂，诱发学生的好奇心和探究意识。图 3-1 为袁月老师展示现场。

图 3-1　袁月老师展示现场

b. 以问题分析和问题解决的方式体现教学和学习过程。教学过程是教会学生学习的过程，是引导学生分析问题、解决问题的过程。课堂 40 分钟，以问题为中心，并随着对问题的深入探讨而使课堂变得灵动起来。

袁月老师还提出了在使用 PBL 教学法的英语课堂上提问的两个原则：难度适中原则、形式开放原则。

a. 难度适中原则。所提问题的难度要符合学生的认知水平，既要保证学生能将它与已知的知识相联系，又要有一定的挑战性。

b. 形式开放原则。提问时应多侧重提一些培养学生综合语言表达能力和培养学生思维、想象力的问题，即使学生语言表达不完美，只要是思想的真实表达，那么提问的真正目的也就达到了。

C. 鲁小凡老师的展示分享。

北京市中关村中学鲁小凡老师以他主持的北京市市级课题“数学史融入高中数学解题教学的策略研究”的选题为例，向全体参会教师分享了他选题的经验。图 3-2 为鲁小凡老师的展示分享现场。鲁小凡老师的发言实录见本章附录 1。

图 3-2　鲁小凡老师的展示分享现场

② 第二环节：交流。

研修活动的第二个环节是交流，“种子教师”通过分组研讨，形成了如下观点。

A. 课题研究与课堂教学的关系。

与会的“种子教师”分别以王爱平老师和袁月老师的分享为例，针对课题研究与课堂教学的关系展开充分讨论，形成了如下结论：

a. 教师自身的专业素养是处理好课题研究与课堂教学关系的基础。

例如，在讨论王爱平老师的分享时，大家一致认为，王爱平老师的历史学科知识非常扎实，对历史现象分析、提炼的能力非常强，组织学生进行问题探究等环节把握得十分到位。也正因为这样，王爱平老师才高质量地从教学实践中完成了选题工作。

b. 课题研究助力实现高效课堂。

例如，在讨论袁月老师的分享时，与会的“种子教师”一致认为，袁老师基于 PBL 教学法，合理设计课堂教学，实施课堂教学，高效实现了课堂教学目标。同时，与会的“种子教师”指出，基于课题研究的课堂教学，一定要从研究的角度进行，站位要高一些，问题思考的范围要广一些，这样才能更有效地促进课堂教学。

c. 课堂教学实践促进课题研究形成成果。

与会的“种子教师”认为，作为一线教师，课题研究的问题来自课堂，课题研究就是解决课堂教学中产生的问题的，其研究的场域一定在课堂教学过程中。通过课堂教学实践，可以印证课题研究中的假设，及时调整课题研究的方向和研究方法。这种基于课堂教学实践的课题研究，更容易形成研究成果。

B. 研究课题的选择。

a. 学生、教师、教育问题是构成研究课题的三角支架。

教师为什么要进行教育科研工作？其实是为了更好地解决教育教学过程中出现的各种问题，更好地培养学生，提升教育质量。为什么教育教学过程中会产生问题？学生成长的自然规律、不同学生的个性差异、教师教育方法的千差万别等诸多原因都会成为教育教学问题形成的原因。教育教学问题成为教育者、受教育者的连接点，同时它又独立存在。有教育活动的地方，此三者的关系一定存在，这也就使得教育科研始终都有研究对象。

b. 教育科研课题一定来自教育过程中。

与会的“种子教师”从教学设计、深度学习、学法指导等方面指出，教育的点点滴滴均值得教育者从研究的视角去思考、去研究，从而更好地实现学校的教育目标。

c. 有设计的集中研修能促进教师教育科研能力的提升。

与会的“种子教师”一致认为，“种子教师”是一类特殊群体，其研修的根基是他们的教育科研知识和能力。有设计的集中研修一定能促进“种子教师”科研能力的提升。在这个过程中，大家希望能建立研究共同体，相互促进，共同提升；希望能考虑学段、层级等问题，整体思考教育科研方法培训；希望得到专家的指导与帮助，提升个人科研素养；希望走进不同学校，进行体验式学习；希望通过区域研修，建立研究平台，满足大家提升教育科研能力的需求。

交流环节中，教师分组研讨交流的现场实录见本章附录 2。

③ 第三环节：点评

专家的引领是“种子教师”教育科研能力快速提升的捷径。海淀区教科院的高培志副书记、杜卫斌老师、侯兰老师作为专家参加了本次研修活动。三位老师认为：教育科研需要找出真问题，研究真问题，应从“小”入手，用正确的方法去研究；教师在教育实践中一定要有科研意识，用科研的视角去审视日常教育教学活动；教师要有科研行动；教育科研需要团队；教育科研一定要有成果意识，并力争取得科研成果。

通过上述研修活动，“种子教师”之间进行了充分的交流，大家基本了解了什么是教育科研选题、选题的意义、选题的原则、选题的方法与途径等。

为了更好地开展海淀片区“种子教师”研修活动，项目组请海淀区教科院科研管理所严星林所长就课题研究与课堂教学的关系为大家进行了进一步的剖析。严星林所长的讲话实录见本章附录 3。

【附录 1】鲁小凡老师发言现场实录

源于问题解决的科研选题

学生经常提出这样的问题："老师，我怎么对数学就是没兴趣?""老师，学了这些概念、定理和公式将来到底有什么用?"……

面对学生的问题，为了了解问题产生的原因、寻找解决问题的策略，我们对北京市中关村中学 2013 级的 410 名学生进行了调研。调研结果表明，近 70%的学生对数学学习的态度为：概念会背、公式会用、定理会证、题目会做、考试过关，就一切完美，至于数学是什么，不需要知道。31%的学生认为数学是一门枯燥乏味、难以学习的学科。数学作为在高考中占有重要地位的学科，几乎所有的学生都在数学学习上投入了很大的精力，而很多学生却并没有获得理想的学习效果。

这些现象至少说明两个方面的问题：一是学生思想深处对数学认知的不足，二是教师在教学中对数学本质的讲解不到位，没有充分体现数学课程的育人价值。现实表明，这些问题已经不能等闲视之。

在数学教学中采用什么样的载体？采用什么样的教学方法解决上述问题？经过年级备课组内教师的讨论，我们试图用将数学史融入到数学解题教学中的方式进行尝试。

基于实验本身，我们设置了三个问题对这些学生进行了问卷调查：① 你认为数学史与数学学习有无关系？② 你认为数学史是否能促进你的数学学习？③ 你对教师在课堂上介绍一些有数学史背景的题目及其解法感兴趣吗？为了更好地观察实验效果，我们就这三个问题在实验前和实验后分两次对学生进行了调查，调查结果分别如表 3-3、表 3-4 和表 3-5 所示。

表 3-3 "你认为数学史与数学学习有无关系?"调查结果

学生回答	不知道	没有	有关系	有紧密联系
实验前问卷结果	72.6%	15.4%	12%	0%
实验后问卷结果	12%	6%	15.3%	66.7%

表 3-4 "你认为数学史是否能促进你的数学学习?"调查结果

学生回答	不清楚	不能促进	能促进但效果有限	能有效促进
实验前问卷结果	46%	51%	3%	0%
实验后问卷结果	18%	15.4%	25.3%	41.3%

表 3-5　“你对教师在课堂上介绍一些有数学史背景的题目及其解法感兴趣吗?”调查结果

学生回答	很感兴趣	感兴趣	一般	无所谓
实验前问卷结果	0%	6%	8%	86%
实验后问卷结果	12%	32%	39.9%	16.1%

通过上面三个表的数据，我们发现实验前后数据发生了很大变化，总体来说学生对将数学史融入数学解题教学更加趋于认同。

通过与学生座谈和交流，我们总结学生发生变化的原因主要有以下几点：

(1) 教学活动中，很多题目贴近生活，充满趣味性，好玩，引起了学生的学习兴趣。

(2) 通过学习，使学生知道了一些题的来源以及发展进程，过去不了解、不认识，现在接触了，了解到了；通过实践，使学生认识到数学发展过程中先哲的智慧，对现在学生的问题解决有很多很好的启示。

(3) 使学生了解到在解题的过程中，自己犯了与前人类似的错误，从而加深了学生对相关知识的理解。

(4) 使学生真正感觉到了数学的魅力。

由此，我们将选题最终确定为“数学史融入高中数学解题教学的策略研究”并开展了深度研究，力图引导学生积极参与数学学习全过程，做到让学生将数学探究进行到底，让数学思维看得见，让每一位学生都有学习数学的乐趣。

课题研究的根基在于教学育人，教学育人的载体在于知识的创生、成型及演变。数学史的内涵深邃，教师在教育的岗位上有责任充分利用它培育学生，从而从立于文化、立于育人的视角来开展教师的课题研究工作。

【附录 2】教师分组研讨交流现场实录

第一组

第一组主要讨论了王爱平老师交流的案例。王爱平老师以“中国经济史”为例，向我们展示了课题选题与课堂教学的关联性。她从提出问题（历史现象）、学生探究（通过历史现象寻找、理解历史概念）、教师归纳总结（对学生成果纠正、提升），到学生深刻理解概念、学会解决问题的方法，根据学生学习各个环节的障碍，结合日常教学过程统计，最终确定以“基于历史学科能力培养的课堂教学策略研究”为其研究课题，将日常教学工作与科研关联起来，并使二者相互作用、相互促进，彰显了教育科研的价值。

图 3-3 为第一组研讨交流中某位教师在发言。

图 3-3　第一组研讨交流中某位教师在发言

第二组

第二组研讨的重点是：要进行教育科研选题，重点在于发现教育教学中的问题。要研究学生，了解学生有什么问题；要研究教师，明确教师教的目标是什么，教师如何教给学生学习的方法。“学生、教师、教育问题”正是一个稳定的三角形，也是我们教育科研永恒的主题。

图 3-4 为第二组研讨交流中某位教师在发言。

图 3-4　第二组研讨交流中某位教师在发言

第三组

第三组讨论了两个问题。第一，大家在一起评价了王爱平、袁月两位老师的分享案例，认为两位老师的分享体现了教会学生自主学习、培养学生学习能力的特点。两位老师在展示分享中，关注学法指导，抓住核心概念，结合真题，使学生自主探究，很有策略。第二，对于教师在繁忙的工作中如何开展教育科研工作，大家认为要从四个方面入手：一是团队合作；二是小课题研究；三是坚持研究，8 小时之外的随笔、反思等；四是学习交流。

图 3-5 为第三组研讨交流中某位教师在发言。

图 3-5　第三组研讨交流中某位教师在发言

第四组

第四组主要评价了袁月老师的英语课。重点讨论了问题从哪里来，是教师事先设置，还是学生现场生成？与会的“种子教师”倾向于教师事先根据相关研究进行设计，同时，大家关注到不同阶段、不同学科的设计方式、目标等的区别。

图 3-6 为第四组研讨交流中某位教师在发言。

图 3-6　第四组研讨交流中某位教师在发言

第五组

第五组重点讨论了两个问题。

第一个问题是如何通过有效的课堂教学，引导学生进行深度学习。与会的“种子教师”一致认为，教师需要从四个方面设计课堂教学：第一方面，基于学生的需求，设计并制定学案；第二方面，基于学生的水平，进行问题设计，把控问题的难度和思维的深度；第三方面，基于学生的能力，设计学法指导策略，包括如何理解学科概念，如何建立知识间内在联系，如何审题，如何答题等；第四方面，基于学生的发展，培养学生自主学习的能力，做到有方法、有成效。

第二个问题是如何高质量地开展“种子教师”的研修活动。基于“种子教师”分布在不同学段、不同学科等现状，与会的“种子教师”一致认为，要开展高质量的“种子教师”研修活动，需要在研修活动中打通学段、打通学科，从育人的整体性设计具有融通特点的活动，并通过专家讲解、主题体验、走进名校等方式落实研修工作。

图 3-7 为第五组研讨交流中某位教师在发言。

图 3-7　第五组研讨交流中某位教师在发言

【附录 3】严星林所长讲话实录

整体设计，交流共享，积极实践

课题研究与课堂教学相辅相成，基础教育的研究课题主要源自课堂教学实践，其研究的过程和最后的成果有利于提升课堂教学质量。积极进行教育科研课题研究实践，既能成就他人，也能成就自己。

开展教育科研活动，首先需要搞清楚什么是教育科研。科学研究的内涵是采用科学的方法，有意识、有目的、有计划地对教育现象和教育实践中的事实，进行了解、收集、整理、分析，从而发现和认识教育现象的本质和客观规律。教育科研有三个基本特征：系统性——有意识、有目的、有计划的整体设计，不是随意和突发奇想；科学性——有程序地调查、了解、收集、分析、提炼，不是凭经验和想象；深刻性——探寻教育现象的本质和规律，不仅仅是解决问题和完成工作。

我们进行科研选题的培训学习，就是希望大家能理解辨析教育科研的基本概念，能初步确定研究课题。应该说，海淀片区的培训活动高质量地达到了活动设计的目标。培训中，大家明确了中小学教育科研的定位：以应用和开发研究为主、以微观研究为主、以行动研究为主、以校本研究为主、与工作相结合。大家确定了选题的三种基本思路：基于过去经验的总结、基于现实问题的解决、基于未来教育的发展。最后，大家明确了课题研究的来源：① 基于日常工作中存在的实际问题；② 基于已有工作经验发掘课题；③ 基于感兴趣的问题；④ 针对教育热点、难点问题；⑤ 基于教育改革过程中遇到的新情况、新问题；⑥ 基于研读书刊资料过程中发现的值得研究的问题；⑦ 从教育理论的应用中发现问题；⑧ 在已有研究中发现问题；⑨ 基于跨学科和新方法的运用发现问题；⑩ 基于科研规划部门颁发的课题指南。大家明确了选题的原则：针对性（源于真实问题和实际需要）、科学性（有事实和理论依据）、可行性（人、财、物、空间和时间）、价值性（理论价值——完善、补充、创新；方法价值——研究方法的诠释、工具的开发；实践价值——经验、策略、模式等）。大家掌握了拟定科研选题的基本方法。奠定了大家积极进行教育科研的基础。

为了将教育科研选题落在实处，我们不妨也布置一些研修活动后的思考题或小作业，在微信平台上大家再深度交流。比如我们可以从这样几个小练习尝试：① 基于学科教学过程中的某一问题（如学生作业问题、概念的理解、某种方法的应用等），设计一个小课题研究方案；② 面对新课程改革，结合学科核心素养培养的方法、策略，设计一个课题研究方案；③ 在高中学校管理扁平化的当下，班主任工作中会遇到各种各样新情况，请你就某一现象，设计一个课题研究方案；④“研学旅行”是2016年国家几大部委共同制定的学生走进社会进行学习的课程，请你就“研学旅行”中的“研”确定和设计一个课题研究方案。

总之，积极实践，我们才有收获，实践是硬道理。

第四章　以课例研究为核心的实践模式

课例研究发端于日本，源自日文的“授业研究”。“授业研究”强调一系列教学促进策略，授业研究的共同特征是“一群教师观察鲜活的课堂教学，通过彼此的合作，收集信息、分析探究，以此来提升教师的教学研究能力和反思水平”[①]。

在课例研究中，被观察的课即“课例”（Lesson Research）。在课例研究中，由一位教师负责教学，其他人在教学过程中详细记录，并在课后讨论，收集相关的资料，据此修订下一轮教学的具体计划。在这个过程中，观课者会细致考察教与学的过程及其中的原理，课的设计者通过与观课者和学生间的沟通、交流讨论，重塑自己的教学思路，就这样通过多次反复的教学设计，所有教师都会对课的主题有更深刻的认识。一次深度的课例研究，遂成为教师累积教学实践知识的最有效的方法。

2016年，西苑片区“种子教师”进行了以课例研究为主的研修活动，本章以该研修活动为例，对课例研究及其作用进行一些说明。

一、触摸教研的难题：课例研究如何促进教师专业发展

（一）直面学校基层教研“三难”

1. 一难——接受式的教研培训

近年来，虽然学校十分重视教师的教研培训问题，但从形式来看，常见的是一二百名、甚至更多的教师汇聚礼堂聆听专家的报告和讲座，如果能够听观摩课或研究课，课后也多为一名学术权威人士或学科专家进行评课，再倘若大家能够参与互动，也仅仅停留在你一言我一语的“纸上谈兵”层面。这种接受式的培训虽然具有短时间内能获得大量信息的特点，但对于广大教师来说，只是知道了别人的经验与做法，对于其中的关键环节，无法深刻体会，所以仅依靠这一途径，对于教师专业能力的形成与发展是远远不够的。

---

① ［日］佐藤学.课程与教师[M].钟启泉，译.北京：教育科学出版社，2003：196.

2. 二难——无主题的教研培训

在学校的教研活动中，还有一类教研培训，就是没有主题的教研培训。教师都是经验化观课、评课，关于课堂效果、课堂问题，都是“泛泛而谈”，很少去关注为什么要去观课、评课，根据何种标准来观课、评课。在无主题的教研培训中，教研活动被当成任务式的活动，当任务结束，这样的教研也宣告结束，很少有持续的、聚焦的探讨。

另外，即使教师的研究是为了契合某一主题的研究课，但由于缺乏科学的课堂观察方法和观测维度，常常导致教师的磨课和主题仍旧是“两张皮”，实践中并未针对主题研究课进行有方法、有步骤的探讨，因此实质上仍然是“无主题的教研培训”。

3. 三难——无方法的教研培训

教师都期待在教研活动中获得真正方法意义上的指导。但事实上，无论是科研还是教研，研究方法的缺失是当前教研系统中最大的困惑。例如，针对“语文教什么”这样一个教研活动主题，最难的是如何将其分解成一个一个具体的实践任务，如何证明这种实践任务就是最有效果的。又如，对“如何在课堂中渗透批判性思维培养”这一主题，最难的就是制定研究目标，并在课堂中一步一步地落实、检验、完善。换言之，如果教师没有一套科学有效的研究方法，任何教研活动都有可能形同虚设，也无法形成有价值的“研修”。

综上，先进的教育理念如何转变为教学行为？怎样才能让教师有实际获得，在教学跟进中提升专业能力？教师如何在互动学习、共同研修中成为真正意义上的伙伴？先进的教育经验和教育科研成果如何进入广袤的教育实践场？一线的教育科研活动到底应该做些什么？具体又该怎么做？教育研究者应该如何帮助教师更有效地开展教学研究活动？诸如此类的问题，一直困扰着广大教师。

（二）把脉“种子教师”研修定位

如何开展有效的研修活动？就活动设计者而言，具体要解决以下两个方面的困惑。

1. 教师研修活动如何凸显其“温度”

首先，需要教师先处理好工作和科研的关系。教师在学校承担着满负荷的教学工作的同时，还要承担科研活动，不可谓没有压力。但是，如果不能转换心态，积极主动地对待这些事情，就不可能保持一个开放的心态，让自己内心愉悦，正确处理教学、科研与生活的关系。

其次，需要教师处理好自己和他人之间的关系。从事教育科研工作的教师，要具有一定的教育科研组织和管理能力，要善于建立自己的研究团队，并组织团队成员开展课题研究工作；要能够开展教育科研培训，指导教师开展教育科研工作；在开展工作的同时，要能够正确处理人与人之间的关系，与大家和谐相处，组织大家为了共同的目标齐心协力，带出好团队。为此，“种子教师”研修活动要有“温度”，要贴近教师的需求，凸显成长的主题，用互动的方式，通过团队参与、团队合作来达到“种子教师”的心理认同。

2. 教师研修活动如何凸显其“锐度”

“种子教师”的研修活动最重要的意义在于让教师有发现、有兴趣、有收获。尽管设计者努力使每次活动都贴近教师的需求，但由于彼此的想法、需求不同，或沟通还不够，仍然有部分教师会出现心理落差。有的教师甚至跟讲座专家的观点产生分歧，有的教师的研究观点有可能被其他人反对，方法被人质疑。因此，真正的研修，并不都是以皆大欢喜的局面来收场的，只有彼此之间思维、观点的碰撞和激荡，痛苦并快乐的经历，才会促进教师不断地反思和成长。

（三）架起理论与实践的桥梁

课例研究是以行动研究为蓝本，加以改造而形成的教师学习的模式。在这种模式中，大学研究人员、教研员、科研人员与教师结成研究共同体，以课例为载体，以行动研究为手段，以行为改进为目标。课例研究是扎根课堂的、融通理论与实践的研修方式。

课例研究的特点表现在以下几个方面。

第一，强调组建合理的研究共同体的重要性，发挥来自大学研究人员、教研员、科研人员、教师四个方面的优势，避免教师在研修中同水平甚至低水平的重复。

第二，倡导平等、民主的教育科研文化。教师既是被研究者，也是研究者，大学研究人员、市区教研员和教师共同努力得出最终成果。

第三，强调在真实、自然的教学环境中观察与改进教师的教学行为。研究者与被研究者直接接触，研究者不仅直接观察被研究者的教学行动，还要了解被研究者的日常生活状态和社会生活环境，这样有利于更深刻地了解被研究者的思想和观念，能对其教学行为进行深度阐释。

第四，借鉴了行动研究方法。从课堂教学亟待解决的问题出发，在课堂教学中通过行动去研究，借助课堂观察和实录分析手段，让教师自己来设计、反思和再设计、再反思，寻找课堂教学的关键事件，追求教学行为的改进。

“种子教师”的研修活动要以教师为本，以解决问题为核心，使教师能在实际工作中学以致用。针对课例研究贴近教师需求、服务教学改进、有助于建立真正的学习共同体、融通理论与实践等特征，项目组在西苑片区引入有教育实践基础、科研过程、理论支撑的课例研究，在教学行动中开展包括专业理论学习在内的教师教育，应该能够成为探索“种子教师”研修活动方式的一个有效抓手。

2016 年西苑片区启动了“课例研究工作坊”研修计划，其具体内容见本章附录 1。

（四）西苑片区“种子教师”研修活动的目标

针对“接受式教研、无主题教研、无方法教研”研修的困惑，西苑片区进行了有主题、有任务、有研讨、有反思的课例研究活动，以提升“种子教师”的科研方法意识与反思能力，提高“种子教师”深度教研的水平，提升“种子教师”科研活动的效果，并通过“种子教师”的引领与带动，营造良好的科研氛围，促进各校科研工作的繁荣与发展。具体来说，西苑片区“种子教师”研修活动有以下几个目标。

1. 营造良好的科研氛围，促进科研与教研的深度融合

课例研究是用科学的方法研究课堂教学，这无疑是提升教师专业实践能力的一个十分有效的途径。在基础教育实践中，最常见的景象是科研与教研的分离。这不仅包括机构设置的分离，而且还包括管理人员的分离。如此，科研与日常教研越来越远，科研越来越笼统抽象，教研越来越经验化、泛化。而把深度课例拿来做科学的解剖和分析，能有效地架设科研与教研深度融合的桥梁，能很好地发挥对教师的引领作用。

2. 设计课例研究程序，为“种子教师”研修提供方法和路径

课例研究为教师打开了备课、听课、评课的教学研究新思路。它对日常教学最大的作用是革新了传统的课堂观测和课堂评价，通过认真思考一个特定内容领域，用一套规范的程序和流程促使教师对一些关键问题进行深度的分析和思考。课例研究提供的操作方法和程序，是教育实践中最缺乏的，这些分析方法的运用，能为教师的科研和教研提供宝贵的方法路径。图 4-1 为西苑片区“种子教师”课例研究研修活动现场。

图 4-1　什么是课例研究——西苑片区“种子教师”研修活动现场

3. 组建合作学习团队，提升教师反思性实践水平

课例研究是一项团队研究。大家在合作中学习、思考、碰撞、交流，一起探究教学智慧生成的过程，从不同的角度对教学中的关键事件进行分析、整理，能极大地促进教师的思考。从反思教学态度、教学目标、教学内容，到反思教学策略、学生个性与创造，教师的反思性内容不断延伸，反思的水平也会不断提高。

二、分享磨课的智慧：如何设计一种高效的课例研究

课例研究是一个旨在促进教研与科研深度融合，促进研究型教师成长，提升教育实践智慧的有效科研范式。它不仅授人以鱼，更多的是授人以渔。该活动需要扎扎实实地在教育实践中引进有意义的行动研究，需要广大骨干教师以反思性的态度聚焦自己的教学设计与教学改进，并将其提炼撰写成有品质的论文。课例研究的顺利推行，需要有科学的方法论和具体的行动研究做指导。设计课例研究的主题研修活动就更是要聚焦这两个层面，除此之外，还要让教师们明白课例研究的具体意义、内涵、方法和流程。根据这样的主旨，项目组将研修活动初步设计为三个板块，分别是专家报告、案例分享、现场互动。

（一）成立课例研究小组，组织团队研修活动

西苑片区以“课例研究”推进“种子教师”研修。为了使活动顺利进行，

片区负责人寻找了朱晓媛、霍文保和杜亚芳等三位英语学科骨干教师，庄严、王利宁、徐征和杨姣姣等四名科研骨干人员，以及海淀区教师进修学校英语学科教研室主任李静、北京师范大学教育学部胡定荣教授组成了一个课例研究小组，并明确了各自的任务。表 4-1 列出了该小组人员及其背景和主要任务。

表 4-1　西苑片区“课例研究”任务表

人员	背景	主要任务
朱晓媛	北京市骨干教师	研究课、教学改进
霍文保	海淀区骨干教师	研究课、教学改进
杜亚芳	海淀区骨干教师	研究课、课堂观察
庄严	北京大学附属小学英语教学主任、科研室主任	组织引领、共同研究
王利宁	北京大学附属小学科研室副主任、师训中心主任	组织引领、共同研究
徐征	北京大学附属小学科研室副主任	课堂观察、共同研究
杨姣姣	北京大学附属小学科研室副主任	课堂观察、共同研究
李静	海淀区教师进修学校英语学科教研室主任	课堂观察、聚焦教学改进
胡定荣	北京师范大学教育学部教授	课例研究的方法指导、课堂观察的分析工具指导

（二）明确课例研究主题，制定研修程序

1. 轻松对话——如何理解课例研究

目前，对课例研究比较一致的看法是，课例研究是通过教师集体对研究课进行设计、观察和反思的循环来促进教师专业发展的活动。课例研究有两个重要特征：① 它是一种促进教师专业发展的方式；② 这种方式是发生在实际的课堂中，通过教师集体的设计、观察和发现来进行的。

在活动开始，胡定荣教授首先用提问题的方式引发教师的思考，“当看到‘课例研究’一词时，您觉得它指的是什么？”结果胡教授发现，教师对课例研究的理解存在以下四种水平：

（1）不理解。例如，“我不懂什么叫课例，是观察一堂课吗？”

（2）字面理解。例如，“指某个具体课时的研究”“对某一课时的研究”“实际课堂教学研究”“针对这种课例的整个的揣摩过程和思考的研究”“以课为例进行的教学研究”和“课例研究是以‘课’为载体的研究”。

（3）局部的理解。例如，“对教育教学中有价值的或有困惑的问题进行专门的研究”“课例研究是对具体一堂课的设计，上课以及课后反思的一个过程”。

(4）误解。例如，“课例研究就是撰写教学案例”“课例研究与平时对课的思考、琢磨没什么区别，对年轻教师有吸引力”“课例研究是对如何上好一堂课的思考”。

在比较这些理解之后，胡定荣教授指出，教师对课例研究的理解存在偏颇之处。他们并没有从课例设计、实施和观察反思的研究过程来理解，没有把课例研究和对课的个人揣摩、思考区别开来。图 4-2 为西苑片区“种子教师”课例研究研修活动现场。

图 4-2　如何做课例研究——西苑片区“种子教师”研修活动现场

2. 现场询问——如何选定研究课

课例研究强调研究课需要结合学生的长远发展目标，目的是为了解决教师课堂教学中的问题。这种问题应该是教师共同面临的难题，并且问题是明确的。在活动的第二个环节，胡定荣教授仍然用互动咨询的方式引导教师们如何选定研究课（如图 4-3 所示）。

图 4-3　课例研究中的问题与解决

在现场对话中，不少教师说在选定研究课时主要有以下两种目的。第一，解决教学问题，寻求解决问题的思路和方案，提高教学效果。第二，便于展示教学成果。有两位教师提到了第二点。北京大学附属小学的霍文保老师说："因为是上研究课，肯定会有人来观摩，你得有亮点、有特色，否则不会出彩，得不到别人的肯定。"

对此，胡定荣教授认为，对于如何选定研究课，目前实践中主要存在以下一些问题：第一，缺乏问题意识，有的教师做课不是为了解决实际教学问题，而是为了展示自己和完成教学任务。带着这种目的上研究课，教师会把研究课作为一种负担，而不是切实提高、改进教学的手段。第二，问题不明确、不聚焦。尽管有不少教师提到要通过研究课来解决教学中遇到的实际问题，但是，这种问题具体是什么，通过研究课具体要提高学生的什么能力，又通过何种具体的措施来提高，教师并不明确。这样，在做研究课的过程中，由于没有焦点问题做指引，对课例设计和评价就会带有很大的主观随意性。第三，问题是个人的问题，不是集体共同面临的难题。而课例研究的选课正是要聚焦共性的问题，通过团队进行研究，这样才能取得较好的效果。

3. 围绕问题——如何设计研究课

课例研究强调，研究课的设计应围绕要解决的问题或要提高学生学业的目标来进行。课例研究中研究课的设计有如下要求：课的计划就是解决问题的方案，研究课的方案是集体设计的结果，课例设计的重点在于对学生活动和反应的设计，在备课的过程中需要明确每个教学环节中针对教师提出的问题，学生可能会有哪些反应？可能出现的误解是什么？课例研究需要就如何观察学生学习的效果而设计观察的工具。

那么，教师是如何准备研究课的呢？在备课的过程中谁来备？备什么？从备课的方式来看，教师备课主要是基于个人备课基础上的集体讨论。但是，从教师教案设计的内容来看，从个人备课的教案到学科组集体备课，还需要教研员、学科专家的引领，不同的团队需要形成合力；否则，教研组由于经验水平一致或缺乏合作氛围，可能会使教学思路得不到有效的提升。从备课内容上看，需要对课例准备得更细致些，特别是对学生学习反应的估计和不同类型学习效果的观察设计这两方面要准备的更细致些。例如，对问题提出后学生的反应要有充分的估计，如出现了学生不参与、教学时间不够用、学生答非所问和不敢接招等情况，教师该怎么办等。

4. 全程参与——如何实施研究课

课例研究的实施环节是研究课方案的执行和资料收集的过程，目的在于验证集体设计的教学改进方案的有效性。

胡定荣教授认为，课例研究在实施环节有如下要求：课例研究小组集体参与实施过程，课例研究小组需要就谁来执教、谁来观察进行分工，分工主要考虑便于执教。执教者应该严格执行预计的教学方案，不能随意调整。观察者应根据预先的观察计划，围绕预先要达到的效果确定观察点，选择不同类型的学生作为观察对象，重点观察学生的思考和行动。具体来说，课例研究小组中的一位教师执教，其他教师需要全程参与准备、教学以及随后的反思过程。但这个环节也容易出现问题。有教师在报告中提出自己的困惑："① 研究课的观察者往往没有明确目的，带有主观随意性。② 观察者的观察对象是教师而不是学生，观察目的在于评价教师教学行为而不是学生学习的效果。③ 由于执教者和观察者存在较大的主观随意性，研究课的实施往往无法围绕预计的目标和效果收集资料，达不到验证预定方案效果的目的。"对此，胡定荣教授认为，在课例研究中，最重要的是课堂观测量表要科学规范，各项目成员对观课观什么、怎么观的问题要达成一致意见。

5. 着眼学生——如何集体反思

通常，教师们在集体反思中的困惑是没有发现多少教学改进，找不到集体智慧的赠予。面对这种情况该怎么办?

胡定荣教授说，一定要围绕问题，找到问题点和改进点。反思应从学生处获得的观察资料出发，围绕预计的教学目标，针对集体设计的教学方案的有效性来进行；而不是从个人主观经验出发，针对学生的反应来进行。这样，每个教师对课的评价意见都会很不一致。

6. 找到问题——如何重新设计教学

课例研究的目的不是着眼于一节课的改进，而是要建立一种持续的教学改进的路径。一般来说，研究课需要经过一次次的循环执教的过程，改进应经过集体的讨论，结合反思的结果来进行。那么，经过第一轮的研究课试教后，教师改进了什么？调整后的教学方案有无明显的改进效果？胡定荣教授认为，可以从教学重难点、教学内容、教学方法、习题和活动设计、问题设计和教学语言等方面进行改进。对改进后效果的看法，有的教师认为有明显的效果；有的反映有效果，但不明显；有的反映无效果。为什么研究课经过改进后有的教师会认为没有明显的效果，甚至没有效果呢？原因可能是研究课在改进环节中没有经过反思找到真正的问题所在，改进没有围绕预计的教学目标和改进点来进行，带有较大随意性。这样，即使改进后有效果，教师也难以说明产生效果的原因所在。

7. 基于过程的反思——如何撰写课例研究报告

课例研究要求教师在经历了研究课的设计、实施和反思改进的环节后，基于整个课例研究过程的反思，撰写课例研究报告，把课例研究报告作为集体的认识成果进行分享和交流。但面对很多教师都不愿撰写课例研究报告的现实（可能有的教师认为自己的认识仍停留在感性认识水平，缺乏理论高度，怕写出来的东西没人看；有的教师认为自己的研究课上得不够成功，没什么可称道的），胡定荣教授说，在课例研究活动中，我们要端正课例研究报告写作的目的。课例研究报告写作的目的主要有两个：第一，通过集体的行动、反思，得到一些规律性的认识，不是为了展示和宣传自己；第二，教师对课例研究报告的写作内容和要求要充分了解，这样才能充分利用课例研究过程中收集的写作素材。

胡定荣教授通过上述七个方面的探讨和分享交流，使教师们逐渐明晰了课例研究的含义及相关特征。

活动结束之后，胡定荣教授跟大家分享了他对课例研究的体会：课例研究是为解决教师面临的共同的难题进行的，并非是为了少数教师的专业发展，所以课例研究是通过教师合作进行的，而不是教师个人完成的；课例研究是持续进行的，围绕学生长远发展目标，一年至少进行两次；课例研究主要以课为例，着眼于学生的长远发展和课堂实效性的提高，不仅仅是一节课的效果；课例研究是对一节课过程（教学设计、教学实施、教学评价）的系统研究，每个环节有具体规范，不是对课的随意琢磨。

如何去做课例研究，胡定荣教授认为主要包括以下八个环节：① 确定研究课的主题与内容；② 制订研究课计划；③ 实施教学与课堂观察；④ 评价课例并提出修改意见；⑤ 修订课例计划；⑥ 对修订后的课例实施教学并观察；⑦ 第二次评价和反馈；⑧ 共享结果。

（三）对比课堂观察，共享研究成果

北京大学附属小学的朱晓媛、霍文保两位老师分享了他们课例研究的成果和过程。“种子教师”据此展开了研讨，并达成了一些共识。

1. 朱晓媛老师：有主题的系列教学研修模式

所谓有主题的系列教学研修模式，即针对某一主题，对不同教师执教同一题材课的不同环节进行比较分析，研究重心在提炼某一主题教学内容的基本策略。

朱晓媛老师的研究主题是“批判性思维在小学英语阅读教学中的培养”，为此，她呈现了几个重要的磨课片段。

（1）以“预测”促进学生思维发展。

预测是指学生在阅读前和阅读中对文章可能讨论的问题进行猜测或推测。朱晓媛老师以“*Poppet*”① 课为例，指出了预测的四种方式：

第一，根据文本封面预测文本大意。例如，对“*Poppet*”这一课，课前教师首先出示故事的封面，提问，“What can you see?”“What could happen between the elephant and the little mouse?”学生根据已有的生活经验和常识，预测故事的可能性。“They play together. They are good friends.”“The elephant doesn't see the little mouse. It stamps on the mouse. The mouse dies.”

第二，根据故事进程，在故事中进行预测。随着故事的进程发展，有很多有悬念的“点”可供学生推测或猜测，学生可充分展开积极的思维活动，展开想象空间。这个猜测过程，是学生生活经验与故事文本共鸣的过程，也是激活语言的过程，更是激发兴趣的过程。

第三，推测故事的结尾或续编后续故事。学生在了解整个故事的基础上，延续故事发生的逻辑性，可加入自己的情感和体验，积极思考，推测故事的结尾或者续写故事。

第四，已知故事的起因和结局，猜测故事发展的进程。

（2）以“义”“绎”“疑”“议”促进思维发展。

朱晓媛老师介绍了在上“*Go away*，*Molly*!”一课时，北京大学附属小学的李东老师在阅读故事的方式上进行了突破常规的大胆尝试。李老师以故事“*Go away*，*Molly*”为载体，引导学生通过小组合作的形式，分别从 make meaning（义），make inference（绎），make questions（疑），make contribution（议）等四个维度逐步理解、分析、评价故事，在研讨、交流中，既深化理解，又相互启发，在达成理解故事的目标的同时，更着眼于对学生思维品质的培养，并在“换位思考”的情境下启发学生联系生活感悟本课主题——“如何与同伴友好相处”，突显语言学习的人文性。

在师生就故事的部分图片进行充分的猜测、讨论的基础上，李老师充分地调动了学生的阅读欲望；之后李老师请学生个体读故事书，了解故事的经过和结果。之后则是基于对故事大意的理解上的小组活动。

通过这一主题的课例研究，朱晓媛老师发现，在近几年的教学实践中，孩子们的阅读兴趣提高了，愿意表达想法和观点了，孩子们在批判性思维习惯的养成方面已经初见成效。

---

① 培生出版集团 2001 年出版“*Penguin Young Readers*”系列读物故事中一则。

2. 霍文保老师：同课异构模式

霍文保老师以“*Flying High*”一课的四次磨课为例，通过已发表的论文向大家展示了自己的课例研究过程。

通过将四次磨课的课堂观测做对比，霍文保老师和他的项目组发现：绘本故事是一个静态的文本，但绘本阅读教学是一个动态的、抽丝剥茧的过程。这四次磨课也让他们整个团队开始反思：进行有层次、有梯度但又一以贯之的阅读任务设计是让学生主动学习、深度理解的好办法。如何进行有层次、有梯度又有聚焦的任务设计，通过本课例的研究，可以探索出这样一条路径来：读故事梗概→读故事过程→读故事细节→对故事进行评价。首先，要让学生理解故事梗概，对故事的人物、起因和结局有个基本的了解；其次，要理解故事的过程，对故事的转折点、矛盾点和冲突点有清晰的把握；再次，要理解故事的细节，对故事的旁白、故事人物的心理活动等一些不易发现的内容进行挖掘；最后，对故事进行评价，如体会故事所蕴含的道理，作者写作的立场、态度等。这四个部分是层层递进的，会沿着思维的深度不断往前推进。

3. “种子教师”进行课例研究的焦点问题

“种子教师”对这次有关课例研究的研修活动表现出前所未有的兴趣，大家纷纷提问。除了即兴问答之外，还有很多教师以递纸条、发微信的方式进行互动，问题也开始聚焦了，胡定荣教授分别做了相关的回应。图 4-4 为西苑片区“种子教师”互动现场，图 4-5 为互动过程中教师们写的问题纸条。互动中教师们提的一些典型的问题及胡定荣教授对相应问题做的分享见本章附录 2。

图 4-4　西苑片区“种子教师”互动现场

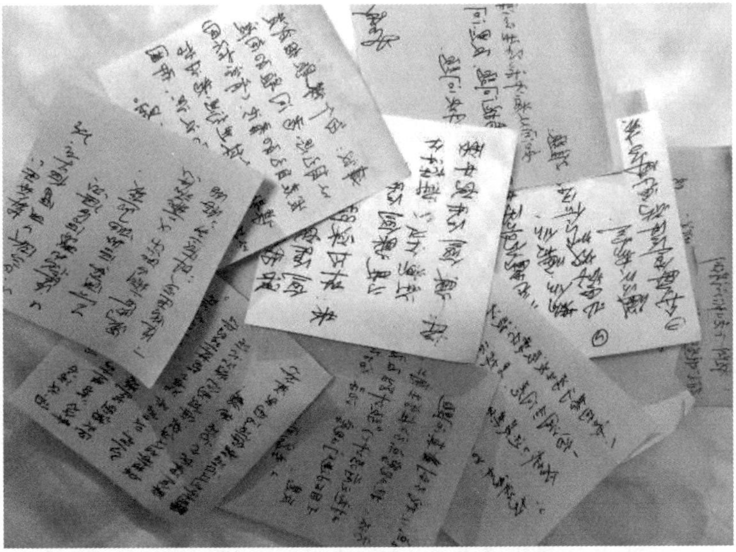

图 4-5　互动过程中教师们写的问题纸条

三、反观成效与问题：课例研究的坚持与推广

（一）“种子教师”参与课例研究的成效

1. 增强了学习共同体成员学习、实践和反思的能力

参与研修的教师学习是基于课例的教学行为跟进的学习，教师们感到课例研究的过程是自我发现、自我成长、自我超越的过程，为自己从经验型教师转变为研究型教师架设了阶梯，成为教师研究状态下的生活方式。由于课例研究的活动方式是围绕一个主题，以同伴成员的沟通、交流、讨论为主，以专业研究人员的点评、辅导为辅，因此，是一种教学全景实录，真实、具体、完整，具有动态化的特点。在课例研究中，教师能通过实践、观摩、反思、交流、探讨等活动，实现价值共享、共同创造、共同成长、共同探索、共享生命体验，从而助推教师自身专业化水平的提高。例如，一位教师曾真切地说：“参加课例研究让我学会剖析自己，挖掘自己的优点与缺点，一次次的行为跟进，让我体验到了精确的、量化的进步。”

2. 形成了基于主题的科研氛围，总结提炼了一部分成果

课例研究最重要的是聚焦主题，基于主题进行深度的课例研讨。通过开展课例研究活动，一段时间来，以北京大学附属小学为主阵地的英语学科组

十多位教师积极参与课例研究，不断地磨课、评课，一起反思研讨，主动撰写研讨实录、课堂教学实录、反思日记、随笔等，积累了数万字的教学研究资料。有多位教师的论文在核心期刊上发表。对于英语学科教学的重要问题——“绘本阅读教学思路”“英语教学中渗透批判性思维的培养”等，已达成很好的共识，凝练出较好的成果。

3. 对教材的理解更深了，提升了教师的教学能力和教学水平

由于课例研究是贯穿在备课、设计、上课、评课等教学环节之中的，教师要全过程地参与，就必须首先研究教材、吃透教材，否则就无法与他人交流。这就要求教师对教材的知识体系、编写意图、编排特点、重点和难点、隐含的思想方法、呈现的教与学的方式及习题的练习功能、需要解决的问题等都要进行研学，要了然于胸，运用自如，才能为参与研讨奠定良好的基础。

从实践角度来看，教师专业实践通常是由备课、说课、上课、评课、议课等构成，教师的学科教学能力也需要通过这些专业实践来完成。而课例研究的基本思路就是通过“提出问题—研读教材—设计教案—行动实践—观察交流—反思提升—修订教案—再行动实践”的循环使教学实践逐渐“合理化”。“合理化”的实质是使教学实践在理性的“设计教案”和“反思提升”之下不断趋于合目的性和合规律性的和谐统一。其中，“提出问题”是方向，“观察交流”是专业成长的途径，“反思提升”是目标，关键就在于通过理性地追问实践对象“是什么样的”来指导实践、解释实践，从而使实践从经验性的直观、直觉层面得到提升。课例研究使教师收获的不只是一节课的教学经验，还有分析教学问题、解释教学现象的理性知识和研究方法。

4. 在行动研究中获得了方法论指导，增强了教育科研的意识

课例研究是一种“教学与研究一体化”的活动形式，是教师群体从自己的教学实际出发发现问题、解决问题的过程。它以研究教学、改进教学为宗旨，旨在提高教学质量，促进师生的共同成长，促进教育科研意识的培养。以课例研究为引领，教师群体通过持之以恒的学习和研究，就能形成和谐互动的教师培训专业成长共同体，有助于教师研究团队形成相互依存、相互尊重、民主和谐的研修文化。

由于课例研究是一种行动研究，在这样的研究中，教师远离了抽象、空洞的科研，每一步、每个过程都看得见、摸得着，教育科研方法在这里成为一步一步能实施、能观测到的教学程序。学生的学习效果验证了科研方法的有效性。教师对科研的理解更深了，从心底里接纳了它，增强了参与科研的意识。

（二）课例研究如何进一步优化

1. 要让教师认识到课例研究这种学习方式的必要性和实践意义

在不同级别的教研活动上都存在着一些怪现象，比如观课时经常有教师在做与该课无关的事情，有的在低头批改作业或试卷，有的在低声私语，聊的也是和课堂无关的内容。为什么教研活动的观摩课会出现教师开小差的现象？我们认为，课例研究的有效性大打折扣是因为教师对课例研究在认识上存在一些误区。作为一种实践学习方式，课例研究需要教师在别人上课、自己观课的实践中学习，而实践是复杂的、多维度的，课堂上可以看到的内容很多，如教师的语言、语调、服装、教态、板书、教学目标、教学手段、师生互动、教学评估……究竟看什么、学什么呢？如果教师没有把课例研究看作一种培训方式，不知道观摩什么，那么就只能是“外行看热闹”，自然会在观课时感觉百无聊赖。因此，教师要认识到课例研究这种学习方式的必要性和实践意义，在课例研究中去思考、去发现，从而实现专业成长。

2. “种子教师”的课例研究活动需要进一步常态化

由于“种子教师”课例研究活动是一个跨学校的研修工程，在进行课例研究的过程中，西苑片区的有关课例研究的研修活动仅仅进行了前期的启动，后续的磨课过程，基本上是在片区负责人的学校完成的，这导致很多教师未能完整地体验课例研究的全过程。具体的磨课、议课环节未能参与，对于成果的提炼、发现等也未能深度参与。这也体现出课例研究对片区负责人以及研修成员在时间、水平方面的独特要求。未来片区研究项目组会在这方面不断努力，争取让课例研究的活动模式更常态化，更广泛地迁移到更多学校的教研组和其他教学研修活动中，让课例研究自觉解决教学过程中的真问题，帮助教师改善教学行为，从而改进我们的教学，改进我们的课堂，改进我们的思考方式，更好地提升学校的教学水平和整体教育质量！

【附录1】

西苑片区“课例研究工作坊”研修计划
暨2015—2016年第一学期“种子教师”实施方案

一、研修目标

2015—2016年第一学期“种子教师”研修活动拟以西苑片区科研活动为依托，通过有主题、有任务、有研讨、有反思的课例研究活动设计，提升“种子教师”的科研方法意识与科研反思能力，增进“种子教师”深度教研的水平，提升“种子教师”科研方法的实效，并通过“种子教师”的引领与带动，营造良好的科研氛围，促进各校、各片区科研工作的繁荣与发展。

二、研修对象

西苑片区的科研“种子教师”和北京大学附属小学科研骨干教师等（50 人以内）。

三、研修内容

研修内容即为课例的深度研究。具体如下：

1. 课例研究的一般方法与流程

这具体包括问题来源、教学设计、问题诊断、教学改进、循环设计、问题诊断、教学改进、资料整理、反思提炼、论文写作等。

2. 课例研究的个案剖析

这里以北京大学附属小学骨干教师有代表性的磨课经历与反思（最好是已发表的课例研究论文）为个案，以论文主题为切入口，进行课例研究的样本示范与案例分享。

3. 课例的行动研究

骨干教师掌握了课例研究的方法之后，可在自己学校进行课例的行动研究，跟踪一位或几位教师的磨课过程，帮助他们进行问题发现、教学改进、资料整理、反思提升以及论文写作。

4. 课例研究的论文写作

课题研究的资料素材如何撰写成高质量的研究论文？以骨干教师的论文写作经历入手进行案例分析。通常教师的论文会多次修改，教师从每一次的稿件修改中进行领悟与反思。研修活动也可以以某位骨干教师的第一手论文为资料，大家提修改意见，或各自进行修改。

四、研修方案

西苑片区“课例研究工作坊”第一次和第二次研修活动方案分别如表 4-2 和表 4-3 所示。

表 4-2　“课例研究工作坊”第一次研修活动方案

时间	地点	人员	主题	流程
2016 年 4 月 12 日上午 8:00	北京大学附属小学南楼 5 层教学观摩室	西苑片区“种子教师”、北京大学附属小学科研骨干教师	“课例研究工作坊”第一次研修活动	专家讲座：课例研究的方法与流程 课例研究分享：朱晓媛老师的磨课经历

表 4-3 “课例研究工作坊”第二次研修活动方案

时间	地点	人员	主题	流程
2016年5月26日上午8:00	北京大学附属小学南楼5层教学观摩室	西苑片区“种子教师”、北京大学附属小学科研骨干教师	“课例研究工作坊”第二次研修活动	专家讲座：课例研究中的常见问题 课例研究分享：由3～4位教师对自己的课例研究论文进行汇报

五、研修支持

该项目拟聘请北京师范大学胡定荣教授为首席导师。胡教授为课例研究的专家，曾有在中学进行教学改进的相关经验。活动开展过程中，胡教授一学期至少有两次行动研究指导。

该项目拟聘请三位学科教学专家为教学改进提供具体支持。他们是学科教研员或学科课程与教学论专家，每位骨干教师至少有一次行动研究指导。

该项目拟遴选一批优秀科研骨干教师，为广大“种子教师”和学员提供课例研究与分享的机会。优秀科研骨干教师为个人在课例研究方面有成功经验和心得的教师，他们的汇报与讲座，也需给予适当的奖励支持。

六、未来愿景

“课例研究工作坊”是一项有生命力的教师研修项目。工作坊研究团队将指导教师的课例研究过程，竭力修改教师的课例研究论文，力争在区、市级课程改革论文评选中获奖。有更优秀者，会争取择优发表至各教学研究杂志。待时机成熟，工作坊也会以北京大学附属小学为主阵地，结集出版相关的论文，并召开年度课例研究成果发表会，在同行、兄弟校以及广大教育工作者中分享、传播自己的研究成果。

【附录 2】 互动中教师们提的一些典型问题及胡定荣教授对相应问题做的分享

问题 1：如何从学生一个共性的问题出发开展课例研究？

答：我觉得可以有这样几个步骤：第一，通过调查或前期测试，确认问题是否具有共性。第二，分析问题的特点，准确定位。我们可以通过分解问题来确保研究问题的准确性。第三，根据研究的问题，选择恰当的内容来进行备课和团队研课，在研课的过程中始终要注重聚焦本次研究的问题，不断回看是否走偏，并及时调整。第四，课堂实施。真实呈现上课过程，录像，做课堂实录。通过后测或调查，了解对前述问题的认识或理解是否有所改变，并观察后续状况。第五，团队课例研讨过程。根据实录，一一对应之前确定的研究问题，有针对性地展开讨论，如学生反应如何，教师指导如何，解决问题的实效如何等。第六，详尽地做记录，并且通过梳理关键信息，让课例中问题的解决过程从隐性暗含到显性呈现。第七，团队参与成员反思研究过程。当然，这只是一般的程序，具体的方法还要在具体的问题中分析。

问题2：课堂观察说起来容易，做起来难。如何进行课堂观察，有统一的标准和方法吗？

答：在确定课堂观察目标和设计问卷时，更多地需要关注学生的身心特点和学科目标间的协同发展问题，同时还需要把问题具体化。可以根据每堂课的教学目标，以及学生自身发展的要求，设计不同侧重点的调查问卷。比如，四年级“科学”课中“电”单元“点亮小灯泡”一课，旨在通过“点亮小灯泡”的活动，帮助学生初步认识闭合回路，同时发展学生观察、推理、比较等能力。因此，确定的课堂观察目标是，关注所设计的教学环节是否能够给学生提供发展机会和有效的支撑。原设计中的两个核心活动是先认识小灯泡的内部构造，再尝试点亮小灯泡的连接活动，并在此基础上初步认识闭合回路，希望学生通过认识小灯泡的内部构造，帮助他们有意识的关注电流流向问题。但是，通过课堂观察，教师发现学生在学习之初并没有了解小灯泡内部构造的需求，因为他们并不认为这个内容对他们有什么帮助，他们也没有应用的意识。根据课堂观察，教师及时调整了两个核心活动的顺序，先进行点亮小灯泡的活动，再进行比较推理，使学生意识到小灯泡内部构造的重要性，从而引发他们对这个问题的强烈关注，进而引导他们发现小灯泡的内部构造与闭合回路之间的关系。所以说，课堂观察可以帮助教师反思教学设计和教学行为，有助于教师形成新的教学策略。

问题3：作为一名一线教师，您如何理解课例研究？

答：这是一个很有价值的问题。目前，学术界对课例研究的看法还不能趋于统一，实践中教师对于课例研究模糊的认识也大范围存在。大家对于课例、案例、教案、课堂实录、经验论文等经常是混用的。

“课例”是一个实际的教学例子，通俗地讲就是“讲述教学背后的故事”，即“为何这样进行教学”的研究思路。也就是说，课例不仅仅是最后的课堂教学实录，还要交代之所以这样教学的理由和认识，其中要有研究的成分。

教案是教师上课前预设的教学计划，而课例是一个实际发生的教学案例。在讲述课例的过程中有可能运用教案来说明为什么这样授课。课堂实录是对实际发生的课堂进行逐字记录，从它当中我们不能直接看出背后的思路和想法，只能靠推测。课例和案例的混用最为常见，从案例到课例，大家认识的清晰化是经历了一个过程的。案例的范围很大，在各个领域都有，教育案例不过是案例中的一类。课例包含于教育案例当中，只有那些以学科教学内容为载体、具有一个研究主题的教育案例才能称为课例。

对课例定义范围的具体化，有利于我们教师聚焦于课堂教学研究，而不至于将课例泛化为一般的教育问题。在基础教育刊物上，我们也可以看到不少关于课堂教学研究的文章，纯粹理论思辨的不算是课例。使用了部分课堂教学片段的思辨型文章，有论述的主题，而且很有可能用到了大量的课堂片段，但是这些片段往往来自不同的授课实录，甚至是不同学科的各种小片段，它们也不是我们所指的课例。课堂实录片段配以点评类型的文章，这是常见的一种类型，对一节课的不同片段分别做出点评，或是对于不同的课堂片段分别做出点评。这类文章视野比较宽泛，点评比较发散，读者无法了解整体的授课思路。包括教学漫笔类文章，也多是比较生动、情感化，但缺乏围绕一个主题的深入提炼，缺乏理论角度的诠释。之所以指出与课堂教学有关的这四类文章不是课例，主要是想进一步凸显课例的根本特征：以课堂教学的学科内容为载体，以某个小的研究问题为主题，讲述的是一个实际发生的课堂教学实例背后的故事；而且，教学实例的整体思路相对完整，可以看出一节课或几节课的授课过程或如何改进的过程，可以看出这样上课或者改进课堂的原因是什么，当然也会有理性的提升和概括。

在弄清楚课例的基础上，我们再来谈谈课例与课例研究的区别。课例与课例研究的区别，就好比教案与教案设计的区别。前者是指最后产生的成果形式，后者是指形成这个成果的过程；前者是静态的结果表达，后者是一个研究的动态过程。所以通常我们说的“课例”往往指的是成果表达形式，而“课例研究”指的是“做课例”的过程。

问题4：课例研究怎样与日常教学进行结合或整合？

答：课例研究要与日常教学进行结合，要成为教师的教学常态，可以就日常教学的对象、内容、模式等进行不同内容、不同方向、不同主题的“定点专项”划分，先将“整研究”拆分细化成“散加工”，然后进行“精打磨”，切实融入日常课堂教学实践，促进教学实践水平的真正提高。比如，基于学情的研究（如不同学校、不同区域的有水平差异的教学对象展开相同内容学习之时，教学设计，尤其教学策略的差异），基于内容的研究（如不同单元、不同主题内容在教学模式、教学策略方面的差异），基于学法的研究（如自主探究、小组合作等），基于技术的研究（如教学过程中技术应用的特点、作用），基于情境的研究（如不同情境的创设、真实情境的创设），基于问题的研究（如教师的问题设计、学生的问题发现、课堂问题生成），基于评价的研究（如不同形式、不同阶段、不同平台的评价），基于反思的研究（如重点针对课后反思）等。

问题5：如何找到有价值的研究问题？找到真问题？

答：对于教育实践活动的主要承担者和实施者的广大中小学教师而言，教育研究主要着力解决教育教学中的实际问题。相对于专业研究者的个体式研究而言，教育研究更多的是采用合作研究，如教师与教师合作、教师与专业研究者合作、中小学教师与大学教师合作等，在研究方式上，更多地表现为一种行动研究。正如北京师范大学林崇德教授所描述的，教师参与教育研究的特点是“面向实际，站在前沿，重在应用，加强合作”①。不仅如此，日本学者佐藤学对教师的教育教学研究也提出了如下的观点：“……教学的研究原本就是‘实践性研究’，其主体是教师。教学研究的目的在于改进教学，其内容在于实践性问题的解决。”②

行动研究即“由社会情境的参与者，为提高对所从事的社会或教育实践的理性认识，为加深对实践活动及其依赖的背景的理解，所进行的反思性研究”③。基于以上对教师的教育研究本质与基本特征的描述，我们认为，要想从教学实践中提炼出有价值的问题，需

① 韩吉珍.研究性学习与中小学教师的教育研究[J].教育理论与实践，2003，(7).

② 佐藤学.课程与教师[M].钟启泉，译.北京：教育科学出版社，2003：230.

③ 同上书，第256页。

要从以下几点努力：第一，教师要有能力对自己的教学行为及其背景进行思考，即教师要能够分析、讨论、评估和改变他们自己的实践；第二，教师要能够使用来自各种不同渠道的信息连接理论与实践，从多重角度分析问题；第三，教师要能够评价课堂实践中内含的道德与伦理问题，包括对他们自己关于出色教学的信念的批判性考察；第四，教师对自己的专业成长承担更大的责任，要获得一定程度的专业自主权；第五，教师要发展自己关于教育实践的理论，理解并发展他们自己的课堂教学工作的原理性基础。

教师在教育研究方面已经具备许多有利的条件，提炼出有价值的问题进行研究，使自己成为研究者是极其可能的。教育教学实践者的地位为教师成为研究者提供了客观上的可能，丰富、生动的教育教学实践活动为教师提供了大量的研究机会。与专业研究人员相比，中小学教师有最佳的研究机会，如果给予适当的理论指导，他们就可以对自己的教学实践进行理性的分析和研究，进而改进自己的教学实践。正如著名课程学家斯腾豪斯所说的，教师是教室的负责人，而从实验主义者的角度来看，教室正好是检验教育理论的理想的实验室。对那些钟情于自然观察的研究者而言，教师是当之无愧的有效的实际观察者。无论从何种角度来理解教育研究，我们都不得不承认教师充满了丰富的研究机会。

教育发展所面临的机遇和挑战也为教师参与教育改革和进行教育研究提供了大好时机。纵观近年来各国进行的教育改革，其中不乏共同之处，而其中重要的一点便是在课程设计、教材选择、教学组织等很多方面给学校和教师以更大的自主权。这种自主权为教师从事教育研究提供了更为宽松的环境与条件。

再者，教育改革也为教师改进教育教学提供了更多的机会。例如，在我国正在进行的基础教育新课程改革中，北京市遨游计划课题组实验校的自主排课课程改革，使得教育情境中的问题增多并变得更为复杂，但这同时也为教师提供了丰富的研究机会。因为，教师只有通过研究教学，才能真正实施课程。“没有教师自主的专业研究，就没有过程模式的课程，也就没有自上而下的课程改革。”①

课程改革需要调整课程功能、优化课程结构、更新课程内容和改变教学方式。它不仅改变学生的学习生活，也将改变教师的教学

① 欧用生.教师专业发展[M].台北：师大书苑，1997：124.

生活。在课程实施过程中，教师要对新课程充分理解、接受、认同，不断检验和完善新课程。这样，课程实施与教师的教育研究相互影响，课程改革才能真正达到预期目标。教师参与课程改革的过程无疑为教师参与教育研究提供了更为宽阔的平台，而且这也促使教师必须实现角色转型——由以往的“教书匠”向“研究者”的转变。

教师在适应改革，推动改革，最终成为改革成功的主导力量的这一过程中，由以往被动的承受者成为主动的研究者，不断从身边的教学实际中发现问题、研究问题，在课例研究中收获颇丰，获益匪浅。

第五章　以专业阅读为动力促进教师专业成长

教师的专业成长是学校发展的第一资源，学校拥有优良的教师队伍就拥有了核心竞争力。除了教育实践和集中培训，教师的专业成长还依托于自主学习。自主学习的途径有多种，重要的途径之一就是阅读。阅读是教师提升自身素质的重要手段，教师阅读的质量不高，就难有高质量的教学与生活。

时代的发展和社会的变迁使教师的生活变得忙碌而浮躁，身处教学一线的教师很难有专门的时间和精力去阅读。2014 年，上海教育工会、上海市教师学研究会对上海 17 个区、县 48 所中小学和幼儿园的 3411 名教师进行了阅读调查，其后发布了于漪主编的《上海市中小学幼儿园教师读书现状报告》。该报告反映出被调查教师在阅读方面主要存在以下问题。

（1）教师阅读时间短：每天阅读时间达 90 分钟及以上的仅占 6%，阅读时间为每天 60～90 分钟的占 12%，82%的教师每天阅读时间低于 1 小时，其中，30～60 分钟的占 48%，另有 34%的教师每天阅读时间在 30 分钟以下。

（2）教师读书数量少：61%的教师在过去一年里读过的书不超过 4 本。其中，3～4 本的占 32%，1～2 本的占 26%，还有 3%的教师在过去一年里一本书都未读过。

（3）教师购书数量少：86%的教师在过去一年订阅的期刊低于 2 种，79.4%的教师一年购买的书籍少于 10 本。

（4）教师阅读效果差：在浏览、泛读和精读三种阅读方式中，39.2%的教师以浏览为主；其次是泛读，占 32%；最后是精读，占 28.8%。

在此，需要说明一点，这里强调的阅读不是指基于手机等移动终端的电子阅读，这种阅读方式过于片段化和零碎化，很大程度上影响了教师阅读习惯的培养和阅读素养的提升。这些实际情况表明，教师的阅读情况不容乐观，教师的阅读问题必须引起重视和深思。

教育的关键在于教师，作为“教书育人”的教师，大家必须清醒地认识到阅读的重要性。

首先，阅读是教师获得知识的重要手段，面对知识爆炸的信息化时代，教师需要更多的知识去应对多变的课堂，阅读作为教师及时补充新知识的重要途径，在学习型社会中具有无可取代的地位。

其次，阅读可以促使教师思想的成熟，增强教师思维的准确性、广泛性、深刻性、灵活性和创造性，提升教师的思维能力和创造能力。

再次，阅读可以丰富教师的精神世界，让教师超越世俗生活，最后，走向崇高。特别值得注意的是，阅读不仅能促进教师自我的发展，而且能带动学生的阅读。教师阅读是学生阅读的榜样与引领，教师没有积极主动的阅读热情，就很难培养学生对阅读的热情；教师没有持之以恒的阅读习惯，就很难培养学生对阅读的渴望；教师没有居敬持志的阅读精神，就难有学生对阅读的尊重。

因此，教师需要阅读，更需要专业的阅读，专业阅读是教师专业成长的动力，专业阅读理应成为教师生活的一种方式、一种习惯。

一、教师专业阅读及其层次

（一）什么是阅读

何谓阅读，人们各有各的说法。源自辞典的解析，具有代表性的有：《现代汉语词典》将“阅读”解释为“看（书报等）并领会其内容”[①]，即指从书籍文献和报纸杂志中获取信息，并对其内容进行理解的过程。《教育大辞典》中对“阅读”的定义是：阅读是一种从印的或写的语言符号中取得意义的心理过程。阅读也是一种基本的智力技能，这种技能是取得学业成功的先决条件，它是由一系列的过程和行为构成的总和。[②]《中国读书大辞典》对“阅读”的解释为：一种从书面语言和其他书面符号中获得意义的社会行为、实践活动和心理活动。[③]

国内学者对阅读的界定中，具有代表性的观点有：张必隐在其著作《阅读心理学》中指出：“阅读”通常是指借助于视觉，通过思考来理解文字所代表意义的一种智力活动，也就是一般所说的“读书”。[④] 它是从书面材料获取信息并影响读者非智力因素的过程。曾祥芹在《阅读学新论》中认为：阅读是披文得意的心智技能，是以文会友的交往行为，是书面文化的精神消费，

---

① 中国社会科学院语言研究所词典编辑室编．现代汉语词典：第7版[M]．北京：商务印书馆，2016.

② 顾明远．教育大辞典（增订合编本上、下）[M]．上海：上海教育出版社，1998.

③ 王余光，徐雁．中国读书大辞典[M]．南京：南京大学出版社，1993.

④ 张必隐．阅读心理学[M]．北京：北京师范大学出版社，1992.

是人类素质的生产过程。[①] 胡继武从认知心理学角度提出：阅读就是从信息符号中获取意义的一种复杂的认知加工过程。[②] 这种过程是人类特有的，需要各种智力因素，如记忆、观察等的参与，也需要各种非智力因素，如兴趣等的配合。也就是说，阅读是一种含有非智力因素参与的智力活动。

国外学者对阅读的界定中，具有代表性的观点有：雷纳和布莱赛克认为：阅读是从页面抽取视觉数据和理解篇章意义的能力。范·狄克认为阅读是对某一特定篇章进行解码和解释的具体而自愿的行为。[③] 史密斯和古德曼从过程和结果的角度认为：阅读是一个认知的过程，它应该达到的目的是获得意义。[④] 唐宁和莱昂认为：阅读有两种类型，一为侧重译码的过程，二为侧重意义的提取。[⑤] 而吉布森和莱文则将这两种类型相结合，得出阅读是从课文中提取意义的过程[⑥]的结论。这一定义因其具有综合性而被许多人接受。

以上各种对阅读的定义明显体现出了一个共识，那就是阅读是从一定符号中获得“意义”的过程。这里体现了阅读的一个重要特征——可获得一定的知识。

（二）什么是专业阅读

对于“专业阅读”，学术界并没有一个统一的界定，不同学者均提出了自己的看法。

刘雯等认为专业阅读指专业人员阅读本专业或与工作相关的资料的行为。[⑦] 这一界定强调了专业阅读的内容。

陈宏宙等指出，阅读可分为专业阅读和非专业阅读[⑧]。专业阅读是指专业人员阅读本专业或与工作有关的阅读，通俗地讲就是为开展工作而进行的阅读，是知识性阅读，是有目的的、带有功利性色彩的阅读。这一定义突出强调专业阅读具有强烈的目的性。

罗秉利认为：专业阅读是相对非专业阅读而言的，是因人而异的。对不同人群及同一人在不同工作岗位和年龄段，专业阅读都有不同的定义和理解。

---

① 曾祥芹. 阅读学新论[M]. 北京：语文出版社，1999.

② 胡继武. 现代阅读学[M]. 广州：中山大学出版社，1991.

③ 蔡少辉. 大学生网络阅读动机问卷的编制及相关研究[D]. 重庆：西南大学，2013.

④ Guthrie J T, Anderson E. Influences of Concept-oriented Reading Instruction on Strategy Use and Concept Learning from Text[J]. *The Elementary School Journal*, 1999(4).

⑤ Downing J A, Leong C K. *Psychology of Reading*[M]. London: Macmillan Publishing, 1982.

⑥ 刘一瑶. 高中教师阅读动机与阅读行为调查研究[D]. 长春：东北师范大学，2012.

⑦ 刘雯，等. 高校图书馆员专业阅读调查报告[J]. 图书馆杂志，2012(6).

⑧ 陈宏宙，霍彩玲. 图书馆员的专业阅读漫谈[J]. 当代图书馆，2014(9).

因此他没有给出专业阅读的具体定义，但是他举出了例子让读者自己去感受何为专业阅读。例子有：如果你是一名中学生，那么课堂教学的内容及基本知识点的学习应当属于专业阅读范畴，而课外知识的学习就属于非专业阅读；如果你是一名高校学生，那么你所学的本专业内容就是专业阅读；如果你学的是新闻学，那么它所属的新闻采访、写作、编辑等基本知识是必须掌握和学习的，这方面的阅读自然就属于专业阅读范畴。①

根据以上论述，我们发现学者们对专业阅读的界定主要强调了两点，一是阅读者所阅读的内容是与其自身从事的专业或工作相关的；二是阅读具有一定的目的性。

（三）什么是教师专业阅读

朱永新、魏智渊等教育专家认为：教师专业阅读是指教师以实践中的问题解决为中心，通过知性阅读的方式阅读书籍以建构知识结构的专业阅读。这是朱永新和魏智渊结合教师这一特殊职业进行的教师专业阅读释义，他们以中学语文为例，将专业阅读分为三类。① 本体性专业阅读。中学语文教师的本体性专业阅读要以字词语句篇章修辞文体文学文化及精神思想为本体。② 条件性专业阅读，即对教育学、心理学及职业知识的阅读，有助于教师形成一种对具体的本体知识做出教育学和心理学解释的知识与能力。③ 拓展性专业阅读。语文学科的范围几乎无所不包，语文教材本身就是一部社会生活的“百科全书”，因此，中学语文教师要博览群书，既要阅读人文社科知识，还要涉猎自然科学知识，以百科知识来丰富自己。三种类型专业阅读所占百分比分别为50％、30％、20％。而其中条件性专业阅读与拓展性专业阅读是所有学科教师专业阅读的共同之处，各学科教师专业阅读相区别之处就在于他们的本体性专业阅读不同，也有学者称之为学科阅读②。

教师专业阅读基于职业发展的需要，旨在通过阅读优化知识结构，是教师提升教育水平与生命质量的重要学习行为，具有与教师职业素养提升紧密相关的鲜明特征。教师专业阅读绝不仅仅是阅读内容的问题，要想做到专业阅读，其实还与阅读姿态、阅读感受、阅读程度和阅读速度等许多方面有关。

1. 阅读姿态

专业阅读是“坐”读。阅读的姿态包括坐读、卧读与走读。书斋里、卧榻

---

① 罗秉利. 非专业阅读的特性及功效[J]. 中小学图书情报世界，2009(2).

② 余国源，余熹微. 试论中学语文教师专业阅读“六级水平”模式[J]. 科学咨询(教育科研)，2011(12).

边、马背上，都是古人读书常见的场景。时下，走读的场所发生了很大变化，包括在公交车上、地铁里、高铁车厢中等。但无论卧读还是走读，即便你阅读的书籍是专业书，但还算不上是专业阅读。因为专业阅读的姿态必须是坐读！专业阅读需要宁静与安详。闹市、站台等公共场合，虽不乏阅读的人影，但那是一种“走马观花”的信息捕捉。何况，坐读不只是一种身体姿势，还是一种心理姿势。读什么、读多少、怎么读，都是落座之前必须思量的，即根据自己的职业发展进行读书规划，这正是专业阅读与休闲阅读的最大差异。专业阅读需要一定的耐力与定力，绝不能“三天打鱼，两天晒网”。

2. 阅读感受

专业阅读首先是一种“苦”读，尤其是阅读那些经典的理论书籍，一定是一种有难度的阅读，就像爬山，在攀登的过程中，要苦其心志、劳其筋骨，否则怎能领略高处的风光？试想，无论你是读孔孟、读老庄，还是读弗洛伊德、读泰勒……怎么可能像读休闲书那样轻松愉快！当然，读书并不是一件令人畏惧的差事，登堂入室之后，沐浴智者的思想之光，与之产生心灵共鸣，获得那种灯火阑珊的感觉，也是一件令人快慰的事情。但这个过程一定如同品茗茶、呷咖啡，是一种先苦后甜的境界。

3. 阅读程度

专业阅读是精读。阅读有精读与泛读之分，泛读是指浏览式的、一目十行的泛泛阅读，重在捕捉信息，看在眼中未必进入心中。“看书看个皮、读报读个题”是典型的泛读。精读必须深度进入内容情境，进行深入思考与对话，获得一定感悟。泛读和精读既是阅读的程度，也是人们阅读不同内容时应采取的不同方式。教师是以专业的形象自立于世的，必须不断通过专业阅读的方式来丰富自己的职业生命。

4. 阅读速度

专业阅读是细读。作为一种学术性阅读，不仅需要投入脑力，而且需要投入时间。对于那些经典的教育思想名著，我们必须多投入一些时间，反复研读。教师不仅要阅读应用性较强的学科著作，还应当读哲学、心理学、文化学等领域的书籍，以此来拓展自己的专业视野。与大师对话，与真理牵手，不仅需要反复研读、适当记笔记，还需要思辨与讨论，交流与碰撞，把读与思、知与行结合起来。

（四）教师专业阅读的层次

1. 解惑之“法”

教师的专业阅读分为不同层次，最基本的就是对他人行之有效的教育教学技巧和方法进行模仿或者学习。这一层次的阅读主要表现为阅读教育教学类杂志。初为人师者在教育教学实践中难免会遇到一些问题和困惑，从专业阅读入手，可以获得解决问题的方法。

2. 经验之“术”

“术”和“法”相比，虽然都是汲取教育教学的经验，但汲取的经验的厚度有所不同。求“法”是寻求操作型经验，指向“怎么做”；而求“术”是寻求复合型经验，指向问题解决的综合方法。例如，教师可以进行一些专题性阅读，通过学习相关理论与实施策略，并在教学实践中有意识地加以体验，不断地积累教学经验，提高自身的教学能力。这种专题性阅读，就是一种“术”的阅读。所谓的解惑之“法”，可以是单一的，也就是说，看到一个行之有效的做法就可以使用；而经验之“术”是复合性的，没有教育教学实践的积累就无法体现其真正的效果。这也就是新教师照着特级教师的教案执教却无法达到特级教师执教的课堂效果的原因所在。

3. 理性之“慧”

自教育活动出现以来，人类对于教育的探索与思考便从未停止过。教育的科学性和复杂性要求教育工作者必须对教育进行理性思考。这种理性思考，首先是教育活动的模拟还原，其次是理性思辨。经验之“术”是知其然，理性之“慧”便是知其所以然。这样的专业阅读主要基于教师对教育教学理论、心理学理论等专著的学习。教师可以从教育经典中仰望大师的境界，从教育专著中汲取教育智慧，从教育故事中品读教育真谛，从教育叙事中感悟教育哲理。进行专业阅读的教师，能自觉地对自己的教育教学实践进行梳理、反思，从而获得自己的教育理解，提炼独特的教育观点，形成个性化的教学主张。

4. 心灵之“道”

这一层次的阅读不再局限于教育教学类内容，而是抛开狭隘的理解，开始随心所欲地“杂读”，文学、历史、哲学等，只要是喜欢的，都可以成为教师的阅读对象。阅读各类书籍时，教师也可以从教育的角度去找寻、品味其中的意蕴：文学也许不再是文学，而是教育的情怀；历史也许不再是历史，而是教育的社会使命；哲学也许不再是问题的思辨，而是教育的意义。这一层次的阅读已然跳出教育，从简单的故事中品味教育的思想，从微小的细节中透视教育的方法，从朴实的事件中品味教育的底线，从社会的发展中探索教育的改革方向。

二、专业阅读对教师专业发展的意义

教师专业发展是近年来引发社会高度关注的重要研究课题。不同的学者对教师专业发展的理解也是见仁见智。传统的教师专业发展观认为，外部力量应该作为教师专业发展的支撑，如在职培训。在职培训是促进教师专业发展最常见的方法。许多人认为，教师专业发展是一个从量变到质变的长期活动过程，间歇性的在职培训只能发挥短而少的效用，认为这种方式将教师专业发展与一线教学相脱离，并把教师摆在了被动的位置上。随着这种方式暴露出越来越多的问题，人们意识到：教师专业发展的本质是通过个体实践活动，不断超越自我、实现自我，[①] 教师的专业发展需要一个能够长期有效的方法，同时，教师要掌握主动权，自主地参与专业发展。教师自主寻求专业发展的方式有很多，进行专业阅读则是其中最具有主观能动性的方式。专业阅读是指向个体的，需要阅读者主动参与其中，汲取书中的智慧，这个过程很漫长，但效果却持之有效。这是教师获得经验和创造力的重要途径，有助于教师拓宽视野、夯实专业知识、提高教学水平，进而促进教师专业发展。

（一）专业阅读对处于不同发展阶段的教师的意义

教师专业发展是一个动态的过程，它贯穿于教师职业生涯的始终。在这个过程中，教师的专业素养会发生阶段性的变化，而每一个阶段也会有不同的特征，专业阅读伴随着教师专业发展的每一个阶段。本书主要从生存阶段、适应阶段、成长阶段和成熟阶段来分别探讨专业阅读对教师专业发展各阶段的价值和意义。

1. 生存阶段：专业阅读促进教师角色的建立

新入职的教师处在职业的生存阶段，也是教师角色的建立阶段。他们会因初为人师而兴奋不已，储备的知识容量也基本可以满足学科教学的需要，但也常会出现许多不容乐观的问题：如何将自己所学的知识传授给学生？如何快速地熟悉教学内容、教学任务，掌握教学方法，适应学校环境？如何调整因理想与现实的差距而出现的失落感等。生存阶段是教师将理论与实践相互转化的最初阶段。在这个阶段，教师需要尽快适应角色的转变，充实知识体系，把握教学技巧，调整教学状态，而专业阅读无疑成为解决这些问题最有效的方法。教师要从自身的实际情况出发，选择合适的阅读内容，帮助自己顺利完成由学生向教师的转变。

首先，专业阅读能够帮助教师构建相对完整的知识体系，弥补自身学科知识上的不足，提高自己的学识，使自己在知识储备上能更好地满足学生的

① 金美福. 教师自主发展论——教学研同期互动的教职生涯研究[M]. 北京：教育科学出版社，2005.

需求。其次，面对复杂多变的课堂情境，新入职的教师没有足够的教学经验，也没有充裕的时间去观察别人的课堂并从中吸取经验，带着实践中的困惑进行的专业阅读则可以帮助教师快速成长。教师应该通过阅读名师的优秀案例，选择合适的教学方法，将知识更加清晰地呈现给学生，并逐渐灵活地运用各种教学方法。最后，教师这个职业需要有理智的教育心态，它是维持教师教育活动的保障。新入职的教师往往满怀激情，但在面对学生时仅有激情是不够的，教师的教育教学工作需要教师用更多的理智来驾驭。

专业阅读的重要性不言而喻，它不但能丰富教师的知识储备，而且还能让教师领悟人生、提升修养，理智地面对校园生活，从容地处理教育事务。专业阅读可以帮助新入职的教师快速步入职业的正轨，为之后的快速成长指明方向。

2. 适应阶段：专业阅读促进教师角色的转变

经过了生存阶段，教师开始对教学环境有所熟悉，并逐步积累了一些教学经验，形成了一定的教学技能，已逐渐认可教师这一职业。但是，对于处于这一阶段的教师来说，其教师的角色信念尚不牢固。[①] 因此，适应阶段就显得特别重要，这也是形成信念的关键阶段。在这一阶段，教师虽然走出了最初的窘境，但却面临着更高的专业发展要求。适应阶段是教师专业结构稳定并持续发展的重要时期，一个教师要想形成自己的教学风格，就必须将关注的焦点从“自我生存”向“自我发展”转变，在了解学生的基础上提高课堂效率，这样才能真正做到传道、授业、解惑。专业阅读在这一阶段将起到答疑解惑、指点迷津、促进教师角色转变的作用。

第一，专业阅读能够帮助教师更透彻地读懂教材，更灵活地掌握各种教学策略，并能够根据课堂实际情况做出相应的调整。每位教师在发展教学技能的同时，都应该更加系统地阅读相关理论知识，并将教育理论应用于教育教学实践，做到实践技能与理论学习共同进步。

第二，为了更好地促进教师的专业发展与进步，教师必须积极地与学生互动，关注学生的心理状况和理解程度，例如，教师可以阅读一些心理学方面的知识和学生喜欢的读物，以便更好地了解学生。这种方法，一方面可以促进课堂教学朝有利于学生理解的方向发展；另一方面可以帮助教师随时掌握学生的思想动态，有利于班级管理。

3. 成长阶段：专业阅读促进教师角色的提升

经过多年的教学实践活动，大部分教师已经明确了自身的发展方向，对

① 苏秋萍. 教师专业发展阶段论对教师教育的启示[J]. 广西教育学院学报，2009(6).

教学内容和教学程序已经非常熟悉，对教学活动和教学环境也能轻松掌控，由此，教师便进入了相对平稳的发展阶段。随之而来的就是一些教师开始出现所谓的“高原现象”。“高原现象”指在学习过程的中后期出现的暂时停顿或下降的现象，它是教师专业发展过程中的必然，是阻碍教师专业发展的瓶颈。出现“高原现象”的教师大都从教多年，恒定不变的教材内容让他们懈怠了对知识的更新，只是机械地向学生传递着自己熟悉的教学内容。这些教师的视野受到了很大限制，职业认同感开始下降，工作效率也变得低下，这影响了教师持续性发展。克服“高原现象”，需要打破毫无新意的思维定式，为教师的发展找到新的增长点，并为传道解惑的教学活动注入“新鲜血液”。专业阅读可以加快教师角色的提升。通过专业阅读，教师可以了解到自己不熟悉的内容，开阔视野，找到专业发展的新突破口；教学内容由一成不变到将现实性与创造性相结合，教学技能由单一转变为多项；思想上与时俱进，摆脱僵化，重燃对教育的热情。同时，专业阅读为教师呈现了一个新的世界，在这个世界，教师会遇到种种新鲜的事物，也会对自己有一个新的定位，继而会科学理性、客观冷静地认识自己，重新规划自己的职业生涯。

4. 成熟阶段：专业阅读促进教师角色的稳固

成熟阶段的教师经历了职业的最艰难时期，也体验到了职业带来的快乐。这一阶段的教师更加热爱自己的工作，具有更强的责任心，也具备更好的心理素质。这一阶段是教师生涯的顶峰期。此时，教师个人的教育理论发展能否找到一个更加合理的逻辑起点，建立在一个更高的思想层面上？同时，能否从单一的实践经验和教育理论学科角度转移到系统科学研究上？能否集大成为大智慧，建立自己的教育哲学体系和教育信仰？① 教师自身的哲学素养和视界就成为制约教师专业发展的一个关键因素。通过专业阅读，教师可以获得知识，学习教学方法，也可以拓宽眼界，增长智慧，不断地超越自我，从而稳固教师的角色。专业阅读是教师专业发展的基石，可以使教师在教学工作中游刃有余，发挥持续性作用。在教师专业发展的整个过程中，专业阅读都起着非常重要的作用。

（二）专业阅读对教育职业的意义

1. 树立学生阅读的学习榜样

2012 年我国第十次全国国民阅读调查结果显示：12 岁前是培养孩子阅读习惯最重要的时间，它决定了孩子一生的阅读能力。所以，培养学生的阅读

---

① 卢真金.教师专业发展的阶段、模式、策略再探[J].课程·教材·教法，2007(12).

习惯责任重大，将学生阅读能力的培养寄托在教师身上也是理所当然的。阅读的内容包罗万象，学生在阅读时存在很大的随意性和盲目性，学生可能对应该阅读什么、怎么阅读、阅读的目的等都存在着疑惑，这些都需要教师给予正确的引导。教师的言行会影响学生的发展，一个不会阅读的教师很难教出会阅读的学生，教师对阅读的认识直接影响到学生阅读习惯的培养，教师的阅读量也会影响到学生的阅读量。少年儿童是国家发展的希望，教师自身的阅读习惯对于正在培养阅读习惯的学生而言至关重要，只有教师自己乐于读、善于读、精于读，才能提升自身的人格魅力，从而才能激发学生的阅读兴趣，并将阅读知识源源不断地分享给学生，促进学生的阅读。

2. 形成顺应时代的教育理念

先进的教育理念是教育成功的前提，新时代要求教师应该有正确先进的教育理念。教育理念的形成并不是依靠专家的灌输，而是在教育教学工作中不断形成的。教师常年处在学校环境中，视野和眼界也被限制在其中，如何形成符合时代发展的教育理念应成为教师关注的焦点。通过专业阅读，教师可以把握时代发展的趋势，感知社会的能量，更新思考的方式。同时，阅读也能使教师跳出学校的环境限制，使每位教师都能形成一种开放的心态，以局外人的眼光看待教育现状，形成正确的教育理念，并把教育理念推己及人，应用到教育教学工作中，让教育呈现出开放、发展的状态。

3. 提升我国国民的基本素质

我国第十次全国国民阅读调查结果显示：2012 年我国 18～70 周岁国民的综合阅读率有所下降，0～17 周岁的未成年人的图书阅读率和人均图书阅读量也较 2011 年有所降低。此外，根据国际出版蓝皮书统计：法国每年人均阅读量约为 8.4 本，日本约为 8.4～8.5 本，韩国约为 11 本；而 2012 年我国国民人均纸质图书和电子书的总阅读量为 6.74 本，与世界其他经济大国的人均阅读量还存在一定差距。众所周知，国民阅读能力和阅读水平的高低，在很大程度上反映着国民素质的高低，决定着一个民族的基本素质、创造能力和发展潜力，直接关系到国家软实力和综合国力的强弱。① 阅读不仅关系着读者自身的发展，还影响着我们国家的前途和命运，所以提高国民阅读量迫在眉睫。教师是连接学校、家庭和社会的纽带，一方面，教师从源头抓起，有助于培养学生养成良好的阅读习惯；另一方面，通过培养学生养成阅读的习惯，进而可以带动整个家庭多读书，逐步扩散阅读的影响力。“腹有诗书气自华”，一个热爱阅读的教师会不自觉地把书香气息带给周围的人。所以，教师阅读

① 郝振省，陈威. 中国阅读：全民阅读蓝皮书[M]. 北京：中国书籍出版社，2009.

是整个社会阅读的基础，教师全力迈向阅读之路，将对我国国民阅读水平的提升产生重大影响。

三、教师开展专业阅读的实践探索

读书应该是一种生活方式，是一种像呼吸一样自然的生命状态。中小学教师的工作量和工作强度繁重的现实，使更多的教师将读书作为工作之余的奢侈品，尤其是对于已经成家立业的中小学教师更是如此。因此，除了教师自己主动寻求读书的时间和空间之外，各级教育部门必须为教师进行专业阅读搭建平台，提供时间、空间方面的保障，以整体形式推进教师专业阅读。这样既有利于教师专业阅读氛围的营造，也能够保证教师实现持续性的专业阅读行为，从而帮助教师养成专业阅读的好习惯。

（一）整体开展教师专业阅读的策略

教师专业阅读活动为何要“整体”推进，主要基于以下三点。

一是教师的专业阅读不是“单纯”的阅读，而是与教育实践相关的“思、研、行”的整体活动。教师的专业阅读一定是指向实践问题的“知行一体”的活动。其目的有三：首先是完善自己缺失的专业知识；其次是不断提升自己的专业水平；最后是不断增进自身的专业智慧。

二是教师的专业阅读不是“独享”的阅读，而是与同伴“分享”提升的交流行动。人们过去总是简单地认为，阅读是“个人行为”。其实，这种理解有失偏颇，因为“独学而无友，则孤陋而寡闻”。因此，作为教育行政部门，对教师专业阅读活动的组织和开展，不是任由教师意愿“放任自流”，而是要从整体提升的角度“规范引导”。有了联合行动和合作交流的整体推进，才会在个人效益的基础上形成集体效益的叠加与倍增。

三是教师的专业阅读不是“个体”的阅读，而是与学校“整体发展”愿景相关的集体行动。教师要围绕建设“书香校园”的目标，提升教育品位，为打造优质校、品牌校做出自己的贡献。

1. 整体推进的形式构建：组织化与非组织化

作为规模化的集体活动，整体推进的教师专业阅读活动的组织形式有以下两种。

（1）组织化：形成有力的整体推进组织网络。

教师专业阅读的组织化，就是着眼于教师专业阅读的组织建设，着手于阅读活动的组织与开展，形成系统结构和体系。从组织的特征来看，组织比其他社会结构更具持续性；组织擅长用同样的方法完成同样的事，可控而且可靠。[①] 因此，建立教师专业阅读的组织，可以确保活动的目标更明确，同时也更容易实现。整体可以是一个年级组、一个教研组、一所学校、一个行政区域（县市省）、一个国家（全民阅读活动）等。以北京市海淀区基础教育阶段学校教师专业阅读的开展为例，海淀区开展的教师阅读工程涵盖了全区所有的中小幼教师，构建了以海淀区教科院和中小幼为组织管理与活动开展节点的组织架构，实现了整体推进的“四性”和“四确保”：坚持全员性，确保教师人人参与；突出专业性，确保阅读服务专业发展；体现实效性，确保阅读与教改实践结合；注重持续性，确保阅读活动有序开展。

（2）非组织化：形成相对紧密的群众性集体。

组织化虽然能保证活动的有效推进和活动目的的实现，但是，教师专业阅读既有共性需要，也有个性诉求，尤其是个性诉求很难通过整合形成组织目标和集体行为。为此，在提高教师专业阅读活动组织化程度的同时，还要大力发展非组织化的群众性集体。一是成立“同读一本书”的读书小组。围绕共同喜欢的一本书，形成人数不等的读书小组，定期开展阅读交流活动。二是成立“共研一个问题”的课题研究组。以课题为抓手，依托课题组开展人数不等的阅读交流活动。三是组织“同一主题”读书交流沙龙。确定读书主题后，可以定期组织读书交流沙龙，进行心得交流，以开放的形式邀请其他教师现场观摩等。非组织化的读书群体是对组织化读书的有益补充，也满足了部分教师个体的读书需求，不仅应当鼓励，而且要大力扶持。因为非组织化的群体活动目标不是很明显，缺乏具有约束力的共同性规则，从而使得活动的参与者具有很大的自由度。当然，非组织化的读书群体如果活动正常，有一定的影响力，则随着影响力的提升和吸引力的增强，非组织化的读书群体也会渐变成为区域内的组织化的读书组织。

2. 整体推进的行动选择：基于个体欲望的情境行动和基于集体价值的集体行动

研究者将“集体行动”定义为归属于多人的联合行动。就读书而言，阅读原本是“个体”行动，缘何可以“整体”推动成为集体行动？根据行动是个体意向引发以及行动的理由可以分为事实型理由与信念型理由的认识与理解，教师专业阅读的“整体”推进的行动选择可以从事实型理由与信念型理由两个维度来构建。

（1）寻找专业阅读的事实型理由：基于个体欲望的情境行动。

如何引导教师开展专业阅读活动，是整体推进活动开展的首要问题。行

① 斯格特. 组织理论：理性、自然和开放系统[M]. 黄洋，等译. 北京：华夏出版社，2002.

政驱动是必要的，但易形成教师的逆反和对抗。因此，引导仍应从教师的需求出发。学校或者区域行政部门在推进教师专业阅读活动时，首先应基于教师个体欲望开展情境行动：一是营造读书氛围，诸如读书格言、标语横幅的悬挂，开展读书征文竞赛等，引导教师在书香校园的氛围中开展读书；二是开展赠书活动，每位教师都可以根据专业发展需要到书店选购自己喜欢的一本或几本书，或者由学校统一购买教育权威部门推荐的教师阅读书目，由教师从中任选自己需要的书开展阅读；三是策划读书活动，如读书报告会、读书交流会、读书演讲等活动，通过阅读榜样的引领来激发广大教师的参与。实践证明，特定的读书“情境”，可以让阅读意愿不强的教师在阅读氛围的熏陶下参与到阅读行动中来。

（2）确立专业阅读的信念型理由：基于集体价值的集体行动。

教师专业阅读活动启动的初期可以采用寻找阅读的事实型理由来进行引导，但这种启动之后的行为往往缺失“动力保持”，也就是人们常说的“难以为继”。因此，帮助教师树立阅读的信念型理由并引导阅读活动的持续开展同样重要。建构主义认为，人们是依据意义的社会建构来采取行动的，但集体行动所需的共同意识、资源、成员都需要组织者积极引导、组织和动员，除了群体的意义建构在影响集体行动外，行动者的理性也仍然在考察不断变化的周围世界的基础上参与行动抉择。由此可见，行动者的理性是建立在“集体价值”基础上的选择。

① 价值引导。

学校在推进教师专业阅读活动的过程中，可通过多种形式，帮助教师理解专业阅读的意义，以调动广大教师专业阅读的积极性。实践表明，初始时，一些有抵触情绪的教师，往往对此冷嘲热讽，说“风凉话”，但随着专业阅读活动的深入开展，尤其是当这些教师听了、看了甚至是亲自参加了一些鲜活的专业阅读实践之后，他们就会逐渐理解专业阅读的意义并积极参与其中。

② 实践价值。

当在实践的过程中能够创造价值和享有价值时，实践主体才能获得实践的幸福感。因此，形成正确的阅读价值判断后，教师的专业阅读会在个人感受和集体行动中更加深入持久。当然，教师也会在专业阅读行动中自觉地追求实践活动的高效性，以达到事半功倍的效果。

③ 创造价值。

专业阅读是教师专业成长的基础，通过专业阅读实践价值的同时，教师也会创造更多新的价值。教师专业阅读新价值的实现主要体现在：弥补专业不足，改变专业行为，形成专业智慧。实践表明，越是先进的、优秀的教师，就越容易在竞争中获得优势地位，并借助这种优势地位而获得成功。每一位教师都会在专业阅读的过程中获得不同领域、不同层次、不同程度的价值实现，尤其是许多优秀的教师在读书征文获奖、教学论文发表、教学观摩获得好评以及参加各级各类竞赛获奖之后，新价值的创造会激励其更加发奋图强，在竞争场上更具竞争力，从而为专业阅读的持续开展注入更多的激情，付诸更多的行动，创造更大的价值。

3. 整体推进中几组关系的处理和方法的运用

（1）关系的处理：并行并重，协调推进。

通过专业阅读，教师可以不断获取教育智慧，可以不断提升专业素养。专业阅读是教师获得专业发展的重要途径，但教师个体在参与专业阅读活动整体推进的过程中要注意处理好以下几个关系。

① 必读与选读的关系。

作为整体推进教师专业阅读活动的行政主体，教育行政部门往往以推荐阅读书目作为工作的抓手。这就要求在整体推进专业阅读活动的过程中，教师要将行政部门的必读要求与各自的自主选择有机结合，不能为了阅读而阅读；行政主体要基于“开卷有益”的原则，鼓励教师自主阅读，并尽可能地将教师的自主阅读纳入到学校整体推进的工作中。

② 文本阅读与电子阅读的关系。

随着信息技术的不断发展，微信、微博等已经成为人们社交和获取信息的主要途径。教师置身于这个时代，自然就要参与并运用信息化的信息获取方式。然而，通过这些途径获取的知识基本上都是碎片化的知识，而且这些知识都是“事实性知识”，看不到知识间的联系，也缺乏思考的深度。我们将通过现代信息工具进行的阅读称为浅阅读。当众人都在浅阅读的时候，作为从事教育工作的教师，仍然需要静下心来读一些有理论体系、有思考过程的专著，以便在获得知识的同时，培养一定的思维方法，探究知识间的逻辑关系。

（2）方法的运用：多措并举，综合实施。

这里所说的方法不是教师专业阅读的方法，而是学校整体推进专业阅读活动的工作方法。

① 整体推进与重点突破相结合的方法。

整体推进与重点突破相结合的方法，即以宏观的视野审视，以精确的工作推进。整体推进，就是要统筹协调，使参与教师专业阅读活动的各部门、各学校、各位教师步调一致。但整体推进不是平均使力，而是要抓重点和关键，以点带面，通过在重点时段、重要领域和关键环节上抓专业阅读开展的进度和与教育教学实践相关的重点、难点问题，来对整个学校甚至整个区域的教师专业阅读工作起到牵引和推动作用。

② 广泛发动与典型引路相结合的方法。

“胸中有全局，手中有典型”的群众工作方法告诉我们，整体推进就要广泛发动，坚持全面性与全员性阅读。但在全面展开的同时，也要发挥好先进示范、典型引路的作用。要发现阅读典型的苗子，培养阅读典型的榜样；宣扬一个阅读典型，树立一面引领旗帜。学校的领导干部要率先示范，做专业阅读行动的带头人和坚定支持者。优秀教师要带头阅读，展示阅读成果，做专业阅读的践行者和热心的引领人。

③ 阅读活动与读书竞赛相结合的方法。

专业阅读必须走向行动，而活动是推进专业阅读的重要载体。各学校可以通过专业阅读活动的动员会、推进会、展示会、阶段总结会等系列活动，使专业阅读活动与教师日常工作和生活有机融合。此外，还要加强对教师专业阅读的引导，通过读书征文、读书演讲等竞赛活动促使专业阅读成为教师生活的重要方式，使专业阅读成为教师教学实践和教育科研的重要支持。

（二）开展教师专业阅读活动的实践探索——以二里沟片区“阅读，让我们成为‘有思想的教育者’”主题阅读活动为例

北京市海淀区教育科研“种子教师”研究项目作为从区级层面探索学校科研人才培养的一种重要方式，在研修活动的形式、内容、评价等方面都做了全面而详细的规定。就研修形式而言，包括集中研修和自主研修两种，其中，集中研修主要是指以片区为单位组织“种子教师”集体就某一个问题开展学习、讨论；从研修内容看，“种子教师”的研修包括专业阅读、课题研究等多个方面。那么，如何以集中的方式开展教师专业阅读活动呢？下面就以二里沟片区“阅读，让我们成为‘有思想的教育者’”主题阅读活动为例，阐释整体开展教师专业阅读活动的策略。

“种子教师”若不读书，就难有自己的教育思想，如何开展个性化的教育工作？若不读书，就难有科学方法作为支撑，如何提升科研水平？若不读书，就缺乏专业知识引领，如何指导教学实践？“种子教师”若不提高自身的教育科研水平，连自己的课堂都很难富有生命力，连自己的课题研究都很难推进，更何谈像蒲公英一样去播撒种子，引领全校教师走上教育科研的道路？

所以，制定“种子教师”项目的培养目标、引导“种子教师”走上专业阅读道路已迫在眉睫。当然，在设计活动前，很有必要先追问有关专业阅读的几个问题：“种子教师”怎样才会坚持专业阅读？处于不同职业生涯阶段的“种子教师”专业阅读的书有什么区别？“种子教师”若读很多书，其专业水平就能很快提高吗？“种子教师”一定量的专业阅读后就一定有创造性研究与

较高的教学执行力吗？这其实又涉及“种子教师”阅读的动力、意识、种类、方法、运用与研究的问题。围绕这些问题，“种子教师”研究项目二里沟片区负责人（以下简称“片区负责人”）设计了“阅读，让我们成为‘有思想的教育者’”这一以阅读为主题的研修活动。

1. 活动目标

江苏省特级教师吴非在《不跪着教书》一书中提到：只有有思想的教师才能培养出有灵魂、有生命力的学生。海淀区各校精选出的“种子教师”就是要成为有思想的教育者。专业阅读则是教师成为有思想的教育者的有效途径之一。因此，本次研修活动的目标就不能仅仅定位在阅读的动力、阅读的方法层面，更重要的是让“种子教师”在阅读分享中启迪智慧、交流思想、形成观点，进而实践应用。

（1）激发“种子教师”阅读的动力，强化“种子教师”专业阅读的意识，让“种子教师”在数据对比和现状分析中深刻体会到专业阅读的重大意义，让“种子教师”首先从思想上认识到专业阅读的必要性和紧迫性。

（2）提升“种子教师”的专业阅读水平。通过研讨及与专家对话，共同解决阅读中的困惑，让“种子教师”明确阅读的方向，扩大阅读的范围，掌握阅读的方法，在阅读中增长教育智慧，感悟教育真谛，促进专业发展。

（3）搭建“种子教师”共享经验智慧的平台，使“种子教师”在阅读分享中深刻感受到专业阅读对课堂教学的直接作用，以及对个人教育灵魂的考验、教育思想的洗礼，解决阅读的运用与研究等问题，让每位“种子教师”都向着成为“有思想的教育者”的目标努力，进而带动学校学科教研组、年级组开展读书沙龙活动。

2. 活动设计

教师的各类研修活动都需要从目标出发，精心设计每一个环节，才能有效促进教师素养的提高。专业阅读主题活动同样不可小觑，绝对不是简单地大家聚在一起阅读、分享读书感受就行，而是让“种子教师”能从读书交流中深刻体会到阅读的意义、阅读的乐趣，让“种子教师”获得较为持久的阅读动力。因此，在整个活动的设计中，“好书的力量”环节就显得尤为重要，谁来分享？分享什么书？怎样去分享？这些都需要我们去考虑。片区负责人最终选定的三位发言人，虽然风格不同，但殊途同归。他们不仅推介了三本好书，而且引发了在场教师们的热烈讨论和深入思考。当然，面对来自不同学校的“种子教师”组成的这个特殊群体，设计能够让他们在短时间内迅速消除陌生感和紧张感的微型互动游戏，对于活动的顺利推进也起到了不可忽视的作用。活动整体设计如表 5-1 所示。

表 5-1 "阅读，让我们成为'有思想的教育者'"研修活动整体设计

序号	环节	内容	设计意图
1	读书的重要性介绍	破冰游戏——"雨点变奏曲"	打破僵局，活跃气氛，让"种子教师"以愉悦的心情参与到活动中
		"让阅读成为我们的习惯"主题讲话	以鲜明的数据对比和残酷的现状分析让"种子教师"意识到读书对于教师成长的重要意义
2	好书的力量	热身活动——折纸游戏	体验沟通的重要性，鼓励每位教师积极发言
		《教师的挑战——宁静的课堂革命》（分享者：北京市海淀区定慧里小学王欣老师）	通过本书的分享，更新教学理念，交流以学生为本的教学方法
		《如何成为高效能教师》（分享者：北京理工大学附属中学孙冠芳老师）	本书有很强的可读性和可操作性，从教育理念到教学实践，"种子教师"都能深受启发
		《如何阅读一本书》（分享者：北京外国语大学附属中学雷蕾老师）	通过国外经典图书的分享，进行阅读的技法指导
3	专家引领提升	与刘波老师"聊"阅读中遇到的问题	以"文本对话"的方式与刘波老师交流教师阅读中遇到的共性问题，以及解决这些问题的方法
		专家点评	专家对活动进行指导和点评

（1）确定活动的主要内容。

① 活动背景的介绍。

专业阅读的益处、专业阅读对于教师的意义，其实每一位教师都心知肚明。教师对各校开展的读书活动早已司空见惯。如何从活动一开始就吸引"种子教师"的注意力，让他们"不得不"全身心参与到活动中呢？如何让"种子教师"感受到这次研修的独特之处？片区负责人选择了用数据开场的形式，一组组令人汗颜的阅读数据对比瞬间引起了在座"种子教师"的深思。片区负责人趁热打铁，进一步阐述"种子教师"肩负的责任和使命，强调读书在加速"种子教师"教育思想和理念的形成、促进教育思想指导教学活动实践中的作用。

② 好书分享。

教师读过的经典图书很多，《给教师的一百条建议》《第 56 号教室的奇迹》等图书，估计很多学校都组织教师细读、研讨过了，如何能让大家同时聚焦一些理念先进的教育类新书？片区负责人首先对教师提交的“2015年阅读书目”进行了筛选，锁定了几本可读性强、对教育教学有强烈指导意义的新书。经过与大家的沟通，最终选定了《教师的挑战——宁静的课堂革命》（分享者：北京市海淀区定慧里小学王欣老师）、《如何成为高效能教师》（分享者：北京理工大学附属中学孙冠芳老师）、《如何阅读一本书》（分享者：北京外国语大学附属中学雷蕾老师）三本书做分享。

紧接着还有第二个问题，因为片区无法为“种子教师”统一提供图书，“种子教师”如果没有读过怎么办？即使读过，忘了怎么办？因此，片区负责人根据每位发言教师的讲稿，从每本书里节选了一小部分内容印在《“种子教师”研修手册》中，供“种子教师”现场阅读，使大家做到现场有感而发。

③ 专家引领。

即使准备再充分，现场分享再精彩，也仅仅是重新点燃了“种子教师”的阅读热情，开启了阅读好书的一扇窗，阅读中存在的一些共性问题还是得不到有效的解决。所以，专家的指点和引领还是很有必要的。海淀区教科院“种子教师”项目负责人杜卫斌老师热情地为二里沟片区邀请了全国阅读推广人、宁波市镇海区仁爱中学的刘波老师做本次活动的特邀嘉宾。但由于时间问题，刘波老师不能亲临活动现场，因此采取了文本对话的形式。杜卫斌老师将片区负责人通过网络调研方式收集到的大家阅读中的困惑和问题提前反馈给刘波老师，刘波老师以专家的视角，结合自己丰富的阅读经验回答了教师们困惑已久的阅读问题。此外，海淀区教科院对“种子教师”研修活动非常重视，每次活动都会安排一位本院的专家亲临活动现场，所以在活动的最后，片区负责人也安排了海淀区教科院专家的总结指导发言。

（2）营造讨论氛围。

① 打破僵局的破冰游戏设计。

这次活动是二里沟片区“种子教师”的第二次集体研修活动，大家彼此并不太熟悉，如何能让每位教师打破隔阂、畅所欲言？现场互动游戏无疑是最有效的方式。

在活动正式开始前，片区负责人设计了“雨点变奏曲”的破冰小游戏，在解读规则后，教师们全神贯注，按照指令，手脚迅速地活动起来，图5-1为“种子教师”参与“雨点变奏曲”破冰游戏的场景。虽然游戏很简单，但一个两分钟的小游戏可以让教师们短时间内迅速打破僵局，轻松愉悦地参与到之后的正式活动当中。

图 5-1　“种子教师”参与“雨点变奏曲”游戏的场景

② 鼓励表达的游戏设计。

虽然“种子教师”个个口才了得，但基于现场的好书分享，大家未必愿意即兴发表观点。为了避免好书分享的发言人陷入一种“一言堂”的尴尬局面，在开展好书分享活动前，片区负责人带领大家先开展了一个“我说你做”的折纸游戏，图 5-2 为“种子教师”参与“我说你做”折纸游戏的场景。大家在闭眼、不说话、按指令操作的情况下完成的折纸作品五花八门，当教师们睁开眼对比彼此作品的时候，大家深刻体会到了沟通的重要性。通过一个 3 分钟的游戏启发教师们积极进行交流沟通要比 30 分钟的说教、要求更有效。

图 5-2　“种子教师”参与“我说你做”折纸游戏的场景

3. 活动过程及分析

（1）读书的重要性介绍。

在本环节中，片区负责人以数据为线索，清晰直观地呈现了国民阅读现状、教师阅读现状。从世界主要国家国民人均纸质图书阅读量到相关国家每年人均购书量的对比，从犹太人阅读文化的介绍到犹太人取得的突出成就，从全国教师阅读现状的数据分析到二里沟片区“种子教师”阅读现状的分析，一组组数据引起了在座“种子教师”的深思，也促使大家更加投入地参与到好书分享环节。图 5-3 为二里沟片区负责人霍霖霞老师在这一环节进行“让阅读成为我们的习惯”的主题发言。

图 5-3 霍霖霞老师在进行“让阅读成为我们的习惯”的主题发言

这一环节的设计初步点题，让在座的“种子教师”感受到作为教师，不仅需要通过阅读陶冶性情，更需要通过阅读了解国内外的教学改革动态，学习名家的教学思想和优秀的教学设计。只有这样，自己的课堂才能充满生机与活力，自己在教学中才能得心应手，自己才能真正成为一位让学生喜爱的有思想的教育者。

（2）好书的力量。

① 北京市海淀区定慧里小学王欣老师的分享。

日本学者佐藤学先生撰写的《教师的挑战——宁静的课堂革命》一书由华东师范大学出版社于 2012 年出版。这本书结合大量优秀的、生动的课例说明每位平凡的教师都在用自己的行动宣告：课堂上正在发生着宁静的革命——建立以倾听和对话为基础的学习共同体。这不但是师生的共同愿景，而且是学校整体变革的基点，是对每一名学生学习权的保障。

王欣老师依据书中的框架结构梳理出来四个主要方面：一是要注重小事与改革的本质联系；二是要落实尊重与信任的教学基点；三是要注重倾听与对话的教学本质；四是要开展合作与探究的学习方式。同时，王欣老师还结合书中丰富的课堂教学案例对这四个方面进行了阐释和分析。图 5-4 为王欣老师在分享《教师的挑战——宁静的课堂革命》一书。

图 5-4　王欣老师在分享《教师的挑战——宁静的课堂革命》一书

在座的“种子教师”大多没有读过这本书，通过王欣老师的介绍，大家只是了解了这本书的概况、核心观点等信息。之后，片区负责人专门安排了 10 分钟的时间，请“种子教师”阅读本次研修活动手册上印制的《教师的挑战——宁静的课堂革命》（节选），涉及在课堂中构筑合作学习关系的两个鲜活的教学案例，提到“合作学习”，教师们纷纷有感而发。

在座的“种子教师”不仅从合作学习方式入手，探讨了学习方式的问题，达成了“依据教学内容选择学习方式，不能一概而论”的共识，而且重点从“相关倾听的关系”发散思维，结合自己的教学体验，激烈地讨论了课堂上如何落实“尊重学生”的原则，如何用自己的智慧保护学生的自尊心、鼓励每个学生积极参与到课堂活动中来。现场讨论实录详见本章附录 1。

其实对于佐藤学，很多教师是比较熟悉的，他的《静悄悄的革命》在新课改之初风靡一时，是很多学校的必读书目。所以，当提到佐藤学，再来推介他的另一本书《教师的挑战——宁静的课堂革命》，教师们首先从心理上是乐于接受的。通过王欣老师的分享，教师们对这本书有了一个宏观的整体认识，了解到这本书是以现场速描的方式真实再现了教师们多样的教学实践和学生们多彩的学习生活。书中的观点能够引起教师的共鸣，所以教师们愿意去细细研读这本书。“种子教师”阅读分享活动的更大意义，就像本章附录1呈现的大家的发言实录那样，大家能够结合书中的一些观点、一些教学实践案例去反观自己的课堂，去开展教育理念、教学方式的一些探讨，去分享一些好的经验和做法，这才是阅读促进教师专业成长的真谛所在。

② 北京理工大学附属中学孙冠芳老师的分享。

《如何成为高效能教师》是2011年9月中国青年出版社出版的图书，作者是美国人黄绍裘和黄露丝玛丽。这本畅销全球的教育类图书，汇集了20年来全美最前沿的教育研究成果和百位成功教师的教学智慧与真实案例，再现了从“开学第一天”开始的高效能教师成长之路，从而构建起一套完整的高效能教师培训系统和教师素质与能力提升解决方案，有助于新教师迅速成长、老教师突破极限。书中附有大量被实践证明的、行之有效的教学资源和技术工具，同时，该书还为教师的日常教学和管理实践提供丰富的行动指南。

孙冠芳老师是地理学科高级教师、海淀区学科带头人，拥有丰富的教育教学经验。她为教师们推荐的《如何成为高效能教师》是一本非常实用的教师课堂教学管理行动手册。她结合自己的工作实践，与“种子教师”分享了“对学生抱有积极期望”的翔实案例，介绍了自己在“拥有良好的班级管理技巧”中的一些具体做法。整个分享过程幽默中充满真情，细节中充满智慧，使在场的“种子教师”不仅了解到《如何成为高效能教师》一书的框架结构和精髓，而且更真切地感受到优秀教师的人格魅力和教育情怀。图5-5为孙冠芳老师在分享《如何成为高效能教师》一书。孙冠芳老师分享时的发言实录详见本章附录2。

图5-5　孙冠芳老师在分享《如何成为高效能教师》一书

孙冠芳老师的分享深深吸引了现场的每一位教师，大家不仅表达了对孙冠芳老师的敬佩与欣赏之情，而且还充分肯定了《如何成为高效能教师》一书的价值，都迫切地想去阅读这本书。孙冠芳老师分享结束后，在片区负责人的组织下，教师们进行了现场讨论。具体讨论实录详见本章附录 3。

由于活动时间所限，在场的“种子教师”讨论得并不是很充分，但大家已经从孙冠芳老师的分享中感知到《如何成为高效能教师》这本书的价值，了解到对学生的成功抱有积极的期望、管理上要有一个秩序或者程序、对课程有合理的设计的重要意义和实际做法。最有价值的是，通过读书分享，教师们看到了孙冠芳老师这样一位优秀教师从书籍中获得的专业成长，看到了一位对教育事业充满责任感的教师是如何用心、用情、用智慧去赢得学生的喜爱并获得事业成功的。

③ 北京外国语大学附属中学雷蕾老师的分享。

在好书分享的最后环节，北京外国语大学附属中学的雷蕾老师为大家分享了《如何阅读一本书》。《如何阅读一本书》是 2004 年商务印书馆出版的图书，作者是美国人莫提默·J. 艾德勒和查尔斯·范多伦。这本书主要论述如何通过阅读增强理解力。它将阅读分为基础阅读、检视阅读、分析阅读和主题阅读四个层次，详细介绍了这四个层次的阅读方法。此外，作者还介绍了阅读不同类型读物的方法。

之所以选择分享这本书，主要是因为片区负责人考虑到教师们在阅读一些理论性特别强、读起来比较枯燥或者不符合自己兴趣爱好的书籍时存在读不下去的情况，希望通过这本书给大家介绍一些实用的阅读方法，让教师们能够进行更广泛的阅读，从而提升综合素养。

雷蕾老师先向大家汇报了自己在阅读该书的过程中发现的自我阅读问题——信息海量化导致的缺乏筛选和阅读碎片化导致的缺乏理解，然后重点介绍了书中的观点。雷蕾老师不仅介绍了书中的主要观点、阅读的方法和做读书笔记的一些技巧，而且还结合自己的阅读和工作，深入分析了书中主要观点的意义和价值。由于到此环节时已经超出了原定的研修时间，因此没有让“种子教师”再进行讨论，但书中的阅读技巧已经印刻在教师们的脑海中，也会对教师们今后的阅读产生实际指导意义。图 5-6 为雷蕾老师在分享《如何阅读一本书》。雷蕾老师的发言实录详见本章附录 4。

图 5-6　雷蕾老师在分享《如何阅读一本书》

教师的职业特点，决定了教师的阅读必能影响学生的阅读和社会的阅读风尚。只有掌握了切实可行、科学高效的阅读方法，才会事半功倍，才能提高阅读的效率。正像苏霍姆林斯基所说：让学生变得聪明的办法，不是补课，不是增加作业量，而是阅读、阅读、再阅读。所以，教师需要先掌握科学的阅读方法，进而才能引导学生产生阅读的兴趣，教会学生阅读的方法，培养学生阅读的能力，这才是一项真正有意义、有价值的工作。

（3）专家引领提升。

本次研修活动请到了两位专家，一位是全国阅读推广人、宁波市镇海区仁爱中学的刘波老师，另一位是海淀区教科院高培志副书记。

① 刘波老师的指导。

“种子教师”项目负责人杜卫斌老师热情地邀请了刘波老师来做本次活动的特邀嘉宾。但由于时间问题，刘波老师不能亲临活动现场，因此采取了文本对话的形式。杜卫斌老师将片区负责人通过网络调研方式收集到的“种子教师”在阅读中面临的困惑和问题提前反馈给刘波老师，刘波老师从专家的视角，结合自己丰富的阅读经验，生动、具体地回答了教师们困惑已久的四个阅读问题。

面对网络冲击导致的碎片化阅读问题，刘波老师为大家推荐了“印象笔记”这款手机软件，有助于用户将碎片化阅读整合为系统阅读；对于一些必读的、“难啃”的书，刘波老师建议大家做好阅读的顶层设计，每学期给自己定任务，读一本“难啃”的书；至于“读书的盲目性”问题，刘波老师认为要根据自己的需要，形成合理的阅读结构，同时还应意识到读书的意义，做到坚持阅读；对于读不懂的哲学类、论文类书籍，刘波老师建议大家坚持读下去，因为不擅长才更要学习。

由于活动时间所限，主要由片区负责人将刘波老师提出的核心观点和建议介绍给大家，活动现场教师们没能对刘波老师的指导展开深入的讨论，这也给本次研修活动留下了一些遗憾。刘波老师为本次活动准备的发言原文详见本章附录 5。

② 高培志副书记的引领。

海淀区教科院高培志副书记全程参与了这次研修活动，他认真倾听教师们的分享和讨论，在活动的最后，他为这次活动做了总结指导发言。图 5-7 为高培志副书记在现场点评本次研修活动。

图 5-7　高培志副书记在现场点评本次研修活动

高培志副书记认为，本次活动解决了为什么读书、读什么书和怎样读书三个问题。他结合当天教师们的发言内容和个人的经验体会，对这三个问题进一步进行了解读和阐释。他还建议教师们在阅读时处理好四个关系，即阅读与实践的关系、阅读与研究的关系、阅读与积累的关系、阅读与分析的关系。他认为教师应该根据自己的需要，形成合理的阅读结构。但是不论读什么书，都重在思考。学而不思则罔，书读多了，不结合实际思考问题就会变成书呆子。教师们纷纷点头表示赞同，读书要思考、要积累、要实践，真正做到学以致用。高培志副书记的发言实录详见本章附录 6。

4. 实践反思

(1) 活动设计的点滴感受。

① 每一次发言都是一次展示、一次学习。

> 在几位老师的分享中，我发现他们都是在深度阅读完一本书后有思考并进行了相应的实践探索，获得了较好的效果。印象比较深刻的是北京理工大学附属中学的孙老师，她幽默而有感染力的语言里渗透着无尽的智慧，对学生亲切的话语与学生拉近了距离，教育教学规则的设立使班级充满正能量，为了爱学生搭建了家校沟通的渠道，激励性的语言不仅鼓舞着学生，而且也鼓励着家长。我特别欣赏孙老师的心态，进教室前把家里、工作中不愉快的心情全部抛去，带着好心情开展教育教学工作。面对学生永远面带笑容，不是惩罚，而是要求。这些教育的招数我都铭记于心，也会尽力尝试。
>
> ——北京市海淀区实验小学　杨海荣

上述文字是北京市海淀区实验小学杨海荣老师在活动结束后提交的随感中谈到的。在本次活动中，北京理工大学附属中学孙冠芳老师的发言给教师们留下了深刻的印象，她没有就书论书，因为《如何成为高效能教师》本身就是一本可读性、可操作性非常强的书，孙冠芳老师更多的是结合书中的观点谈了自己在教育教学中的一些有效做法，将理论与实践很好地结合了起来。孙冠芳老师的分享不仅充分展示了她自己的个人魅力，让教师们对《如何成为高效能教师》一书产生了极大的阅读兴趣，而且引发了教师们无限的思考。在场的“种子教师”一个个都迫不及待地想要分享自己和学生沟通的妙招，活动现场真正成为一个启迪智慧、学习成长的交流平台。

“种子教师”这个群体非常优秀，每一位教师都有自己的人格魅力、教育信念和经验高招。每一次活动项目组都会安排几位教师做主题发言，在这个过程中，发言教师的先期准备是一种磨炼、学习，现场的陈述是一种自我风采的展示、一所学校特色的展示；而每一位参与其中的听众收获的也不仅仅是某些知识、做法，更多的是思路的开阔、思维的转换、心态的调整、学习的快乐。

② 精心设计的前提是基于教师的需求。

本次研修活动之前，片区负责人先后对教师们做了三次调研。第一次调研是了解“种子教师”2015 年阅读的书目，目的是从中确定好书分享的书目和发言人，同时早日锁定目标图书，便于大家提前做好阅读准备。第二次是对“种子教师”的阅读现状进行调查，如读书类型、每天的读书时长等，便于现场进行数据对比，引起大家的重视。第三次是收集“种子教师”在阅读中遇到的困惑和问题，以便使刘波老师的指引更有针对性和实用性。

大概的流程确定后，就是细节的打磨。这其中既有对发言人的文稿内容、PPT设计的打磨，甚至是着装的提示等，也有对活动中可能出现问题的预测及应对方案的设计，从热身小游戏的设计便略见一斑。正是这些精心的准备，才使得核心活动环节正式而不拘谨，热烈而不随意。

(2) 关于活动主题的思考。

何谓“有思想的教育者”，其中包含以下三层含义。

第一，有思想的教育者是研究学生的思想者。学生的脑力劳动是教师脑力劳动的一面镜子，如果教师的思考力已经羸弱甚至萎缩，我们就不能指望他的学生拥有强大的思考能力。当今时代，学生面对丰富多彩、日新月异的世界，他们的思想也丰富多变，且更加个性化，这就要求教育者要善于研究学生。学生关心的话题、他们的好恶习惯、交友圈子、流行语言和行为等都是教师的研究对象。语文特级教师于漪曾说：学生的现状是教学的出发点，对学生的思想性格、学习心理、学习习惯、学习方法、学习基础、学习能力等诸多方面进行了解研究，摸准他们的实际，知之准、识之深，蓝图的绘制才有依据，教学才会避免盲目性，更有针对性。这一切都可以通过阅读来了解。通过阅读，我们可以系统了解到不同性别、不同年龄、不同家庭背景、不同成长阶段学生的性格特点、学习心理；通过阅读，我们可以对比了解各种学习方法、教学方法，进而找到适合自己学生，适合不同教学内容的方法。

第二，有思想的教育者是超越自我的思想者。专家型教师与普通教师的区别在于专家型教师不满足于现状，善于超越自我。教师在从事教学工作十年左右时，对于教学已经轻车熟路，容易产生职业倦怠，这一时期其实正是普通教师成长为专家型教师的关键时期。善于学习、勇于进取的教师，会在此时对教育教学成果进行总结，形成自己独特的教学风格；而安于现状的教师，只能永远做一名教书匠。教师要超越自我，首先应多读书，提高自己的理论水平和专业修养。专家型教师一般都具有广博深厚的文化科学基础知识、扎实系统的专业学科知识，以及全面准确的教育科学知识和心理学知识。我们在学习他人思想成果的基础上，经由观察、体验、感悟而创生思想。思想使我们所做的一切有一种自觉的追求，使生命昂首挺立。

第三，有思想的教育者是善于反思的思想者。教师如果只做教材的传声筒，因袭前人的教学成果，不反思，不创新，那么，他们虽然是站在讲台上，但在思想上和精神上却是跪着的。失去自我，泯灭个性，只能导致教学生命的死亡。因此，“种子教师”应该是善于反思的思想者，要从小事、平常事中发现问题并进行反思。反思应成为一种具体、自觉的行动。反思会让我们认识到，真正需要改变的是我们自己，我们在反思中才会前进。那么，反思能力从何而来？反思的前提是有知识储备，尤其是哲学知识，知识还需要靠阅读获得。

“吾生也有涯，而知也无涯。”在有限的生命里去最大限度地获取知识是我们努力的方向，用手中所捧的书籍来实现教师专业成长则是我们奋斗的目标。作为教师，当我们将“要我读”转化为“我要读”的时候，我们离实现教师专业成长的终极目标也就不远了，我们终究会成长为真正的有思想的教育者。

【附录1】　《教师的挑战——宁静的课堂革命》一书分享现场讨论实录

北京理工大学附属中学严水冬老师：我认为采用哪种学习方式还是要根据具体教学内容来定，不是所有内容都适合用合作探究的方式来进行。比如我任教的信息技术学科，有的时候网页相关知识点真没法探究，课时又少，如果我不告诉学生怎么做，课堂上时间有限，学生真探究不出结果。还有一些概念性知识并不是学生能探究出来的，如数学的公理，如何让学生探究？根本没法让学生探究！所以我认为根据具体教学内容选择教学方式更科学一些。

北京理工大学附属中学张德宝老师：我赞成严水冬老师的观点，由内容决定学习方式。合作学习我们也在做，书中作者写的是一种非常理想的状态，其实在现实中，学生们上课不回答问题是一个普遍的现象。教师如果组织和引导学生用合作探究的学习方式，学生就能主动回答问题当然好了，可是有时我们教师很难有那样的本领。我们需要思考如何通过回归教学的本质来调动学生的积极性。

片区负责人：张德宝老师提到了有的学生课上不发言，包括在小组合作的时候也不发言。我当时想到的是，在座的小学教师任务可能很艰巨。小时候的某一次经历，甚至是幼儿园时的某一次经历，可能会伤到学生的自尊心，导致学生之后再也不敢发言了。我在和师范大学的实习生交流时，他们会问道，如果学生答错了您会怎么办？那我们会怎么办呢，是耐心引导呢，还是随口说：“你闭嘴吧，坐下再想想”。可能多数教师会说：“你再想想，先请坐”，少数教师真的能做到顺着学生的思维，把他引到教学主线，让他接着思考并回答。很多时候因为学生总会被打击，所以逐渐不敢发言了。

羊坊店中心小学李秋莉老师：在实际工作中，我们肯定不会说“你说的不对，你坐下”这样的话。我们会在尊重学生的基础上，思考如何将学生引导到正确的答案上，现在确实是一个问题。我们可能会说：“你听听其他同学怎么说。”等其他同学答出正确答案后，再次追问刚才的学生：“他说明白了么，你看你这样想可能会更好一些。”这样做已经是在尊重他的基础上，让他明白什么是正确的，而不是顺着他的思路就行了。很多时候我们是不能这样，而不是不愿意去尊重他。

片区负责人：这是理想和现实的矛盾，但至少是我们努力的一个方向。在我们的课堂上，可控的一个范围内，教师应尽可能多地给学生一些空间。

中央民族大学附属中学曲鹭鹭老师：刚才几位老师说得都特别好，层次定位也很高。我是音乐教师，音乐课相对轻松愉快一些，所以我就讲一些课堂上的小案例。中央民族大学附属中学是高中校，高中学生其实和成年人没有太大的差别，他们的思想非常独立，有非常丰厚的知识储备。尤其是对于现在的孩子来说，以往我们可能会觉得给他们讲一些音乐专业理论知识，他们会不感兴趣，也理解不了，但现在我发现不是这样的。从课堂表现来看，他们的素养是很高的。曾经有一位语文老师跟我说，在语文课上给学生讲“宫商角徵羽”，我说这也是我们音乐课上最基本的音乐理论知识。以前，我上大学时，音乐学院的理论课才会讲到“宫商角徵羽”，现在我跟学生们提到“宫商角徵羽”时，他们会说：“老师，我知道，民族调式的五个基本调式的名称。”我根本没想到，在现在的社会变革带给孩子们更多压力的情况下，他们的素养和知识储备量还如此之高。

刚才王欣老师讲得很好，尊重和信任，我感触很深。刚才几位老师谈到，学生在课上不爱说话、不爱发言，高中生表现得就更明显了。因为面子比什么都重要，他们生怕说错了。所以，在所谓的“副科”——音乐课上，尊重和信任显得尤为重要，尤其对于那些音乐不好的学生。我说的“音乐不好”有三种情况：第一是音乐基础比较薄弱；第二是没有音乐智能，完全没有音乐细胞，自己唱得不准，却毫无察觉；第三就是不好意思，脸皮薄，不敢张嘴。他们这个年龄出现这些情况很正常，我在他们这个年龄时，让我上台唱首歌，虽然我是学这个专业的，但也会觉得不好意思，会特别紧张。

所以，对于音乐不好的学生的这种尊重，需要多给他们一些小刺激，这个刺激不仅是积极的，而且是鼓励的。我们前段时间排练《黄河大合唱》，要求分三个声部，每个班都必须唱。其中有一个赫哲族的男生，他的学习成绩特别好，就是不爱唱歌，他不是不会唱歌，只是觉得自己唱得不好听，所以不愿意唱。但是他个子高，正好在队伍的正中间，所以他不张嘴就显得特别明显。他说“老师你别让我唱了。”我哪能让他掉队呢，于是，我就想办法激励他。正好他和旁边同学打闹的时候露出一个非常好看的表情，我就赶紧当着全班同学的面说他的这个表情非常好，像表演的表情，让他试着把这个表情融入歌里再唱唱。这样他就不好意思不唱了，慢慢地他就从非常不自然变得非常自然。还有一个负责指挥的学生，他打拍子动作很夸张，恨不得全身都舞起来。对于专业人士来讲那是非常吓人的，但是我也给他打了高分。学生问我为什么，我就一句话，因为他做了，总比不做要强，总比不愿意表现要强。

倾听的课堂案例也有很多。我上课提问蒙古族的长调和短调有什么区别，特点是什么时，我点名让一名学生回答。他说他听过这种唱法，一个嗓子唱出来好几个声部……他长篇大论，讲得很兴奋。其实，他回答的是呼麦的唱法，并没有回答我之前提出的问题，但我一直听他说完，然后才说呼麦是我下面要讲的内容。这样，我临时把课程顺序调换了一下，让他先讲呼麦，我再讲蒙古族的长调和短调。在这个案例中，我觉得倾听的作用还是很大的：第一，增强了发言的学生的自信心，第二，当他发现同学们都在听自己讲的时候，他特别开心。他侃侃而谈，表情也很丰富，从他的眼神中就可以看出他的自信心爆棚了。可能我的课和其他老师的课确实有点不一样，音乐课相对来说轻松一些，但主旨是一样的。如何能让学生在轻松欢快的课堂中学到东西，可能是大家一直都在探索的问题。

【附录 2】 孙冠芳老师发言实录

我个人认为要想提高教师的能力和幸福感，读书是一个好途径。我读了很多教育教学方面的书，感觉这本书不仅操作性比较好，而且紧密结合现在的新课改实际，是一本非常不错的书，所以今天和大家一起分享。这本书重要的是三个单元：第一个是“对学生的成功抱有积极的期望”；第二个是“课堂管理的秩序与程序”；第三个就是“合理的课程”（即怎样设计你的课程）。这三个单元写得都特别好，如果能够领会并运用自如，那么作为一名教师会比较轻松。

下面，我将从上述三个方面联系教育实践与大家来谈体会。

第一个是对学生的成功抱有积极的期望，一定要相信你的学生。为了展示你对学生的信心，你要有一些自身的改变，比如整洁、得体的着装，不能穿得邋里邋遢；还有就是关怀的微笑，对你的学生时刻保持微笑；最后就是温暖的语言。对学生抱有积极的期望，我有很多现实的案例与大家分享。

2005 年我来到北京理工大学附属中学，因为我的履历比较出色，所以学校直接让我担任高一年级理科实验班的班主任。我当时特别努力地进行管理，但到高一学年末时，班里还是有十几名学生流动到了理科普通班，另外还有十几名学生转到了文科班。全班一共就四十多人，出去半个班，也是一个失败吧，我自己挺受打击。但我属于打不死的“小强”，假期里我得调整啊。正好学校推荐了一本《卓越而幸福的管理者》的图书，书中就提到：你的事业会影响你的幸福感，管理者的人格应该如何修炼——一定要给予学生充分的肯定，要相信他们。这其实跟《如何成为高效能教师》这本书上所讲的“对学生的成功抱有积极的期望”是一个意思。所以我调整了一个暑假，新学期我又“满血复活”，担任了文科班班主任。那个时候我就开始对学生寄予积极的期望了，这个班就真的带得非常好了。在选班长的时候我选了特别积极的一名学生，虽然他当时的学习成绩不是很好，但是我对他抱有积极的期望，非常看好他，所以一直鼓励他。他也确实没有辜负我的期望，班级管理工作做得很出色，最后高考考上了中国政法大学，毕业后还被保送上了研究生。

2008 年，我担任了高一一个普通班的班主任，这个班虽然没有尖子生，但是平均成绩还是不错的。其中，北京市六一中学（一所普通中学）的 3 名班长都在这个班，他们都非常积极上进，就是学习成绩稍微差一点。我始终相信他们的学习成绩能赶上来，不断给予他们鼓励和信心。最后高考时，这 3 名学生也都考得不错。这也是一个对学生的成功抱有积极期望的案例。

第二个是课堂管理的秩序与程序。什么是程序？比如等地铁的时候要站在门两边，车上的人先下车，站台上的人再上车，上车以后往里面走，这样就不会出现混乱。所以，教师在上课时有时候出现乱堂的情况，其实是我们课堂管理的程序不对。我举一个作业评价的小案例。我规定每次作业的满分为5分，我要在相应的页码写上分数和评语，还要在作业本的封皮上写得分，以便后期登分时一目了然。学生如果及时对我批改的作业进行了改错，我会重新再给一个分数；如果没有及时改错，我就画个三角，期末的时候扣点作业分。这套作业评判程序很管用，现在我们学校所有的教师几乎都采取这套程序了。

第三个是为学生的进步设计合理的课程。这是对我们最重要、最核心的东西。我们要给学生一个学习目标，每节课之前先出示本节课的学习目标。明确学习目标后，有的学生自己看书就懂了，有的学生理解慢一点，咱们可以带着他们再细化分析。在测试题中教师也要列出学习目标，让学生明白完成测试能达到哪些目的。

我个人认为，读书是提高教学效能的一个有效途径。我很喜欢读书，尤其喜欢读教育教学类和心理学类的图书，最近喜欢读中国历史类书籍。我觉得四十不惑之年，更应该多读一些史书，开阔视野，使自己更加明智通达。我觉得另外一个提高教学效能的途径就是向榜样学习。

最后想要表达的是："种子教师"要不断地成长，需要阅读的滋养，让我们一起读书吧，祝愿我们在座的老师们都能成为高效能教师。

【附录3】 《如何成为高效能教师》一书分享现场讨论实录

片区负责人：非常感谢孙冠芳老师的分享，孙老师很幽默、很实在，也很睿智，所以当她的学生应该是很幸福的一件事。刚才笑声不断，大家有什么感触？哪一位老师谈谈感想？

北京市海淀区六一小学王立辉老师：听了孙冠芳老师的分享，我的第一个感觉就是轻松愉悦，孙老师的分享使我特别想去看这本书。从孙冠芳老师的发言中我学到很多教育教学的策略，这可能比我自己去读书收获的还要多一点。同时，从孙冠芳老师的身上我可以看到她是一位充满智慧的老师。

片区负责人：今天我们建立了片区微信群，大家可以就这些问题进行沟通，不限于一个学期一次这样的面对面交流，更多的还是要利用我们的业余时间，不管是阅读体会，还是教育教学中遇到的问题，咱们大家可以集思广益。咱们这个微信群里中学、小学和幼儿园教师都有，中小幼之间的衔接过渡中的各种问题，大家都可以来讨论。

北京市海淀区花园村第二小学萧跃老师：我比较喜欢孙冠芳老师说的第二个环节。我是音乐老师，在学校有自己的专业教室，因为进入的人比较多，每周有七八个班进音乐教室上课，如果没有好的规矩，那么教室很容易出现脏乱差的状况。今天听了孙老师的介绍，我决定回去以后尝试完善一下我的规矩，让教室更加整洁。

片区负责人：其实不管我们是不是班主任，只要是老师，咱们自己的课上就必须要有自己的规矩，站稳自己的讲台。教育的事不仅是班主任的事，每位老师都应该有自己的教学魅力，包括教学的规则，每位老师都应把自己的课堂把控好。

【附录4】　雷蕾老师发言实录

2015年11月，片区负责人霍霖霞老师与我沟通，希望我在12月份即将举行的片区“种子教师”研修活动上进行《如何阅读一本书》的好书分享。听到这个书名，我不禁笑了，阅读还需要别人来教，如何阅读还用写成一本书吗？这个话题，有什么可以讨论的呢？现场会不会冷场？我将我的疑惑直接告诉了霍老师。她告诉我，这本书在各大网站的销量极高，只要用心读，一定能有很大的收获。我半信半疑地开始了我的阅读。

一、我的自我反思

我首先浏览了图书目录，该书将阅读分为四个层次，即基础阅读、检视阅读、分析阅读和主题阅读。我一看就觉得好枯燥，理论性强，又是国外译著，抽象晦涩。痛苦踌躇之后，想到研修在即，我硬着头皮开始阅读，却在静心阅读的过程中反思出自己的一些阅读问题。

1. 阅读信息海量化——缺乏筛选

《如何阅读一本书》中谈到，阅读一般分作三种目的：娱乐消遣、获取资讯和增进理解力。只有最后一种目的的阅读才能帮助阅读者增长心智，不断成长。

从这个角度进行反思，我目前的阅读很大一部分是停留于第一个目的。而且在日常备课、查阅资料中，只要在搜索引擎中输入关键词，铺天盖地的相关信息便即刻呈现。但是，网络内容的良莠不齐，信息的庞杂与冗余，相关度的正负、大小，认识的片面、偏颇或谬误却无从辨别。手不释“机”的我们，极易沉溺于信息膨胀的海洋而不能自拔，阅读缺少方向性、选择性、针对性和严肃性。通常的情况是我要搜索一个概念，海量的信息扑面而来，走马观花地看完，却发现时间已经过去很久，阅读效率极低。

2. 阅读信息的碎片化——缺乏理解

《如何阅读一本书》中明确指明了阅读的目标，并加以区分。而我在日常阅读中，更多是为了获取资讯。这无疑是明确告诉我们关于阅读的艺术，是为了增强理解力而写的。

由网络的“网页＋超链接”结构带来的知识的碎片化，因生活节奏加快和信息超载造成的时间的碎片化，消遣性阅读、实用性阅读、碎片化阅读、娱乐化阅读、浅阅读、粗阅读成了眼下的流行符号。在这样的阅读中，我有时读了后面却忘了前面，甚至有时看书，原文都是一带而过，而各种书评、观点却扑面而来，使我成了一个“二手理解者”，成了“碎片化阅读”的接收者，而并非是思考者。

二、我的经验

带着深深的反思阅读《如何阅读一本书》，我的效率就大大提高了。下面我就重点谈谈自己从这本书中获得的经验。

1. 带着问题阅读，提升思维品质，成为有思想的教育者

书中提到：主动阅读的基础是在阅读中提出问题，比如可以提出以下四个问题：

（1）整体来说，这本书到底在谈些什么？

（2）作者具体说了什么，是怎么说的？

（3）这本书说得有道理吗？

（4）这本书跟你有什么关系？

一个有思想的人，就要乐于了解别人的思想，而了解别人的思想最简单的方法就是阅读书籍。阅读是教师了解他人思想的最佳渠道。只有带着问题去阅读，我们才能在读书的过程中，真正地与作者的思维进行碰撞，对其观点形成理性认识，敢于释放思想，敢于亮出自己的观点，才能逐渐实现自我成长。

正是在这样的方法指导下，当我带着问题读《做一个心理健康的教师》一书时，我边读边写下对问题的思考和读书感想。而在这一过程中，教师需要准确地表达自己的语言，这样能帮助我们提高表达能力和分析问题的能力等，同时还能帮助我们形成自己的教育理念。随后，结合专业的理论，完成学术性的科研论文，把感想上

升到理论，实现感性认识到理性认识的升华。

当然，这样的读书还是不够的，还要将理论反复应用于实践，在不断的反思中进步。比如，在课堂教学中，面对学生违纪，就要审视我们的教育方法是否恰当；当学生上课走神时，就要琢磨自己的课上得够不够好……

2. 科学的阅读方法，把方法传授给学生

通过《如何阅读一本书》，我掌握了做读书笔记的一些非常实用的小技能，这对我成为一名有自我要求的阅读者，提供了最具体的帮助。

书中提到做读书笔记的要点如下：

(1) 画底线——在主要的观点或重要又有力量的句子下画线。

(2) 在画底线处的栏外再加画一道线——把已经画线的部分再强调一遍；或是某一段很重要，但要画底线太长了，便在这一整段外加上一个记号。

(3) 在空白处做星号或其他符号。

(4) 在空白处编号——当作者由某个论点发展出一连串的重要陈述时，可以为这些陈述做顺序编号。

(5) 在空白处记下其他的页码——强调作者在书中其他部分也有过同样的论点或相关的要点或与此处观点不同的地方。

(6) 将关键字或句子圈出来。

(7) 在书页的空白处做笔记。

这些具体的方法，更是指明要实现有效阅读，不仅要读，而且还要动笔写。作为教师，我们应在阅读中养成良好的动笔习惯。比如，在仔细研读的基础上做读书笔记、整理心得体会等。通过做读书笔记，可以深化对阅读内容的理解，促进个人观点的形成和理解力的提升。通过这样的操作，可以很好地克服缺乏思考的碎片化阅读所带来的弊端。因此，有效阅读是“读”与“写”并重的阅读。

这些具体的办法，在我自学心理咨询师时，对我产生了很大的帮助。实话说，大学毕业后十几年，理论性书籍看得真是比较少。而心理咨询师的学习范围广、专业性强、时间紧迫，更需要提高阅读的效率，才能清晰地明确基本概念，精准地把握核心理论。把泛读与精读相结合，做具体明确的读书笔记的方法，大大地提升了我的阅读效率，也为我最终完成十多门课程的学习，顺利通过考试，提供了最有效的帮助。

【附录5】 刘波老师为本次研修活动准备的发言原文

各位老师，大家好！前几天看到杜卫斌老师发给我的这次“种子教师”研修（二里沟片区）活动的主题——“阅读，让我们成为‘有思想的教育者’”，我觉得这非常符合时代的需要。成为“有思想的教育者”，应该成为现在教师努力的方向，而“种子教师”又恰恰需要在这个方面起好领跑作用。毫无疑问，大量和有效的阅读是让教师成为“有思想的教育者”的必由之路。

从本次活动的流程来看，经验分享“让阅读成为我们的习惯”，这是当下学校推动教师阅读的有效手段。分析教师阅读状况不理想的原因，主要有工作忙碌、缺乏阅读的时间、缺乏阅读的氛围和缺乏阅读的需求等。而工作忙碌只是主观上的托词，学校可以在营造良好的阅读氛围和点燃教师的阅读热情上下功夫。我所在的浙江省宁波市镇海区仁爱中学从2008年11月开始，就在这两个方面投入了很多的努力，也取得了积极的成效。《中国教育报》《德育报》等10余家教育媒体都曾介绍过我们学校的相关经验。我们学校在推动教师阅读的活动中，在每年的读书交流活动中，也会提出响亮的口号，比如“成为全民阅读的先行者”“让阅读成为教师的生活方式”“让阅读成为教师的文化自觉”等。事实上，如果教师真的把阅读作为自己的习惯，使阅读变得像呼吸一样自然的话，阅读其实就是教师自动自发的事了。

本次活动交流的三本书各有特点，但都是非常经典的书。作为“种子教师”，认真阅读一下这三本书，真的很有必要。

前不久，《中国教育报》推动读书十大人物之一、上海市特级教师常生龙出版了《读书是教师最好的修行》一书。常生龙老师坚持每周读一本书，并坚持每读完一本写3000字左右的读书心得放到自己的博客上，这真的是让阅读成为自己的习惯。大家有兴趣可以关注一下常生龙老师写的这本书。

原本杜卫斌老师邀请我一起参加读书活动当天的网络互动，但由于那天我刚好作为镇海区教坛新秀的评委，一整天都有安排，无法参与活动。因此，杜卫斌老师和霍霖霞老师梳理了几个问题，我根据自己的实践和体会作了一些回答。由于时间较紧，本人的水平也有限，下面的说法仅供参考，不当之处，请大家批评指正。

问题1：目前，因为网络冲击，教师的阅读大多是碎片化阅读，教师缺乏良好的阅读习惯。

在当下这个移动互联时代，碎片化阅读已成为了一种阅读的生态，这是我们必须要面对的现实。2015 年 8 月，我国首份《中国城市阅读指数研究报告》发布，报告显示：随着手机等阅读介质的兴起，阅读的外延明显扩大，网民阅读的第一途径是手机，占比 38.7%，人们选择手机阅读的主要理由是“方便、成本低”。

《中国教育报》2015 年 8 月 15 日也刊发过《“互联网+”来了，阅读思维如何改变?》一文。该文指出，随着移动互联网的兴起，我们目前进入了微时代，碎片化成了我们这个时代的基本特征。我们的时间一天一天被碎片化，碎片化阅读也成了数字阅读的新常态。现在我们要做的应当是建立多层次的阅读观，要自由阅读、广泛阅读。我们要正确地对待碎片化的阅读，不能一概否认浅阅读的作用，同时要把深度阅读提到一个更高的程度来强调。

其实，手机同样也是移动学习的“战斗机”，是一个人人都有的移动学习工具。碎片化阅读也是阅读，现在全国国民阅读状况调查还专门统计过手机阅读甚至微信阅读的时间。另外，碎片化阅读也并不一定是浅阅读，我们可以有意识地把碎片化阅读的内容纳入到自己的整体阅读结构中来，把碎片化阅读系统化。

如果我们借用“印象笔记”这款手机软件，则能更好地来管理自己的碎片化阅读。“印象笔记”可以在手机、电脑和平板电脑中实现同步传输。比如，通过这款软件，我们把网上看到的好文章放到电脑上，这样，相关的内容自然就可以在手机或者平板电脑上实现同步，我们就可以利用碎片时间阅读一些自己定制的内容。我自己就是这么做的。我在“印象笔记”中专门建立了一个每日移动阅读的笔记本，把每天在网上看到的自己需要的电子材料放到这个笔记本上，自己有空余时间时，可随时在手机上阅读。另外，“印象笔记”的每日移动阅读笔记都有内部链接，可以建立索引，让移动阅读更有条理。

另外，我们还可以把期刊网 PDF 格式的论文或者报纸的 PDF 版面放到“印象笔记”中，这样可以利用空闲的时间，在手机或者平板电脑上看。此外，微信中的好多内容也可以直接转存到“印象笔记”中。现在，有很多的微信公众号其实是很好的学习资源，把微信上好的内容转存到“印象笔记”中，可以为我们积累很多有用的电子阅读材料。

手机和平板电脑其实并没有“原罪”，如何利用手机等移动终端设备来更好地促进自己的阅读，关键在于使用这些移动终端设备的人。在今天这样一个移动互联时代，如何利用这些移动终端设备来更好地开展移动阅读，把碎片时间变成自己的移动阅读黄金时间，值得我们每一位教师思考。

近年来，我在移动阅读上也下了很大的功夫，取得了很好的效果，并先后发表了《云时代，做移动学习者》《巧借微信促阅读》《移动学习》《移动个人知识管理：助力云时代教师自成长》等文章。

前不久，我阅读了中国阅读学研究会会长徐雁教授的《阅读的人文与人文的阅读》一书，他也提到要建立大阅读观。他认为，从1988年起，"读书"逐渐拓展为"阅读"。原先的"读书"指的是纸质阅读，从20世纪80年代以后，阅读不仅包括纸质阅读，而且也包括电子阅读。因此，我们今天的碎片化阅读也是阅读。不过，我们要有主动定制碎片化阅读内容的意识，提高碎片化阅读的质量。此外，对于教师而言，还得在传统的深阅读上下功夫。

我们要做到碎片化阅读和传统深阅读各美其美、美美与共。

问题2：发现阅读很无趣，无法坚持阅读，尤其是对翻译过来的理论性强的书，即使逼迫自己读下去，好像是坚持了，其实还是低效。

客观地说，受碎片化阅读的冲击，现在很多人都难以静下心来好好读书，教师也不例外。2013年，广西师范大学出版社曾开展过一个"死活读不下去的书"排行榜的调查，榜单前10名中，我国的四大名著全部入选，《瓦尔登湖》《百年孤独》等也悉数上榜，其中，《红楼梦》排在第一位。《红楼梦》还是那个《红楼梦》，关键是现在读的人的心态变得浮躁了，很难啃大部头的著作。

的确，兴趣是坚持阅读的最好动力。《中国教育报》曾刊登过《教师的阅读时间从哪里来》一文。该文提到，现在国内活跃在中小学一线的名师都是喜爱阅读之人，他们自身对阅读的热情是他们进行阅读的最大动力。在阅读中发现无趣，无法坚持阅读，这也是一种正常的现象。的确，现在翻译过来的理论性较强的书，读起来的确很困难，而且国外的书在表述方面跟我们国内的也不大一样。比如这次研修活动中提到的《教师的挑战——宁静的课堂革命》《如何成为高效能教师》《如何阅读一本书》都是从国外翻译过来的。这三本书都很有影响力，佐藤学教授是一位长期浸泡在课堂中的教育学者，他还有一本更有影响力的著作《静悄悄的革命》，也很受我国教师的欢迎。近年来，有关高效能教师的书也不少，基本上也都是国外的，《如何成为高效能教师》是较有影响力的一本。《如何阅读一本书》对教师开展深阅读有着很好的指导意义。据很多教师反映，这本书很难啃下去。这本书原先在我国的销量一般，近年来，随着全民阅读活动的推进，这本书一下子就热销起来。

因此，在阅读上，我们还是要有“啃硬骨头”的心理准备。尤其在阅读一些教育理论方面的书籍时，真的需要有坐冷板凳的勇气。至于有些教师认为硬逼着自己读下去效果也不好，这需要理性看待。现在，教师阅读教育类的书其实并不多，因此大家在这个方面也缺乏一定的底蕴。读书其实就是在读自己，如果自己有了一定的阅读基础，相信会在阅读中有很多的收获。当然，前期的坚持就非常必要。

在阅读上，我们教师要有顶层设计的意识，比如规定自己一个学年阅读一定数量的书，其中一个学期啃一本有一定难度的书。当然，在这个过程中，如果能找到几个志同道合的同行一起读，互相监督，互相砥砺，这样效果自然会更好。

问题3：阅读中选择书籍的盲目性，大多还是从教学需求出发，预期价值太高，希望立竿见影，所以读后发现不是那么回事，也就失去兴趣。

我认为，教师读什么比怎么读更重要。现实中，的确有不少教师不知道自己该读些什么，因此希望有专家给自己开出权威的书单。事实上，阅读是很个性化的事，从教于不同学科、处于不同发展阶段的教师，都有着不同的阅读需求。很多时候，专家开出的书单也是从自己阅读的经验和视角出发的，因此，并不具有普适性。

至于教师该怎么阅读，不同的专家有不同的看法。比如有些专家认为教师的阅读要注重精神层面，不要只读教育类的书。其实，教师阅读要根据自己的需要，形成合理的阅读结构。有些书是作为有素养的现代人必须读的；有些书是作为教育工作者应该读的；有些书是作为具体的学科教师、班主任或者管理人员应该读的。教师读某些书是为了解决某些问题，读另一些书则是为了提高自身的素养。

比如，2015年深圳公布的“十万教师阅读行动”首批推荐阅读书目包括《夏山学校》《人文六讲》《儿童的一百种语言》《如果我当教师》《教学勇气》《语文闲谈》《朗读手册》《世界图画书阅读与经典》《说来听听：儿童、阅读与讨论》《童年的消逝》《民主的细节》《中国大历史》，这些书基本上都不是拿来就能用的。

教师的阅读具有一定的功利性，这也是阅读的一种普遍现象。尽管“无用之用”为大用，但是在教师的整体阅读状况并不乐观的当下，无论是从激发学校管理者推动教师阅读的积极性的角度而言，还是从点燃教师自身的阅读热情的角度而言，通过阅读促进教师的专业发展，这是一个能打动双方的理由。

但是，有一点必须引起注意，阅读促进成长，并不是一蹴而就的，而是一种慢的艺术。当然，教师通过阅读技巧类的书，有时候的确能学几招。但是，教师的成长，仅仅靠“术”是不够的，最终需要靠“道”的修炼。比如有些人学名师，往往只能学到名师的招式，而名师深厚的底蕴则是很难学到的。

对于教师而言，日常的、不间断的阅读，对自身的成长还是很有用处的。山东教育社编审陶继新曾说过，如果一名教师能坚持阅读，久而久之必将成为所在单位的优秀分子，甚至更大范围内的教育名人。

从时间管理的角度而言，教师应该把更多的时间放在重要而不紧急的事上，而阅读恰恰就属于重要而不紧急的事。

问题 4：有的书读不懂，尤其是一些论文和哲学书籍。

每位教师的阅读基础不同，阅读趣味也不同，如果有的书看不懂，也很正常。

魏智渊在他的《教师阅读地图》一书中，把教师阅读的书分为案例型、经验型、分析型、原理型、哲学型这五种类型。在这五种类型的书中，最容易读的就是案例型的书籍，比如说雷夫·艾斯奎斯的《第 56 号教室的奇迹》系列书就属于案例型的书籍，这些书籍主要以讲故事的形式呈现。而我们很多人都熟知的苏霍姆林斯基的《给教师的建议》属于经验型书籍，而杜威的《民主主义与教育》属于原理型书籍，没有一定阅读基础的教师读这本书是有一定难度的。而哲学类的书，有些教师看不懂，自然也就很正常了。对于今天的教师而言，尤其需要提高哲学方面的素养。不过，在哲学方面的阅读上，教师也可以从低门槛的书开始，比如《中小学教师如何用哲学》。

案例型的书虽然好看，但教师也不能只看案例型的书，需要在这个基础上循序渐进，这样，读不懂的书才能越来越少。

教师读不懂论文，其实也是同样的道理。如果平时很少看一些期刊上的论文，这样，自然也就看不懂一些常见的“教育行话”，看起来就会很累。教师如果不经常读些论文，自然也就写不出高水平的论文。

读不懂并不可怕，这也说明我们需要进一步夯实我们的基础，这样，我们的阅读能力才能进一步提高。

【附录6】 高培志副书记发言实录

今天学到很多东西，下面谈谈我的感想。

我觉得我们这次研修活动解决了三个问题。

第一，为什么要读书。作为教师，要想促进自己的专业发展，不读书怎么能行，我们第一个解决的就是这个问题。

第二，读什么书的问题。我觉得大家也都解决了。教师要想教好书，必须读教材、教参或者指导用书等，除此之外呢？有的教师自己在业余时间特别喜欢烹饪，喜欢钻研菜谱，那也是看书、也是阅读。我们不能说这样的教师不好，他教书教得非常好，他在业余时间研究这个，提升了家庭的生活质量，自己也学有所长，这有什么不好啊？但是，我们现在说的要读什么书，更多的是指除了涉及生活的书、教科书和参考书以外的一些有利于专业发展的书，如最基本的教育学、心理学类的书，刚才我们几位教师交流的这些书，还有霍老师谈到的哲学类的书。海淀区教师进修学校附属实验学校刚建校的时候教师平均年龄为25岁，22岁从大学毕业，都是年轻教师，彭玮校长领着教师们先学哲学。实际上教育研究方法的最高层面就叫哲学的方法，然后才是思维的方法，最后才是观察法、调查法、行动研究法等研究方法，所以，读什么书的问题我相信老师们都已经解决。

第三，怎样读书的问题。有的教师说平时没有时间，那么，暑假、寒假总有时间吧，暑假读一两本，寒假读一两本，这总能解决的。有些书虽然也是教育类的书，我经常一个学期会收到几本、十几本各校校长送来的教育类书籍，有的书一两个小时就读完了，有的书要读一个学期，甚至一个学期翻几遍。为什么，书和书不一样，刚才专家也说了，有的书只需粗读、泛读，有的书则需要精读或者圈点批注的深读。

解决了为什么读、读什么、怎样读这三个问题，这里，我们再来看看老师们在阅读时更应该关注的四个关系。

第一，阅读和实践的关系。今天老师们的交流都结合了自己的工作实际，这是非常好的。阅读是学习，实践也是学习，而且是更重要的学习。这就是说，阅读一定要和我们的教育教学实践结合起来。我看到有的教师写的阅读报告中全都是这本书讲了什么，我觉得很好，说明他看了这本书，但是我更关注的是他在谈这本书讲了什么以后能把自己是怎么做的也讲一讲。

第二，阅读和研究的关系。阅读是一种学习，学习离不开工作，更离不开研究。你要不想研究，自然就不用学习、不用阅读。研究是什么，你要有问题意识，带着问题去阅读，阅读的目的是要解决工作中的问题，就跟炒菜似的，读菜谱是为把菜炒得更香更好、色香味俱全。

第三，阅读和积累的关系。什么叫积累，就是写读书报告，当然读书笔记也可以。从 2008 年到现在，海淀区教科院要求每位教师都要在寒假和暑假写一篇读书报告，这些年积累下来，每个人都有好多篇。读书报告是什么，老师们写的比较多的是这本书上讲了什么，这个绝对不是读书报告的重点。读书报告的重点是什么：① 你要谈为什么要读这本书，如《怎样当好班主任》，因为我要解决怎样当好班主任的问题，解决不了，要找一本关于怎么样当好班主任的书来读；② 这本书讲了什么，不是把大段大段的文字摆在这里，而是要罗列出这本书主要的一些观点和内容；③ 最关键的是你要清楚通过读这本书你得到了一些什么启示、这本书对你有什么帮助。

第四，阅读与分享的关系。每年海淀区教科院的教师不单要写读书报告，还要写论文、学校案例、随笔等，不是说写了、交了就行，每学期我们都要印刷成册，交流汇报。交流时要说我的论文写了什么，我的读书报告写了什么，我的随笔写了什么，我的案例分析了哪所学校的什么事。

第六章　体会专家点评的视角

点评，即评价分析。教师在教育教学实践中不断地积累经验、形成个人见解，并在不断反思中将一些理论与实践融为一体，从而逐渐构建教师个人的学识。这种学识不仅包括学科知识，还包括教师自身的教育思想。同时，这种学识又是缄默、隐性的，需要借助语言将其表达出来。这种表达或者是文字形式，或者是口头形式。点评就是其中的一种方式。

一般在听课完毕后，教师要对同行的教学效果进行点评，这主要是教学层面的点评。"种子教师"不仅要会评课，而且还要能够体会专家的点评视角和依据，进而对论文和课题进行点评，同时，点评时要用自己的语言来阐释教育思想和对研究成果的认识。"种子教师"要不断提升自己的研究能力、交流能力和引领能力。能够点评，不仅体现了"种子教师"的交流能力，也展现了"种子教师"的研究能力。点评过程中，大家可以描述教育教学中发生的有意义的事件，共议教育教学的意义，阐释教育研究中的认识与发现等。通过点评，大家可以在研究的反思中增长教育智慧，增强成就感与幸福感。

2016年5月，二里沟片区开展了主题为"学习方式变革的实践研究"的论坛活动。项目组期望在研讨的同时，"种子教师"能够学习专家点评的视角，实现"像专家那样点评"的目标。下面，本章就以此次活动为例，从活动目标、活动设计、活动过程及分析等方面来说明"像专家那样点评"目标的达成，并通过对此次活动的反思，分析教师点评困难的原因，进而提出一些克服这些困难的策略。

一、活动目标

1. 了解教育专家点评的一般思路和方法

教育专家的各种点评有其一般的思路和方法。比如，从理论的视角出发，对一些典型的案例进行剖析和评述。"种子教师"要了解教育专家点评的一般思路和方法，能够从一般点评的角度、规律上去把握，能够做一般意义上的点评。

2. 帮助“种子教师”寻找自己的点评话语风格

教师话语体系的产生，源于其自身的教育教学实践，是有别于理论研究者的话语体系的。作为一线的“种子教师”，他们有很多来自现实教育教学生活的真实案例，因此，与理论研究者相比，一线的“种子教师”具有自身的话语体系，他们需要用自己的表达方式来陈述自己的观点和想法，这样才能够使得共同参与研讨的教师对其所发表的言论感同身受，并产生共鸣。而当这样的话语形式发展到一定程度时，就会自成体系，就会形成与教育专家话语并行的表达形式。

3. 帮助“种子教师”树立专业自信

教师教育研究的成效主要体现为问题的解决与实践行为的变革，因此，教师应当具有自身的研究话语。当教师使用自己的话语，而不是一味用理论的词汇作为研究的唯一表达方式的时候，当“种子教师”有基于细节的点评时，当这些点评得到同行和教育专家的认可时，“种子教师”也就得到了肯定，其教师专业性也就得到了肯定。这有助于增强“种子教师”的自信心和职业幸福感。在研究的实践中，“种子教师”也逐渐地认识到，他们需要一种恰当的、符合自己实际情况的表述方式。在“种子教师”的研修活动中，“种子教师”主要是通过同伴研讨交流、展示分享等方式来实现用自己的话，阐述自己的问题和陈述自己的研究成果的。二里沟片区论坛的“像专家那样点评”环节，由“种子教师”对研修同伴的研究成果进行点评，取得了良好的效果。

二、活动设计

在工作中，我们经常要开展一些关于教师教育的研讨活动，怎样才能非常圆满地完成这些活动呢？这就需要从目的、意义、议程和预期效果等方面对活动进行一个设计，即要弄清楚做什么、为什么做和怎么做。在二里沟片区的论坛活动中，实现“种子教师”能够“像专家那样点评”的关键环节是“我们在行动”和“我们在思考”（具体内容如表 6-1 所示）。

表 6-1　活动关键环节及设计目的

环节主题	内容		设计目的
我们在行动	论坛发言	《“互联网＋”时代下辅导学生个性化学习的实践探索》（分享者：海淀区花园村第二小学王向征老师）	“种子教师”优秀征文展示交流，同时以备“种子教师”点评时使用
		《翻转课堂在初中信息技术〈网站设计与制作〉教学中的应用》（分享者：北京理工大学附属中学严水东老师）	
		《设计特色作业，落实减负增效》（分享者：海淀区上庄中心小学陈燕松老师）	
		《小学数学合作学习的探索》（分享者：海淀区实验小学吕庆红老师）	
我们在思考	像专家那样点评	小组研讨并点评	“种子教师”分为四组，每个小组选择一个发言题目，结合发言内容进行研讨，分析点评的角度、依据等。要求人人参与研讨交流，对上一环节发言者的论文进行点评，并用思维导图的形式呈现出小组的研讨成果
		小组代表发言	每小组选出一名小组代表，将小组研讨的结果进行展示和阐释
		小组观察员分析小组点评	观察员由经常参加论文评审、课题点评的专家担任，每个小组安排一名观察员，负责观察小组研讨，并对小组代表的发言做出点评，以引导点评的规范性，“种子教师”可以从中看到专家是如何做点评的

教育研究研讨交流活动是在特定的环境和条件下，面对特定的人群或者个体开展的，配合活动需要一些必要的氛围、情节和研讨材料。

“我们在行动”的活动内容是分享四位“种子教师”的征文，意在展示他们的研究进展和成效，更为重要的是为论坛的研讨、点评准备材料。

“我们在思考”这个环节意在使“种子教师”能够做到“像专家那样点评”，学会点评论文、课题，通过点评了解课题研究的一般流程，了解研究成果和论文撰写的一般规范格式，发现点评对象的创新点，并能够用自己的语言，结合思维导图的形式描述出来。在此环节，每个小组各选择一个发言题目，结合发言内容进行研讨，小组成员人人参与研讨交流，最后形成研讨成果——思维导图。之后，每小组选出一名小组代表，代表小组进行展示汇报。小组代表发言结束后，小组观察员对其发言进行再点评，以引导点评的规范性，“种子教师”可以从中学习专家是如何点评的。图 6-1 为“种子教师”分组研讨现场。

图 6-1　“种子教师”分组研讨现场

三、活动过程及分析

（一）活动主题的确定

进行一次研修活动，首要的任务就是确定研修活动的主题。选什么主题和应用哪些题材在一定程度上影响着研修活动的成败。研修活动主题的确定是有规律可循的，比如，研修活动的主题要始终与时代的脉搏紧紧相连，要反映这个时代最迫切的要求和大家最关心的话题。通过开展针对某个主题的研修活动，可以为解决某些问题提出切实可行的方案。所以，研修活动的主题一定要符合时代发展的趋势。

成人的学习动机基于他们所面临的现实生活和职业发展的实际需要，成人学习是为了当前的使用，是为了即学即用，并期望在短期内收到理想的效果。因此，解决问题和满足现实需求也是确定研修活动主题的重要依据。

“种子教师”研修活动以当前教师在教育教学中所急于解决的问题为切入点，可使“种子教师”积极主动地参与到研修活动中来，而问题的解决又将成为“种子教师”持续参加研修活动的内驱力之一。因此，每次“种子教师”研修活动都有比较明确的主题，而这些主题无一不是来自教师在教育教学实践中所遇到的且急于解决的问题。比如，针对《北京市实施教育部〈义务教育课程设置实验方案〉的课程计划（修订）》中关于中小学实践课程的开展要求，海淀片区进行了“实践课程培养学生什么素养”的主题研修活动，从而使“种子教师”能够从研修活动中有所收获。

在“互联网+”和基础教育改革的背景下，一线教师普遍面临着对教育的再认识，以适应新形势。作为“种子教师”，大家首当其冲要承担起探索研究的任务。对此，“种子教师”已经结合自己的教学实践做了一些有益的尝试。“种子教师”论坛是“种子教师”研修的一种活动形式。二里沟片区论坛的主题为“学习方式变革的实践研究”，这也是对时代的一个回应、对实践研究探索的一个展示和研讨。

对于本次研修活动，项目组设想借助论坛的形式，期待“种子教师”通过论坛互相启发、拓宽视野、点燃思想，进而实现“种子教师”能够“像专家那样点评”的目标。

（二）分组研讨

在论坛“我们在行动”这个环节中，四位“种子教师”分享了各自的研究进展和成效。在“我们在思考”这个环节中，“种子教师”分为了四组，从上一环节四位教师的分享中选择其中一位教师分享的内容，进行分组研讨点评，选择点评角度，用思维导图的方式，汇总组员的研讨结果，每组选一位小组代表进行展示汇报。

第一组“种子教师”选择的是海淀区实验小学吕庆红老师的《小学数学合作学习的探索》。

> 《小学数学合作学习的探索》内容概述：合作学习是一种体现自我协调和同伴间优势互补的有效学习形式。在教学中，只要教师用心组建小组，精心设计合作讨论的内容和思考的问题，合理安排合作学习的时间和空间，就一定能发挥它的效能，使各种层次学生的知识和能力都能在愉快的合作学习中得到习得和培养，从而促进学生整体素质的全面提高。

第二组“种子教师”选择的是海淀区上庄中心小学陈燕松老师的《设计特色作业，落实减负增效》。

> 《设计特色作业，落实减负增效》内容概述：在实施素质教育的今天，“减负增效”是我们所期盼的教育教学的理想境界。作业，既是教师教学活动的重要环节，又是学生进行学习最基本的活动形式，

学生的数学概念的形成、基础知识的掌握、基本方法与技能的获得、智力的提升、创新意识的培养，都离不开作业这一基本活动。学生作业安排的精、巧、细、量，关乎学生的作业负担和学习兴趣。

第三组“种子教师”选择的是北京理工大学附属中学严水东老师的《翻转课堂在初中信息技术〈网站设计与制作〉教学中的应用》。

《翻转课堂在初中信息技术〈网站设计与制作〉教学中的应用》内容概述：目前信息技术学科教学中采用的任务驱动教学法，是一种非常适合信息技术学科的教学方法，在大部分信息技术教学内容中取得了很好的教学效果。但是在初中信息技术《网站设计与制作》这部分内容的教学中，其教学效果却不太理想。为此，针对这部分内容的教学，授课教师尝试应用了翻转课堂教学法进行教学，并取得了比较理想的教学效果。授课教师系统地总结了在《网站设计与制作》这部分内容的教学中，应用翻转课堂教学法备课和实施教学的过程，并对成效及问题进行了总结反思。

第四组“种子教师”选择的是海淀区花园村第二小学王向征老师的《“互联网＋”时代下辅导学生个性化学习的实践探索》。

《“互联网＋”时代下辅导学生个性化学习的实践探索》内容概述：学生的课后针对性辅导问题困扰王向征老师已久。学生回到家后如何得到教师有针对性和个性化的辅导，从而提高学习效率？为此，王向征老师尝试借助互联网和学生微课的方式来解决这个问题。互联网提供平台，学生微课视频是学习的材料。学生微课的好处有两个：第一，学生能够从自身的角度出发，提供解决问题的方法，对同一个问题，不同学生会有不同的解决方法，并实现方法共享。第二，学生视频的录制过程本身就是学生自己复习和输出的过程，学生在这个做小老师的过程中锻炼了自己的思维和表达，促进了自己综合能力的提升。在这个“看”和“录”的过程中，学生都得到了成长和提高，关键是激发了学生积极主动的学习热情，改变了学生的学习方式。

（三）研讨结果的交流

1．第一组研讨交流

（1）小组代表的发言实录。

老师们好，我是花园村第二小学的王大如，下面由我来代表第一组陈述一下本组的观点（图 6-2 为第一组列出的研讨内容要点）。

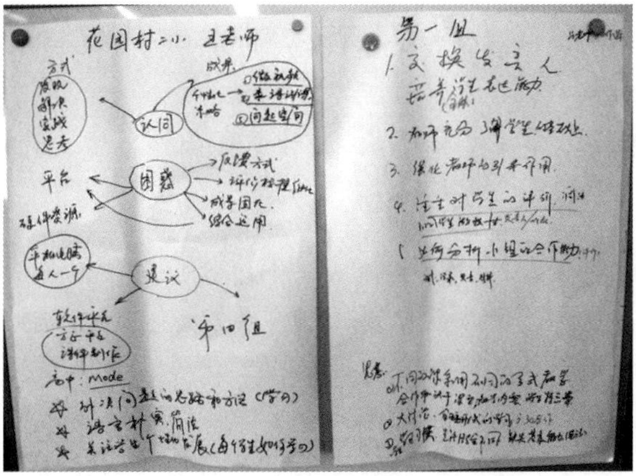

图 6-2　第一组列出的研讨内容要点

我们组点评的是吕庆红老师的《小学数学合作学习的探索》。第一，关于合作学习，吕老师认为要交换发言人，给更多的学生创造交流展示、平等学习的机会。第二，在组织学生合作学习前，教师一定要充分了解学生，这样才能给每个学生做恰当的分工，同时，教师还要发挥好引导作用，要在分析每个学生之后有针对性地指导学生进行合作学习。第三，学生在进行合作学习的时候，教师如何对学生进行评价？好的评价要能够使学生去积极地发言，同时还要能够激发听众的学习动力，从而使发言人和听众都能够进步。

我们的思考是：根据不同的情况，学生需要采用不同的学习方式。例如，针对不同的学习内容、课型、学生特点等，教师需要组织和引导学生采用不同的学习方式，合作学习是众多学习方式中的一种。学生基本学习能力的缺乏，比如记笔记能力的缺乏，会对学生真正开展合作学习产生一些障碍。在进行合作学习的时候，有计时员、记录员、发言人以及材料员等，每个学生在合作学习中都有分工，下次再进行轮换，最后使得每个学生的不同能力都能得到锻炼。

我们认为，小组合作学习不是一个应不应该用的问题，而是怎样才能用得更好的问题。在组织和引导学生运用小组合作学习方式的时候，教师可以通过评价来让学生的积极性得到最大程度的发挥。

（2）该组主要观点。

① 合作学习中小组发言人要轮换，要为组内每一位学生创造交流展示和平等学习的机会。

② 在组织和引导学生进行小组合作学习前，教师要充分了解学生，并给予适当的指导。

③ 评价非常重要，好的评价不仅能够调动发言者的积极性，而且也能够激发听众的学习动力。

④ 不同的课型需采用不同的学习方式，合作学习也有其适合的课型。

（3）观察员的点评实录。

第一组“种子教师”的点评从三个维度出发：第一个维度是学生在小组合作当中角色转换的问题，教师根据学生的长处，不断调换他们的角色，让每个学生都能更全面地得到培养；第二个维度是教师在课堂上的职能加强，新课程改革的今天，教师在课堂上的主体地位没有被减弱，反而加强了，如果教师不了解自己班的学生，就很难对学生进行合理地分组，也不能妥当地安排每位学生的角色；第三个维度是小组合作式探究，不是探讨是否有必要的问题，而是探讨怎样才能做好并应用到我们的课程当中去的问题，但是要因课、因人而定。

关于吕老师《小学数学合作学习的探索》，我也参与到讨论当中去了，我对这个内容也很感兴趣。这一节课整个过程，从导入到新知再到课堂应用最后到反馈，其实差一个评价，即评价学生在小组合作中的成效。我认为可以从五点来对学生进行一个考评：第一，要学会倾听，例如，刚才研讨中一位老师在发言，其他老师都在认真听，思考自己待会要点评的问题，说过的肯定不会再说了，会听是第一点；第二，要会问，这是提出问题的过程；第三，要会发言，小组老师刚才的汇报就对这个问题做了一个很好的阐释：一个老师点评，一个老师补充；第四，要会改进，在小组合作学习当中，要学会吸收他人的正确观点，改正自己的错误观点；第五，要会组织，例如，第一组组长张老师开始就组织我们，而且组织得非常好。

小组合作探究这种方式，很好地落实了新课标所提倡的学习评价，一个是教师的教，一个是学生的学。今天我也带来了几个维度评价的表，包括学员的自评和组员的互评还有老师的点评，分为优、良、中、差四个维度。

（观察员：海淀区教科院张禹老师）

（4）观察员的主要观点。

① 第一组教师从三个维度进行点评：一是合作学习中学生角色的转换；二是合作学习中教师的职能增强；三是是否采用合作学习的方式需要根据具

体情况而定。

② 对学生在合作学习中的评价可以从听、问、说、改进和组织五个方面考虑。

③ 吕老师的这个研究是对新课标的一个回应和落实。

2. 第二组研讨交流

(1) 小组代表的发言实录。

各位老师，大家好，我代表第二组跟大家做一个交流（图 6-3 为第二组列出的研讨内容要点）。

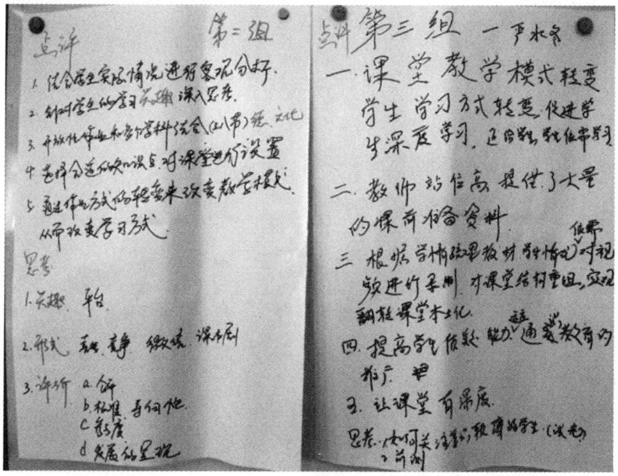

图 6-3　第二组列出的研讨内容要点

其实我们研讨的过程也是一个学习的过程，陈燕松老师的《设计特色作业，落实减负增效》讲述的内容主要是如何通过改变作业的形式来实现减负增效的目标。我们从文章中学习到以下几点：一是老师非常注重结合学生的实际情况进行客观地分析，在这个基础上，老师开始针对学生的学习，尤其是学习兴趣进行了一个深入的思考。二是开放性的作业与多个学科结合，尤其是“三八”节的作业设计得非常巧妙，能够让学生将所学的数学知识很好地进行运用，还把德育、文化各个方面都结合在了一起，而且又贴合学生的生活。三是在选择合适的知识点这个问题上做得很好。文中所列举的几个案例都很好地体现了数学知识的运用，所以我们认为他对课堂教学内容也进行了一定的调整。四是通过转变作业的方式，也改变了老师的教学模式，进而又促进了学生学习方式的改变。

在这个基础上我们有几点自己的思考。第一，兴趣。我们认为要给学生作业的展示提供一个平台，这个平台需要老师来搭建，学生通过展示获得满足，从而达到激发学生兴趣的效果。第二，形式。肯定是选学生喜欢的，而且最好是选能有竞争机制的形式，比如，课本剧的编演。第三，评价。评价是学生完成作业之后非常重要的一个环节，关于评价，我们提出了四点：一是要尽量地公开；二是要有一定的标准；三是要尽可能保证学生、家长的全员参与；四是要尽可能地有所发展，不能作业做完了就完了，应该还有一定的延续性。

（2）该组主要观点。

① 从陈燕松老师《设计特色作业，落实减负增效》学习到三点：一是教师注重结合学生的实际情况；二是作业注重与多个学科结合；三是作业的改变可以促进学生学习方式的改变。

② 小组成员从陈燕松老师的研究中得到的关于特色作业的三个新思考：一是兴趣，二是形式，三是评价。

（3）观察员的点评实录。

我们组的老师在点评的时候，我一直在履行观察员的职责。老师们在讨论的时候都特别积极地发言，也一直在积极地思考。我把老师们的点评也做了一个详细的记录。

我们小组的老师在一开始的时候，试图理解作者的一个写作逻辑。陈燕松老师提到有三个困惑，这三个困惑特别好，我们小组的老师也试图分析这三个困惑和后边三个策略、三个作业到底有什么关系，并找出了陈燕松老师在思考和写作中的一些亮点和困惑，对所理解的问题进行了更深层次的阐述。我觉得这样的点评非常好，所以点评之后的再点评我似乎也没什么可说的了。

不过我也在想，如果给我这样一个任务，让我来点评，我会说些什么。我可能会找一些陈燕松老师的亮点，去理解她为什么要这样做。分析完这些之后，我有可能会把主要的精力放在怎么去帮助她做出更好的改变，把她的文本和她的研究思考再推进一步，可能会在这方面进行更多的设想，与她进行一个交流。

再说一下我的理解。陈燕松老师也是做了一个非常真实问题的思考。首先她发现现在作业中有四个问题：题海战术、机械训练、应付完成、不求甚解。但实际上我理解这四个问题并不是她要说的重点，她要解决的真实问题有三个方面：第一，作业没有思维的价值；第二，问题也不是机械训练的问题，而是无趣的问题，即作业没有趣味性；第三，没有注意到差异，实际上就是作业没有选择性的问题。我觉得如果能把这三个问题抽出来的话，那她的问题就更加有针对性，因为现在是非常隐蔽地把这三个问题藏在了文本里，没有突出要解决的问题的重点。有了这三个问题之后，应该以解决问题的形式来呈现。她后边尝试了很多的案例，如果案例不恢复到最初的出发点的话，就会显得最初的思考和最后没有一个呼应，就不会知道她为什么要做这些事情。所以，陈老师设计知识点梳理这个作业，解决的是什么问题呢？实际是可以解决思维价值问题，还有作业的可选择性问题。那么，每个孩子都可以用他们自己理解的方式，以自己的水平去完成这样一个作业，这样的作业就解决了前面两个不能完成的问题。后面的也是，每一个作业其实都能呼应前面要解决的问题，如果这样重新来规划，她的逻辑会显得更清楚些。

还有，这篇论文写得特别好的两个方面：一是写作非常细致；二是有很多的案例。这引发了我们组内很多老师的思考。这也是我们一线老师在写文章时有优势的一个地方。陈老师如果把文章写得再深入一些、再引人入胜一些，就会更有推广价值，我觉得可能要加一些“我为什么要这么做”的一些思考和一些讨论。还有就是陈老师的论文中有非常详细的案例，但是这些案例有没有一些基本的东西，比如这个学科是这样的，换一个学科也想布置这样的作业，应该从哪几个方面和角度去思考呢？如果加进去一些这样的讨论，我觉得就会更加完美了。

（观察员：海淀区教科院科研管理所严星林所长，图 6-4 为严星林所长在点评）

图 6-4 第二组观察员严星林所长在点评

（4）观察员的主要观点。

① 小组教师研讨点评时关注理解作者的写作逻辑，并在理解中积极思考，这是一种尝试与作者对话的点评方式。

② 陈燕松老师发现了作业中的题海战术、机械训练、应付完成和不求甚解四个问题，但实际要解决的是作业没有思维的价值、作业没有趣味性、作业没有选择性三个方面的问题，这样问题就更加有针对性，进而再提出解决方案。

③ 陈燕松老师的研究给我们带来了一些启发，案例还可以再提炼，提炼出若干一般性的策略，那么其他学科教师也能够使用。

3．第三组研讨交流

（1）小组代表的发言实录。

图 6-5 为第三组小组代表在发言。

图 6-5　第三组小组代表在发言

大家好，我代表第三组来做对严水冬老师的《翻转课堂在初中信息技术〈网站设计与制作〉教学中的应用》教学论文的点评。

我们组讨论了严老师论文里值得我们学习的四个地方。第一，严老师课堂教学模式的转变，即学生学习方式的转变。以前都是老师在前面讲，现在是通过录像和课堂视频引导学生自主学习，老师退居二线，把课堂还给学生，让学生成为课堂的主人，而且学生可以依据自己需要，自主地选择一些视频去学习。第二，严老师站位非常高。这需要严老师课前进行大量的备课。他先对教学内容、教学目标等进行了非常系统的梳理，然后才能确定哪些知识点需要录制视频。可见严老师做了非常多的工作，在课前准备了大量的资料，他准备的资料非常详细，有学案、教案以及扩展知识。第三，严老师能够根据学情梳理教材，根据学生需要录制视频。在看完学生的学习后他进行了反思，对课堂的结构进行了重组，哪些资料不适合用视频呈现，他进行了一个调整。我们觉得翻转课堂的确实现了课堂的本土化，适用于他们的学校、他们的学生。第四，我们觉得翻转课堂比较适用于现代社会提出的一个教育理念，那就是让学生在课堂上质疑，提出自己的问题。

严老师在论文中提到了对自控能力差以及自主意识比较弱的学生要进行指导，我们希望严老师给我们说一说，是通过试卷帮助自主意识薄弱的学生进步，还是通过个别谈话帮助意识薄弱的学生掌握知识点。关于梳理教材，我们觉得可以对学生进行一个前测，了解一下有多少学生在课前已经掌握了相关知识，或者存在哪些问题，这样，就可以根据问题去更加有针对性地录制教学视频。

（2）该组主要观点。

① 通过严老师的研究探索，课堂教学模式发生了变化，导致学生学习方式也发生了转变，使学生成为课堂学习的主人。

② 教师站位更高了，教师在课前准备了大量的详细资料，有学案、教案以及扩展知识。

③ 教师能够做到根据学情梳理教材，根据学生需要录制视频。

④ 研究符合现代社会的教育理念，对学生主动探究报以宽容态度。

⑤ 如果课前有一个前测，教师就可以更有针对性地录制教学视频，教师教学的针对性也会更强。

（3）观察员的点评实录。

我们组马老师的点评，我觉得特别好。严老师论文的研究视角也非常规范严谨。为什么这样讲呢？我们仔细看后会发现，严老师前面提出问题，接着分析问题，而且对问题的分析是比较到位的。他为什么要梳理出来一个知识点？为什么我们大家觉得他对知识点的梳理很有针对性？是因为他看到这个问题以后，通过分析，提出一些自己独到的理解，所以，要通过对知识点的梳理，来对问题进行深入的探究。接下来是提出了一个问题——怎样才能利用翻转课堂的学习方式，来更好地上一节信息技术课？然后又验证了这个问题。最后提出这个实践有什么效果，是成功了？还是失败了？有什么不足？我觉得特别规范，从这里面可以体现出海淀区的老师在科研方面的能力是非常突出的。

当然，任何研究都能挑出一些毛病。

比如，实践研究除了前面的四个流程以外，我觉得应该再加一个环节，就是应该要有经验的提炼和总结。如果这篇文章想再升华的话，最后可以再加上对翻转课堂的课提出一些好的策略。严老师前面已经梳理得非常清晰了，但是最后一个环节刚好就缺了这一点。比如，“教学前的精心准备”，应该如何准备呢？我们能不能用一种科研的方法，提炼一条或者两条策略；再如，“翻转课堂教学法的实施”，在这个实施过程中我们需要注意什么？实施中有什么策略？我觉得这个策略特别关键，如果把这个点破，这就是一个特别好的研究。我之前也看过很多一线教师的文章，最后总感觉“窗户纸”没捅破，其实前面已经做了非常好的工作，只是最后经验的提炼和总结稍微弱了一点。

另外一个就是，可能我们做研究的时候需要注意一些细节。所谓研究，就是用一种角度看事物的方法，这种方法是提供给我们的一种科学的方法，在这种科学的方法里就涉及两个问题。第一，这种角度成立不成立。怎么验证这个角度成立不成立呢？就是一定要找到在整个研究领域里面关键性的、权威的论述。作为一篇好的文章，一定要有参考文献，而且这个参考文献要是有价值的参考文献。有时候一篇文章是不用看内容的，看参考文献就知道这篇文章写得好还是不好。如果你在这个领域里没有找到最权威的论述，那你这个文章可能没有站在巨人的肩膀上，说明你不可能看得特别远。怎么找到这个关键研究呢？其实很简单，大家搜文章的时候看一下下载量，往往排在前面的都是这个领域最权威的文章。第二，我们做研究的角度跟别人的角度有什么不同？其实我们这次主题的选择，我认为每个问题别人都有研究，要搞清楚你的角度和别人的角度有什么不同，你的角度有什么优势、有什么不足。所以一定要找到别人的角度，找到别人在这个研究里做了什么工作，弄清楚自己的研究与别人的研究有什么不同，自己的优势是什么，这就是你这篇文章的价值。

（观察员：中国教育科学研究院曹培杰博士，图 6-6 为曹培杰博士在点评）

图 6-6　第三组观察员曹培杰博士在点评

（4）观察员的主要观点。

① 小组的点评很到位。

② 严水东老师的研究从知识点的梳理，到假设的提出，再到验证，都非常规范。

③ 严老师的研究在经验提炼和总结方面还有不足，做研究的时候要注意一些细节，比如，发现他人的研究角度，清楚自己研究的价值所在等。

4. 第四组研讨交流

（1）小组代表的发言实录。

大家下午好，我代表第四组点评王向征老师的《“互联网＋”时代下辅导学生个性化学习的实践探索》。从题目里我发现两个非常关键的热词：一个是“互联网＋时代”，这是现在最热的词之一；还有一个就是“个性化学习”。题目里包含两个热词，所以从观察的点来讲就是非常好的研究选题。通过讨论，我们总结出很多值得认同的点。第一，研究问题的方式，从发现问题，到解决问题，再到付诸实践，最后到实践后的思考，这是一个完整的研究问题的过程。这对我们研究问题有很好的借鉴作用，这是一个标杆性的研究范例。第二，我们更认同王老师的研究成果，比如他提出的三个策略：一是老师的微视频怎么做，能解决什么问题？二是微视频不能解决的，让学生自己录课、讲课代替传统的作业，在原来的微视频基础上进行了一个升华；三是通过“问题空间”，作业存在的一些传统问题都得到了巧妙的解决。这三个策略我们都认为很好，值得学习。

当然，在这个优秀的研究成果背后，我们也有一些困惑。比如王老师在解决这些问题的时候使用了一个怎样的平台？到底和学生是怎样进行交流的？学生要录制视频，那电脑这些硬件资源怎样解决？这其实也是平台的问题。学生做的视频有怎样的一个标准，这么多视频，用什么时间进行一个合理的反馈？这么多视频做好以后，怎么把它保存下来？像刚才王老师说的那样，可以存在云盘里面，但云盘的存储空间毕竟有限，如果不存放的话，这些宝贵的资源就会被丢弃，很可惜。怎样把得到的这些视频资源综合利用到课堂教学中来？怎么和课堂结合在一起？

除了这些困惑，我们也提出了一些建议，因为大家都在摸索阶段。对王老师敬佩的同时，我们认为这个录像的工作量是很大的。老师们可能都不愿意做，能不能想办法借助外界的力量帮助老师们？比如依托学校，如果这些平台、资源、硬件问题都交给老师来解决，难度就太大了。比如硬件问题，现在很多学生都有平板电脑，给他们装上统一的平台，用这个交流平台能够解决刚才提到的一系列问题，包括老师上课的一些课件，用这个平台来解决，把课上课下、线上和线下结合起来。我们可以建议学校引进这个平台。这样一来，课上课下，大家交流就更方便了。

综合起来看，我们对王老师的发言有三点感受：第一，解决问题的思路和方法值得每一位老师学习；第二，王老师的语言简洁朴实，是很典型的数学老师的特点，很清楚；第三，关注学生个性化发展，这个非常重要。现在我们的教育已经从关注整体向关注个别发展，尤其是关注每位学生如何学习这个问题，我们要研究的不仅仅是课程，更重要的是要研究学生到底是怎么学习的，我们要借助一个最先进的工具帮助学生，观察在学习过程中每个学生是怎样学习的，我们还可以提供怎样的帮助，使学生实现从个性化到个别化地学习？研究学生是我们下一步的方向，希望有机会和王老师单独进行交流。

（2）该组主要观点。

① 选题有时代感、有研究价值，本研究的过程是完整的，研究所提出的三个策略对实践具有借鉴和指导意义。

② 王老师的研究中也存在让人感到困惑的地方，比如，学生录制的视频资源如何用到课堂教学中来，并与课堂结合在一起。

③ 对王老师发言的三点感受：第一，解决问题的思路和方法值得每一位老师学习；第二，语言简洁朴实、思路清晰；第三，关注学生的个性化发展。

（3）观察员的点评实录。

各位老师好，我一直在观察，第四组也是典型的合作学习的范例，有分工、有记录、有发言、有讨论、有分享，体现了合作学习是怎么开展的。本小组点评的关注点，有这样几个特点：一是特别关注实践层面，一上来就提到王老师研究成果里面能有什么实践操作的策略；二是他们的思路特别清晰，点评有整体的设计和思路；三是点评的时候关注理论的东西，比如个性化；四是他们小组特别注重分享。

到底专家应该怎么点评，有没有一个模式和方向，我尝试着给大家一个模板，这不是权威的说法，只是我的个人见解。

点评的第一步就是概括，对被点评文章或成果的一个概括。这个概括一是要全面，二是要简练，即不要啰嗦。这个全面和简练的概括是点评人点评的基础。下面有三个维度提供给大家：理论视角、实践视角和方法视角。我参加过很多课题开题、成果鉴定和专家点评，大致都是这三个维度。刚才小组老师点评的时候，也是自觉不自觉地往理论视角、实践视角和方法视角去靠拢的。为了让大家有更直观的感受，我结合王老师的文章，说明点评的这三个维度。这篇文章，从理论视角来说，有两个亮点：第一个是学生主体的思想，第二个是金字塔的理论。金字塔理论是学习方式中很重要的一个理论，如果要我从理论视角来点评的话，我会点到这两个亮点。从实践视角来说，我会从三个方面进行点评：一是王老师的研究跟当下信息化时代背景下，学生信息化素养培养的关系；二是家长作用的发挥；三是大家最缺少的，也是曹博士讲的这块，就是要提炼出操作的策略方法。从方法视角上来点，刚才小组做了一些点评，汇报人已经点出来了，王老师的研究是典型的行动研究的范例。行动研究怎么做？他这篇文章就展现了这个过程，这里面有两个意识非常重要：一个是问题意识，另一个是反思意识。问题是课后教师辅导太多，学生问的问题有重复。就是这么一个现实的问题引发王老师思考有没有解决的办法。反思意识有三方面我觉得非常突出：一是关注教师教和学生学，王老师是从教师教来发现问题的，反思了学生怎么学；二是从关注知识的系统到关注学生实际知识的建构；三是关注学习方式，其实就是一种学习的品质。谢谢！

（观察员：海淀区教科院方丹老师）

（4）观察员的主要观点。

① 整个小组在做研讨点评时本身就是典型的合作学习的范例。

② 小组点评有关注实践操作层面、思路清晰、关注理论层面、注重分享四个特点。

③ 点评第一步要概括，第二步是从理论、实践、方法三个维度去分析和评价。

四、专家引领提升

要想成为研究型教师，“种子教师”就要具备“像专家那样点评”的素养。本次研修活动基本上达到了最初的设计目标，即使“种子教师”了解教育专家点评的一般思路和方法，帮助“种子教师”寻找到自己的点评话语风格，帮助“种子教师”树立专业自信。海淀区教科院的吴颖惠院长在论坛的讲话中提出，中小学教师做教育研究，能够让教师的思想丰满起来，时代也需要教师用一个知识分子的思维方式去思考教育教学，从而形成思想和方法并融汇到工作当中去，才是一种能力、一种素养，进而才能间接地影响到教育教学，滋润教师，滋润教育，树立教师的专业自信和职业幸福感，这就是教育科学研究的力量。图 6-7 为吴颖惠院长在对论坛活动做总结。吴颖惠院长的总结实录详见本章附录 1。

图 6-7　吴颖惠院长在对论坛活动做总结

集中的研修活动只是一种方法上的引导，更重要的是需要“种子教师”在平时的自主研修中有意识地去积累，使自己拥有教育专家的必备素养。海淀区教科院科研管理所严星林所长在对整个论坛活动总结时明确提出，“种子教师”要发展为教育专家，需具备三个素养，即有理论、有方法、有案例。有理论，就是在面对各种各样复杂教育现象的时候，能解释背后的规律。有方法，就是能够跳出经验和感性的层面，发现它里面的规律，实现理论和实践的贯通。有案例，就是案例不单纯是一个实践，好的教育案例是理论和实践的结合体，积累案例是“种子教师”成为教育专家的必经之路（严星林所长总结实录详见本章附录2）。

五、研修活动的发现

（一）“种子教师”点评困难的表现

点评的目的在于表达观点，点评人在听完汇报之后谈自己的感受、感想和感悟，将自己的一些观点表达出来，进行一定程度上的理论提升，这需要一定的理论功底。“种子教师”遇到的点评困惑，主要表现为以下几个方面。

1. 理论表述的困难

（1）有经验总结，缺乏应有的理论深度。

教师在成长过程中，一般比较重视自身经验的积累和对他人经验的模仿，容易忽视教育理论的提升。这将导致教师缺乏应有的理论深度，不能准确界定研究对象、定位研究范围，也就无法从更广的视野来分析和解决问题。教师要走出经验，就需要理论引领，即理论对实践的指导、理论与实践的对话、理论对实践的重建。教育理论是对教育现象或教育事实的抽象概括，是一种概括性、抽象性、广泛性、科学性的认识。事实上，教师的任何一种教育行为的背后都有教育思想和教育理论的影子。掌握了教育理论，可以拓宽教师思考问题的视角，了解他人的见解，丰富教师自身的教育教学理论体系，深化教师的思考和反思；同时，还有助于教师直面教育教学中的真实问题，分析问题产生的原因，提出解决问题的思路与设想。

（2）在教育理论的若干概念中迷失自我。

当今教育处于转型期，各种理念、名称层出不穷，教师常常会感到无所适从。在点评时，“种子教师”有时会羞于表达，担心说出来后被认为观点太幼稚，或者不甘于落伍，借用理论研究者的话语方式，采用各种时尚的理论给自己的点评打底，反而远离了教师的教育教学实践，成为理论研究者话语的附属品，失去了教师特有的语言。“种子教师”要做到积极自我反思，站在专家的肩膀上，形成自己的教育理解，并将其应用于实践中，而不是迷失在若干的教育理论中。

2. 整体结构表述的困难

点评要有条理，即点评内容需要有结构、有联系。“种子教师”整体结构表述的困难，主要表现在以下三个方面。

(1) 提炼主题的困难。

主题是点评者表达的对客观事物的基本观点或看法。缺乏主题，点评内容就会变得不知所云。“种子教师”要从材料中，从发言者的讲述中提炼出点评的主题来，发掘教育教学的本质。发掘事物的本质的过程就是一个对事物进行分析、概括和综合的过程。

(2) 理清思路的困难。

“种子教师”在做点评时，有时候会有不知道从何谈起的感觉，这是思路不清所致。没有搞清事物的来龙去脉，抓不住事物本身的意义，难以把整个材料连接起来，就会导致没有头绪。思路不清也是对材料没有做出深刻思考的表现，有时候会出现想到哪里就说到哪里，缺乏整体的构思与设计，范围不清，缺少整体把控的能力。所以在点评前列一个提纲，优化点评的结构，对材料进行整体规划非常重要。

(3) 重点点评到位的困难。

点评时要抓重点，分析要深刻，如果对所有的材料都平均用力，势必会造成说不清、说不透的局面，达不到点评应有的目的。点评中要有重点、抓本质，找到影响整体的材料，对其进行比较深入、详尽的阐述，才能够做到一针见血。

以上是“种子教师”点评困难的几个方面。从优秀教师成长的经历来看，点评是“种子教师”成长的重要途径，点评同时也是对自己思维的一种训练与自我经验的反思。

(二)“种子教师”点评需要做的准备

“种子教师”在点评前要结合个人阅读和教学，有意识地做一些准备工作，以提升自己的点评效果和点评能力。“种子教师”点评的准备工作主要包括阅读和写读书心得，参加集中研修、论坛和学术交流活动。参加集中研修，就是在倾听和研讨中深刻地反思与领悟，不断改进教育教学实践。参加论坛和学术会议，就是在聆听与交流中深刻感受新的教育思想的冲击，使自己在教育最新的前沿上不断学习和思考，完善自身的科研素养。

1. 阅读和写读书心得

阅读和写读书心得，是通过阅读与作者交流，借助写作来表达思想。

(1) 从阅读中得到充实。

著名教育专家朱永新教授说，一个人的精神发育史就是他的阅读史，教师的阅读史就是他的精神底色，也是他的教育蓝图。“种子教师”研修课程中就有“阅读”这一内容，阅读书目包括推荐图书与教师自选图书。阅读有助于解决教育教学中的困惑，可以促使“种子教师”成为“有思想的教育者”。不定期的片区读书沙龙，可以使“种子教师”在分享交流中成为爱阅读、会阅读的教师。

（2）从写读书心得中验证所得。

对于“种子教师”而言，仅阅读还是不够的，在阅读之后写读书心得是一件很有必要的事情。把读书的心得、体会或所见所闻的一部分记录下来，或摘录有价值的观点、材料、数据，或表达自己的见解，可以加深理解，锻炼思维，扩大视野，增强学以致用的能力，并逐渐增强自己的理论修养，形成自己的理论观点。

2. 参加集中研修活动

“种子教师”研究项目的研修形式分为集中研修与自主研修两种。“种子教师”集中研修强调研讨，通过研讨，研修者可以理解体会交流内容，将他人的讲座和经验，有选择性地整理加工，内化到自己的认知结构中，并通过研讨进一步优化。这样就可能实现“种子教师”教育行为和理念的深刻变化，也为“种子教师”的点评做了演练。

3. 参与论坛活动

思想是在交流与碰撞中产生的。教师在阅读的过程中不断积累个人感悟，通过写读书心得等梳理自己的思想，同时还需要通过适当的途径与他人进行交流。在当前教育正在发生着巨大变化的背景下，我们要认识到个人的局限性，所以可借用论坛的方式分享智慧，用团队的力量成就“种子教师”个体。除了参加上述片区集中研修活动外，参与论坛活动同样是一个很好的途径。通过论坛，“种子教师”可将来自教学一线的困惑、矛盾和问题展示出来，相互交流处理这些问题的经验，在论坛的交流中，“种子教师”可以打造自身的学术领导力，增强专业自信和基于学科教育实践理解的话语权以及影响力。

参加集中研修活动和论坛活动对“种子教师”点评的重要性，主要体现为以下三点。

第一，集中研修的研讨和论坛的互动需要参与者根据主题，对自己的教育教学进行回顾、梳理、提炼、裁剪，选取典型事件，这本身就是一个总结、反思的过程。在研讨和互动中，通过与他人的讨论与交流，教师可以不断加深认识，改进实践中的教育教学行为。

第二，在对话与碰撞中教师可以加深对理论的探索和理解。论坛中的相互倾听与对话研讨，有助于教师学会从多角度思考问题、扩大视野，同时也能激发教师更深层次的探索，并在此过程中理解和消化一些理论观点。

第三，能够让教师过上有主题的生活，使他们充满自信，认可自己所做的事情，并对自己的教育教学行为进行个性化的设计，形成自己的教育教学观，从而获得公开表达自己观点的勇气，拥有接纳批评、加强反思、提高自我的气度。

4. 参加学术交流活动

学术交流活动一般会有某方面的专家、权威人士对主题发表看法，阐述相关主题研究的现状，提出未来的发展动向，引发对现存问题的思考。学术交流活动往往也要公布一些研究成果，一些新的构思、新的理论和新的发现。借助学术会议，教师可以了解一些前沿的观点和研究，并加入自己的思考，可以在以后的点评时适时地引用，从而使自己的点评内容和观点能够紧跟时代的步伐。“种子教师”除参与学术交流活动以外，最好能够争取到在会议上发言的机会。有质量的发言对“种子教师”的专业成长很重要。这样既可以引起同行的关注，同时也会受到教育专家的看重，从而营造良好的个人成长环境。

要想使发言有质量，“种子教师”需要提前做到：第一，对于研讨的主题，必须尽可能多地收集相关资料，全面把握有效信息；第二，对收集到的资料进行梳理，明确结构，确定关键点；第三，发现新的问题，并就其中的某一个主题进行资料查阅，对问题进行深入剖析；第四，抓住主题，明确几个关键点，搭建一个结构，草拟发言内容；第五，必要的时候，可以事先练习几次，注意表述要详略得当、观点明确、结构清晰。

（三）像专家那样点评有助于提升“种子教师”的研究能力

教育专家主要是指对教育领域某一方向的理论或者实践有较为全面、深刻、超前的理解和认识的专业人士。教育专家的点评对教师进行研究内容的改进和成果的提炼，以及提升理论认识、改善教育教学实践、促进专业发展都有帮助，特别是专家针对某些教育研究问题的深刻剖析，能够提升和优化教师的教育教学研究。美国著名教育家、哈佛大学教育改革领导小组负责人托尼·瓦格纳在《教育大未来》一书中提出了21世纪需要的创新型人才必须具备的七个关键能力，其中就有评估与分析信息的能力，点评能力就是其具体的体现。像专家那样点评，从促进教师发展的策略层面上来看，是“种子教师”走向研究型教师的必备技能，也是必经之路。这不仅能够促进他们与同伴之间进行更多的沟通交流，还能激发大家的创新活力，有利于新思想的形成，进而有利于提升“种子教师”的研究能力。

（四）教师点评需要有自身的语言体系

法国著名社会心理学家古斯塔夫·勒庞认为，一旦群体形成，他们就拥有了一种集体心理，外显为他们的语言体系。中小学教师也具有他们这个群体的语言体系。日本学者佐藤学说，教师的知识是实践性知识，在此基础上形成的教师语言体系就有别于教育理论研究专家的语言。中小学教师的研究是在教育教学场景中发现问题，并持续反思、改进自己的教育教学实践活动，属于实践研究。其研究的成效主要体现为问题的解决与实践行为的变革，因此，它具有自身的研究话语。而且在研究的实践中，教师也会逐渐认识到，他们需要一种恰当的、符合自己实际情况的表述方式。而当这样的话语形式发展到一定程度时，就会形成与专家话语并行的表达形式，教师不再“用自己的嘴巴说别人的语言”，不再一味地用专业化的术语、理论化的词语进行点评，而是具有了自身的研究话语和个性化的话语。

教师使用自身的语言体系点评，需要做到以下几点：

第一，用一线教师常用的语言和真实案例的表达方式。作为一线教师的“种子教师”，他们的感受和分享多源于现实教育教学生活的真实案例。这些案例本身就有情节，教师在点评时基于细节的生动表达，可以推进他们对问题的认识水平，提升他们解决实际问题的能力，并使同行感同身受，产生共鸣。

第二，在独立思考的基础上借鉴吸收。“种子教师”点评时要有自己的思想和观点，不要人云亦云，要从大量的研究资料中抽取有价值的论据，经过自己严格的分析、归纳、推理，得出令人信服的判断。

第三，语言文字要精练简洁，表达要准确完整，要客观地反映现实，语言上讲求有文采，不要生硬地讲道理。

【附录1】海淀区教科院吴颖惠院长总结实录

教育科研的价值和力量

“种子教师”研究项目目前做得特别好，也掀起了一个热潮，它也的确为海淀区培养出一些中青年优秀教师。

关于教育科研的力量，目前从海淀区的情况来看，教育科研的普及还有潜力可挖。在各个学校里面，也不是每位老师都在做科研，很多老师在做教育，包括做课程建设、做质量评价等。但是，老师们仍然对科研还有很多畏惧的心理，也有很多不同的说法。坦率地讲，教育科研不能解决教育教学中遇到的所有的问题，甚至不能解决教师教学设计和备课的问题。教育科研要解决的是思想的问题和认识的问题。

教育科研也不能解决老师们的很多现实问题，但是教育科研一定很有用，它能让我们的灵魂丰盈起来，让我们的思想丰满起来，让我们看问题不再偏激。现在，有时人们看问题过于偏激，已经进入某种思考问题的惯式，所以需要用一个知识分子的思维方式去思考，去看我们的教学，看我们的教育。我认为这就是教育科研的目的和作用。

教育科研可以让“种子教师”的职业生活不再倦怠，让大家的生活很丰富、思维不断在活动，这就是研究的力量。所以说，教育科研要解决的是人的思想问题、认识问题。而当这种思想和认识滋润到教师的工作当中去后，就是一种能力、一种素养，进而能影响到教师的教育教学行为。因为这样的话，教师就会有一种新的心态，包括看社会问题的心态、看教育问题的心态等都会跟别人不一样。然后再回到教育教学工作中去，教师采用的教育方法和教学方法也一定跟别人的不一样，这就是教育科研的作用。

我做了30多年的教育科研工作，从我个人的角度来说，我希望人人都搞科研。但是现在我发现让人人都做科研是一种理想，现在这个理想和现实之间的距离还很远。所以教科院才支持设立“种子教师”研究项目，我们希望从一部分人先做起，然后带动身边的人。每位“种子教师”回到学校以后影响周边的两三个人，这两三个人再影响他们周围的两三个人，慢慢改变的不是科研成果，也不是出多少论文，而是教师的思维方式、看问题的方式和生活的态度，或者换一种说法叫职业的生活态度、职业的生活情感、职业的生活方式。这样我们会更热爱这个行业、才能改革这个行业、改进这个行业，这个就是教育科研的作用。

非常感谢大家能够一直跟着杜卫斌老师参加这样一个项目，大家聚在一起聊一聊，说一说，让我们的思想有一点点的改变，在思想的碰撞中，在人和人的对话中，让自己生活得更有趣一些。所以希望大家一定跟着杜老师，一起把这个项目坚持下去。第一希望大家坚持，第二希望大家能把这个队伍壮大一些，我们每个人能够带动两三个人，让教师在学校讨论一些有思想内涵的问题，这样我们会活得更有尊严一些，我想这就是教育科研的价值和教育科研的力量。

【附录 2】海淀区教科院科研管理所严星林所长总结实录

"种子教师"成长为教育专家需具备的三个素养

特别感谢北京外国语大学附属中学，感谢曲校长、于校长，感谢霍老师，为本届论坛提供了优质的环境和条件。今天是我第一次参加在该校进行的"种子教师"研修活动，能够感受到各位是真的在参与研讨，状态非常好。同时也希望老师们能够对自己参与的研修活动情况及其对自身的影响，做一个总结和梳理。海淀区教科院有一个与北京师范大学合作的高级研修班，系统讲研究方法，以前只针对科研主任，以后我们也争取从"种子教师"里面选一批特别喜欢研究的老师参加这个高级研修班的学习，为"种子教师"争取这个机会，有利于"种子教师"科研方法和科研素养的提升。今天有个环节设计得特别好——像专家一样点评，希望大家往专家方向去努力。大家首先要有这个想法，其次要有这个自信。就今天大家的具体表现而言，我感觉大家应该有这个自信和条件。

那么，教育专家有什么特点？我总结为三点特质：(1) 教育专家有理论（这是我们的弱项）；(2) 教育专家有方法；(3) 教育专家有案例。

其具体内涵如下：

(1) 深厚的理论修养。对教育行业来说，教育专家要熟知教育学、心理学、社会学、逻辑学、哲学等人文学科的基本理论，把握关于人、组织和社会发展的基本规律。这种理论修养不仅仅需要记住和背诵一些教育理论知识，更重要的是还需要将其内化为一种教育的敏感和直觉。有时候我们说不出为什么，但是我们的敏感和直觉会告诉自己正确的是什么。所以能够感到，理论修养对我们的重要性。专家在面对各种各样复杂教育现象的时候，他们不仅说得出是什么，还会解释为什么，能解释背后的规律。

(2) 处理问题的方法。这里主要讲的是如何避免理论与实践的断层。聪明的专家，一定是把理论和实践打通了的。他可以从实践到理论，再从理论到实践，来回自由地穿梭。所以，一个好的专家一定不是光讲空的东西，一定会设计出一些方案、方法去指导实践。教育专家既要会设计方法、指导实践，又要跳出以往实际的经验和感性的事情，不能老是经验层面的重复，要发现它里面更深刻的规律和感知。在教育专家眼里，实践和理论没有截然的界限，每一个教育实践里都有理论的因子。每一个理论都是从大量丰富的实践行为中得出来的。所以理论和实践的贯通，是大家努力的一个方向。

(3) 丰富的教育案例。我们知道律师的成长离不开无数的诉讼案子，医生的成熟离不开大量的病例。作为教育专家，一定要有大量丰富的调研。我发现受欢迎的专家特别善于讲故事，他们能从真实的案例中发现教育的价值所在。所以，好的教育案例是理论和实践的结合体。案例绝不单纯是一个实践，案例本身就是一个理论和实践的结合体。所以大家一定要积累案例，我有这样一个观点：积累案例是教师成为教育专家的必经之路。

所以，我们“种子教师”要往这三个方向去努力——有理论、有方法、有案例。

第七章　教育科研“种子教师”研究项目结项报告

海淀区“种子教师”研究项目，旨在引导“种子教师”在学校教育教学实践现场，根据教师学习的具体特质，利用海淀区特有的优质资源，通过一次又一次的教育研修活动，在充分表达、共同分享、相互讨论的基础上，认识、学习和完成各项主题活动，不断提升“种子教师”自身的教育科研能力与水平，以教育科研的方式推动“种子教师”的专业成长，帮助“种子教师”实现从经验型教师向研究型教师过渡的目标。

一、项目的背景

当今的教育正在发生深刻的变化，也正处于转型之中，这就使得教师必须能够基于他们的实践研究，不断做出各种合理的调整，而不仅仅做某种抽象理论的简单执行者。据此，海淀区教科院设立教育科研“种子教师”研究项目，该项目以研修的形式进行。从 2014 年 10 月 22 日在北京市育英学校进行第一次活动开始，一直坚持着项目的基本原则，即把教师们所遇到的问题拿出来研究，把教师们研究的成果拿出来交流和分享。该项目注重行动，行走在海淀区各中小幼学校中，因此，海淀区教科院科研管理所严星林所长将其称为“科研行走的方式”。

1. 海淀区教师教育资源优势

海淀区一直被认为是北京的教育高地，拥有众多的各级各类名校、优质校，还有非常丰富的高校资源。在“十二五”规划期间，海淀区有区级及以上立项的教育科学规划课题 1000 多项，研究成果获得区级及以上各种奖励 300 多项，其中，获首届国家教学成果奖特等奖 1 项、一等奖 3 项；2016 年度海淀区全国教育科学规划课题批准立项课题共 9 项；2016 年第五届全国教育科学研究优秀成果奖，海淀区获奖 4 项，占全市 80%；2016—2017 学年度所提交的北京市基础教育科研论文较 2015—2016 学年度，总数增加了 237 篇，上升幅度为 9.98%，其中 1448 篇论文获奖，获奖总数比上一年增加了 312 篇，上升幅度为 27.5%。2017 年海淀区在职特级教师 214 人，市级骨干和学科带头人 366 人，区级骨干和学科带头人 4836 人。这些都为“种子教师”研修活动提供了非常好的资源条件。

2. 教师教育研究成为时代需要

随着科技发展的日新月异和信息时代的到来，学校教育面临近代以来未有之“大变局”。各种学习方式不断被提出，如何应对、理解和落实这些学习方式，要求教师要完成从教到学的转变。教师不但要善于教，更要善于从学的角度去建构新型教学及育人模式；不但要在所教学科上有较深的造诣，而且要能够超越学科，从培养完整的人的立场去关照课堂及一切育人细节；不但要上好课，还要致力于开发校本课程、创建微课甚至慕课，等等。学校普通教师面对如此迅猛的变化，解除困惑并不断适应需要，仅靠“上好课”已无法解决，唯一能够“依靠”的方式就是教师教育研究。20 世纪 50 年代美国教育家劳伦斯·斯滕豪斯提出了“教师要成为研究者”，而不仅仅是知识的“搬运工”的观点。时代的变化和需求，让教师重新认识了研究的价值与意义，并主动投身于教育科研活动之中。海淀区各级各类课题申报、科研论文和研究成果数量近年迅猛增长，也从另一个维度印证了教师的困惑和教师教育研究的需求。

3. 教育科研“种子教师”研究项目的设立

2017 年海淀区教职工 3.2 万人，其中有 8 年以上教龄的教师占 70%以上。研究表明，在教师职业生涯发展的过程中，职业生涯发展中期阶段的教师在专业发展水平上会出现分化：一部分处于职业生涯中期的教师成长为“教育思想型”教师，一部分发展为“教学风格型”教师，还有很大一部分教师则未能形成自己的教学风格和特色。① 前两类教师无疑是成功型教师，究其原因，是他们在做研究，但这些研究或多或少有一些自发行为在里边。如何由自发到自觉，从而保持海淀区基础教育的优势，是一个重大课题。对此，海淀区教科院吴颖惠院长认为，突破高原期促进教师继续发展的关键因素，就是教师的研究能力。海淀区教科院有责任也有能力为进入职业生涯中期的教师搭建一个平台，让进入这个阶段的教师尽可能发展成为研究型教师。为此，2013 年 12 月，海淀区教科所出台了《海淀区教育科研“种子教师”评选与管理办法（试行）》（其首页截图如图 7-1 所示），旨在发现教育科研骨干分子，形成教育科研的“种子教师”团队，带动更多教师走上教育科研道路，不断提升海淀区教师群体的学术能力和专业化水平。该办法还提出了“种子教师”评选的五个标准：立德树人，热爱科研；热爱读书，乐于学习；注重提炼，勤于笔耕；善于思考，勇于创新；精于管理，服务他人。按此标准，

① 李琼，王恒．小学教师的专业生涯发展类型：一项聚类分析[J]．教师教育研究，2012，24(3)．

经过评选，全区产生了 284 位“种子教师”。其中学段方面，学前教育 20 人，小学 127 人，中学 133 人，其他类型 4 人；学科方面涉及语文、数学、英语、物理、化学、生物、政治、历史、思想品德、地理、美术、音乐、体育、心理、信息技术、科学、综合实践等。

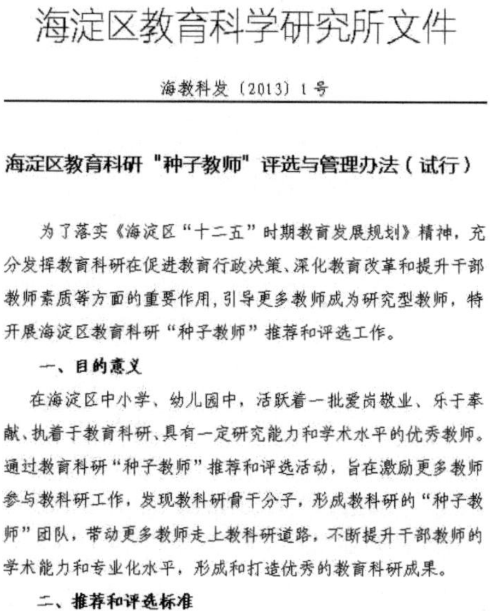
海淀区教育科学研究所文件

海教科发〔2013〕1号

海淀区教育科研"种子教师"评选与管理办法（试行）

为了落实《海淀区“十二五”时期教育发展规划》精神，充分发挥教育科研在促进教育行政决策、深化教育改革和提升干部教师素质等方面的重要作用，引导更多教师成为研究型教师，特开展海淀区教育科研“种子教师”推荐和评选工作。

一、目的意义

在海淀区中小学、幼儿园中，活跃着一批爱岗敬业、乐于奉献、执着于教育科研、具有一定研究能力和学术水平的优秀教师。通过教育科研“种子教师”推荐和评选活动，旨在激励更多教师参与教科研工作，发现教科研骨干分子，形成教科研的“种子教师”团队，带动更多教师走上教科研道路，不断提升干部教师的学术能力和专业化水平，形成和打造优秀的教育科研成果。

二、推荐和评选标准

图 7-1 《海淀区教育科研“种子教师”评选与管理办法（试行）》文件首页

二、项目的目标

（一）项目研究的目标

海淀区教育科研“种子教师”研究项目的总目标是，让“种子教师”由经验型教师发展成为研究型教师。

在教育科研“种子教师”评选之初，我们对这个群体在年龄、任教年限、学习的意愿、能力和专业发展水平等方面都有所考虑。从评选的条件来看，“种子教师”可以定义为具有一定教育教学经验，需要进一步学习的经验型教师群体。

1. 经验型教师

经验型教师目前没有一个明确的概念，但是关于教师成长过程，学者们有一个广泛的认同，即教师的成长期是工作开始的 1～3 年，而成熟期是工作后的 3～5 年。因此，从一般意义上来讲，一名教师至少要经过五年的教学实践，才可以被称为经验型教师。

经验型教师的正向特点：① 有扎实的知识基础，② 能整合和运用不同的知识，③ 能基于过去的经验做出直观的判断，④ 想要研究并解决各种教学问题，⑤ 了解学生的需求和学习状况，⑥ 能够有意识地落实教学目标，⑦ 能够较好地运用教学策略，⑧ 能够意识到学习环境对学生学习的重要性，⑨ 教学的灵活性强，⑩ 能够有效地进行备课。

经验型教师的负面特点：① 教学方法上，知识传授方式容易出现“一言堂、填鸭式”；② 教学决策上，可能固守结论，机械地按决策行事，对教学计划缺少前瞻性的态度；③ 在处理教育理论与实践的关系上，顺从权威并且过多依赖固有的经验，在教学中缺少创新。

2. 研究型教师

研究型教师是指在具有多元知识结构和娴熟教学技能的基础上，还具有一定的科研意识和科研能力，乐于在教育实践中不断地探索教育规律和教育方法，并能自觉运用先进的教育思想和方法指导实践，提高教学效果，提升自身的专业化水平的教师。[①] 可见，研究型教师具备良好的知识理论修养、一定的科研意识和科研能力。

研究型教师是教师专业化的要求，是教师自身发展的要求。如果大多数教师都能成为研究者，那么教师的专业性、自我形象和社会地位就会得到改善。所以，研究型教师的培养是支撑学校可持续发展的根本策略。

三、项目集中研修的特点及其分类

1. “种子教师”研究项目集中研修的特点

（1）集中研修有主题。

每次集中研修活动都有一个主题。因为不同学科学段的教师都可以参与研修，所以集中研修的主题会比较宽泛，例如，有涉及目前教育改革的一些热点问题的主题，或者结合形势需求的主题。

（2）充分利用区内各校资源，极大丰富了“种子教师”研修的课程资源。

片区研修可以使用片区内的学校资源，各校教师的研究课为研修活动提供了课程和教师资源，也提供了研讨的资源。借助于这种教育研究现场的资源，研修活动能够与教育实践相结合。海淀区教科院为研修活动提供的专家引领，以及在研修活动中通过交流研讨而产生的思想成果，都可以成为“种子教师”研修的共享资源。

（3）研修研讨有创新的可能性。

“种子教师”团体是由跨学校、跨学科、跨学段的教师群体组成的，所

① 赵敏.怎样成为一名研究型教师[J].江西教育，2007(Z2)：47-48.

以，集体研修活动跨学校、跨学科、跨学段。这是一个学科背景、研究经验不同，但具有科研精神和思想的团队，可以使得团队成员的知识结构互补，有利于形成知识冲突，突破思维定式、有所创新。比如海淀片区鲁小凡老师提出，实践课程在各个学段都在进行，各学段不能各自为政，要有一个“全人观”，幼儿园、小学、中学阶段的实践课程，到底要培养学生哪个方面的素养，要有一个研究，可利用好片区“种子教师”跨学段的特点进行此方面的研究，并形成课题进行持续的研究。

（4）“种子教师”团队是有实践学习型组织理念的研修共同体。

学习型组织理念的实质就是通过常规化的组织学习，不断自我超越，开拓创新，提高效能，实现组织的持续发展。[①] 共同体追求的是一种价值观的趋同和行为目标、组织目标的一致，即“志同道合”的观念和行为团体。这种团体组织可以是紧密的，也可以是松散的。教师专业学习共同体是一种以教师自愿为前提，以分享（资源、技术、经验、价值观等）、合作为核心，以共同愿景为纽带，把教师联结在一起，使其互相交流、共同学习的组织。[②] “种子教师”团队涉及 138 所学校，从总体上看，学习渗透到研修团队的各个环节，“种子教师”可在不断学习、研讨交流中实现自我发展和超越。

2. “种子教师”研究项目集中研修的分类

（1）从集中研修内容角度划分。

从集中研修内容角度，“种子教师”研究项目集中研修可分为研讨型研修活动和科研方法培训型研修活动。

① 研讨型研修活动。

“种子教师”走进各学校，感受课题研究背景下教师是如何将研究落实在课堂教学中的。具体流程：确定研修主题→“种子教师”走进课堂，感受科研影响下的课堂→课后研讨活动：学校主管教育科研的领导介绍学校特色课题研究，授课教师介绍研究背景下课堂教学的变化，“种子教师”交流研讨；或者直接就某一话题直接进行有层次、有梯度的研讨。

② 科研方法培训型研修活动。

通过组织培训，可以使“种子教师”掌握基本的研究方法。培训方式可以是讲座或灵活的互动，如二里沟片区组织的“教育科研方法专题培训——如何撰写开题报告”培训活动。

（2）从集中研修的方式角度划分。

从集中研修的方式角度，“种子教师”研究项目集中研修可分为“种子教

---

① 温恒福，张萍. 学习型组织的实质、特征与建设策略[J]. 学习与探索，2014(2).

② 王小毅. 基于专业学习共同体的名师工作室建设[J]. 小学教学研究，2016(31).

师”的“专场”型研修活动和“种子教师”参与学校活动型研修活动。

①“种子教师”的“专场”型研修活动。

这是一种确定主题，专为“种子教师”研修而设计的活动。如东升片区组织的“聚焦课堂、思考课堂、高质课堂——走进育新学校，研讨‘思维课堂’”研修活动，以及北部新区片区组织的“以课例为载体，以问题为主线的校本研修系列——‘低、小、多、快’在教学中的实践与研究”研修活动等。

②“种子教师”参与学校活动型研修活动。

各学校本身有一些重大的教育教学研修活动，“种子教师”可利用这个机会，参与学校的教育教学研修活动。比如双榆树片区组织的“跨学科整合”的研修活动。

四、项目的主要成果

（一）探索了教育科研促进教师专业发展的四种实践模式和项目保障机制

在三年的“种子教师”研修实践中，项目组探索了教育科研促进教师专业发展的四种实践模式：以科研共同体为核心的实践模式、以科研选题为核心的实践模式、以课例研究为核心的实践模式、以专业阅读为核心的实践模式。这四种实践模式在本书第二、三、四、五章中都有详细的叙述，这里不再赘述。在项目实施中，逐渐形成和完善了项目保障机制。

1. 片区负责制和课题项目负责制相结合

“种子教师”团队是一个涉及 138 所学校的群体，可以说是目前海淀区一支涉及面最广的教师研究团队。为切实有效地给“种子教师”提供帮助，在组织管理上，项目组主要以地理位置为依据，对“种子教师”按片区进行了划分。“种子教师”划分片区及相应负责人如表 7-1 所示。

表 7-1　“种子教师”划分片区及相应负责人

片区	负责人
东升	丁　新（单位：首都师范大学附属育新学校）
二里沟	霍霖霞（单位：北京外国语大学附属中学）
双榆树	姜　华（单位：北京中法实验学校）
四季青	何耀华（单位：北京市第十九中学）
北部新区	姜　兴（单位：北京中法实验学校）
西苑	庄　严（单位：北京大学附属小学）
海淀	王吉根（单位：北京市海淀区万泉小学）
五棵松羊坊店	郭学军（单位：北京十一学校）

在片区划分基础上，“种子教师”团队还进一步衍生出以课题组、项目组为单位的新的组织形式。北京一零一中陈默老师以“国家课程校本化《美术鉴赏》的行动研究”课题为依托，将有同样需求和研究兴趣的教师发动起来，形成了跨学校、跨学科的研究团队，不定期开展研修活动，进行展示、交流和分享。这种蜂窝式的课题组或项目组，以后会继续落地、发芽、成长，虚弱层级化，突出扁平化。

2. 学分制引导

“种子教师”研修分为集中研修与自主研修两种，学分计入教师继续教育学分的必修学分中，一年共计4.4学分。其中，集中研修（片区集中或全区集中）一学期记1学分；自主研修主要通过“网络＋自主阅读＋具体问题解决”等形式进行，一学期记1.2学分，“种子教师”主要的学习方式与途径是自我指导学习，而不是强制性的灌输和说教。“种子教师”依靠自己或者在他人的帮助下，逐步建立问题意识，主动诊断自身的学习需求，规划学习目标，选择和使用恰当的学习策略。学分修满，即为研修合格，获得合格证书。

3. 明确各方职责

项目组研讨制定了《海淀区教育科研“种子教师”申报与管理办法》和《海淀区教育科研“种子教师”研修片区负责人工作指南》等规章制度，明确了“种子教师”、片区负责人和海淀区教科院等各方的职责。

（1）“种子教师”的职责。

“种子教师”三年内要完成相应的学习内容，获得专业发展，努力成为研究型教师。具体职责：按照要求完成每学期的研修任务，参加每学期片区或全区组织的集中研修活动，并积极参与研讨；完成每学年一次的科研论文的征集和研修活动总结；参加“种子教师”论坛；积极参与“种子教师”专项课题申报工作。

（2）片区负责人的职责。

片区负责人是“种子教师”研修活动的策划者和组织者，要为参与研修的“种子教师”创设有意义、有价值、有获得感的学习体验。片区负责人既是同伴学习的促进者，也是高效的组织者，其具体职责是策划组织集中研修活动。根据片区具体情况，片区负责人可自主安排“种子教师”的研修活动，每学期两次集中研修；协助或独立策划组织“种子教师”论坛，参与评选“种子教师”论文；发现优秀“种子教师”，并在片区内采用一定形式宣传优秀“种子教师”；建立片区“种子教师”联系群，及时与“种子教师”取得联系。

（3）海淀区教科院的职责。

海淀区教科院负责“种子教师”研究项目整体进程的策划，并为研修活动提供政策和资源支持。其具体职责是宏观指导，为“种子教师”及其研修活动提供政策上的支持；协助支持片区负责人组织片区研修活动，提供各种服务；及时总结、宣传片区研修活动。

4.“种子教师”论坛制度的形成

以论坛形式进行学术引领与分享，打造“种子教师”的学术影响力，增强“种子教师”的专业自信和基于学科教育实践研究的话语权。2015 年 4 月 17 日，以“科研促发展”为主题的首届海淀区教育科研“种子教师”论坛在北京实验学校（原立新学校）成功举行（图 7-2 为本次论坛会场），来自海淀区各校的“种子教师”和学校教科室主任 350 多人参加了此次论坛。本次论坛取得了预期的成效，也积累了成功的经验，展示了学校教师的研究成果，教科院科研人员通过点评肯定了教师的研究，学校通过承办同时也展示了学校的科研工作，专家的报告使“种子教师”获得很多启示。2016 年第二届论坛的形式相比第一届论坛有所变化：各个片区分别或者两个片区联合举办论坛，在 5 月间各个片区进行了一系列的论坛活动，实现了“人人参与体验、研讨、交流、表达”的初衷。各片区开展的论坛活动主题不一、形式不同，对此，海淀区教科院高培志副书记做出了高度评价：第二届“种子教师”论坛，化大为小，化整为分，论中有研；针对问题，论中有动；现场交流，论中有想；理性思考，论中有导。之后，“种子教师”团队又举办了第三届论坛活动。这三届论坛共评选出一等奖论文 69 篇，二等奖论文 125 篇。借助论坛这个平台，“种子教师”团队打造并形成了一批优秀的教育科研成果，并逐渐展现出“种子教师”的影响力。

图 7-2 首届海淀区教育科研“种子教师”论坛会场

5．开展了一系列的主题研修活动，对当前的一些教育热点问题进行了研讨和回应

到 2016 年 12 月，“种子教师”集中研修活动共进行了 35 次。从研修的

主题来看，都是目前学校关注和急需开展研究、解决的问题。经过集中研修，教师们更加关注教育实践。通过研讨、相互启发、开展行动研究，同时，通过系列科研方法的培训，提升了“种子教师”的学术研究能力，这有利于“种子教师”开展研究和带动学校科研工作的发展。

6．搭建了以课题研究为主的教师成长平台

海淀区教育委员会（以下简称“海淀区教委”）陆云泉主任认为，优秀教师是海淀区教育的宝贵财富，要建立起层级的、立体的优秀教师成长计划。“种子教师”研修活动是一种打破学校、学科、学段界限的跨界综合研修模式。“种子教师”研修活动也有别于一般的教研活动：形成教育性思想，而非仅仅是学科性思维。海淀区教科院李艳莹老师归纳“种子教师”这个群体的三大特质分别是：不断进取、引领示范、科研先进，即“种子教师”这个群体是有进取心，有一定研究素养，有影响力和教育情怀的群体。从2015年起，海淀区区级课题中专门开设了“种子教师”专项课题。截至2018年，“种子教师”专项课题共计立项43项，其中重点关注课题10项，重点课题14项，一般课题19项（详见表7-2和表7-3）。海淀区教科院与北京师范大学合作的“海淀区中小学科研骨干教师研究能力提升”项目中也有了“种子教师”的身影，项目突出了“种子教师”运用科研方法，开展以问题解决为导向的课题研究。

表7-2　海淀区2015年度教育科学规划（“种子教师”专项）课题立项目录（共18项）

项目级别	序号	学校	负责人	课题名称
重点关注课题（8项）	1	北京师范大学实验小学	朱凌燕	小学语文高年级发展性阅读的行动研究
	2	首都师范大学附属小学	武文静	小学戏剧教育课程的建构与实践研究
	3	首都师范大学附属小学	孙明焱	基于绘本应用的小学高年级英语拓展课程的实践研究
	4	北京市海淀区羊坊店第五小学	刘　冬	思维导图在小学中高年级语文阅读教学中的应用研究
	5	北京市海淀区中关村第一小学	杨雪飞	小学低年级融合课程中绘本应用研究
	6	北京一零一中	陈　默	国家课程校本化《美术鉴赏》的行动研究
	7	北京市育英学校	曲诚雁	小学低年级英语评价形式活动化的探究与实践
	8	北京市信息管理学校	闫双丽	职业高中班级企业化管理实践的研究

续表

项目级别	序号	学校	负责人	课题名称
重点课题（5项）	1	北京大学附属小学	王利宁	北大附小第一学段博雅阅读共读策略研究
	2	北京大学附属小学	刘桂红	“Reading Circle（阅读工坊）”辅助小学英语教学的策略研究
	3	北京师范大学实验小学	陈　梅	积极心理学视野下，小学低年级绘本剧团体辅导课程的实践研究
	4	北京市海淀外国语实验学校	粟新航	小学低年级英语阅读教学的研究
	5	北京明天幼稚集团	刘光洪	利用《颜氏家训》推动幼儿园教育教学活动中的实践研究
一般课题（5项）	1	北京市八一学校	曲红茹	基于我校九年一贯制的学生发展，探讨英语课程的设计与实施
	2	北京外国语大学附属中学	雷　蕾	普通中学政治教学中提高课堂提问有效性的实践研究
	3	中国地质大学附属中学	刘明霞	在物理教学中培养小老师促进学生学业成长的实践研究
	4	北京市清河中学	李宝辉	话题导学下初中英语写作作业设计与实施初探
	5	中国人民大学附属中学	程　岚	高中英语文学阅读课程的开发与创新实践

表 7-3　海淀区“十三五”教育科学规划（“种子教师”专项）课题立项目录（共 25 项）

项目级别	序号	学校	负责人	课题名称
重点关注课题（2项）	1	北京理工大学附属中学	卢子丽	中学教师职业压力源与心理调适策略的实践研究
	2	北京市八一学校附属玉泉中学	邢庆芳	中学物理低成本实验资源的开发和利用研究
重点课题（9项）	1	北京交通大学附属中学	李　波	初中学生礼仪习惯养成教育的实践研究
	2	首都师范大学附属中学第一分校	王　佳	沙盘游戏在初中心理健康教育中的实践研究
	3	中国人民大学附属中学分校	王　旸	基于混合式学习的高中阶段整书阅读实践研究
	4	北京市北达资源中学	朱文娟	如何应用微课来促进初中生英语学科核心素养的培养
	5	北京市海淀北部新区实验学校	陈礼琴	精设主题单元学案构建语文高效课堂的实践研究

续表

项目级别	序号	学校	负责人	课题名称
重点课题（9项）	6	首都师范大学实验小学	肖　爽	小学科学信息学科学生实践活动的教学策略研究
	7	北京市海淀区清河第一小学	王红艳	小学家长微信群对于语文学科教学作用的研究
	8	北京市海淀区培星小学	肖东辉	依托社区资源构建科学实践活动体系的实践研究
	9	北京市盲人学校	赵　瑜	基于网站的视障儿童家庭教育指导信息平台的开发研究
一般课题（14项）	1	北京师范大学第三附属中学	董彦雷	思维工具在语文教学中的应用研究
	2	北京实验学校	陈红伟	初中英语课堂进行文化渗透教学的行动研究
	3	北京市北达资源中学	马芳懿	基于实验探究的初中化学校本课程开发
	4	北京交通大学附属中学二分校	高宇栋	中学数学与信息技术课堂教学中基于微课的教学模式的行动研究
	5	北京十一实验中学	成丽君	通过数学活动提升学生数学素养行动研究
	6	北京中法实验学校（原北京市温泉第二中学）	李　英	中学生命教育课程体系设计与实践研究
	7	北京市上地实验学校	武玉霞	数学史与初中数学教学整合的研究
	8	北京农业大学附属中学	周淑玲	改变初中数学实践活动课鸡肋地位的实施与研究
	9	北京市建华实验学校	鲁海洁	小学低年段 phonics 拼读教学的翻转课堂模式研究
	10	北京市海淀区七一小学	田　雨	音乐课唱歌教学中的音准训练方法研究
	11	北京市海淀区七一小学	史晓宁	课堂教学中学生交流合作策略的行动研究
	12	北京市海淀区八里庄小学	白　敬	小学语文课堂阅读教学中小组合作学习策略的行动研究
	13	北京市海淀区今典小学	杨璐鹭	北京市海淀区今典小学数学实践活动课的行动研究
	14	北京市海淀区六一小学	王立辉	提升小学生几何直观核心素养的行动研究

（二）探索了教育科研促进经验型教师发展成为研究型教师的途径与策略

1. 经验型教师发展成为研究型教师需要经历的三个阶段

北京市教育科学研究院原副院长文喆认为，“教师研修”的“研”就是互相讨论，“修”是自我修学、修身和自主学习。我国教育专家张铁道认为，教师研修既是对教师已有经验的反思提炼，也是对他们新的学习经验和学习过程的预设、引领和全程体验。教师是具有专业知识和实践经验的成年学习者，所学内容必须与其已有实践经验相联系并加以整合，才能激发他们的学习动机，进而有效拓展并内化为他们的知识与行为。可以看出，专家认为教师研修不仅要有教师自己的修，更多的是要有开放式体验、研讨。因此，教师研修活动的组织者要组织富有挑战性的学习，以满足学习者的专业发展需求。

从前期对“种子教师”的调查来看，大多数“种子教师”希望研修的形式是理论提升与教育教学实践相结合、操作性强、贴近一线的讲座、参观、阅读分组研讨等，以及利用网络平台传播的广泛性、即时性、交互性等优势，开展线上线下全方位的研修，同时希望有集体讨论、分享故事等。所以，项目组在策划“种子教师”的研修活动时，力求使其成为研修者积极参与其中，与研修者自身既有知识经验内化整合，以及触及研修者教育行为和理念并使之深刻变化的学习过程。据此，“种子教师”研究项目欲使经验型教师发展成为研究型教师，需要经历三个阶段：感知阶段、体验阶段和领导力建设阶段。

（1）感知阶段，感知教育科研在教育教学实践中的应用。

这个阶段主要是让“种子教师”走进学校、了解各校的教师教育教学研究，通过听研究课、研讨交流，清楚教师是如何进行研究，如何将研究落实在教育教学实践中并指导教育教学实践工作的。

（2）体验阶段，加强教育科研方法的学习。

在感知阶段的基础上，利用片区内的课题资源，增加科研讲座、科研方法培训，使“种子教师”了解科研的基本方法，重点在通过研讨，实现科研方法与感知经验的有机结合。

（3）领导力建设阶段，运用教育科研，促进专业发展。

在这个阶段，“种子教师”可以独立承担课题研究，同时，在课题研究中应用研究方法，组建研究团队，逐渐成长为研究型教师，并在片区活动中展示课题研究的研究内容、方法和策略等。

2. 开发了适用于“种子教师”成长的研修课程并形成了与此相对应的师资

适用于“种子教师”成长的研修课程主要有：阅读、写作、观摩课、研讨、论坛和科研方法系列讲座等。

（1）阅读。

阅读的图书包括海淀区教科院为“种子教师”推荐的30本图书，以及教师个人研究领域涉及的书籍。采用教师独立阅读和读书沙龙等形式，推动教师的阅读能力的提升。

（2）写作。

写作包括课后反思、教育随笔、研究论文等的撰写，写作的过程也是教师选择研究对象、形成研究思路、完善研究内容和凝练研究成果的过程。这也是诊断“种子教师”研修效果的手段之一。通过写作提炼，“种子教师”进而可以感受教育科研对自身专业成长的促进作用。

（3）观摩课。

片区集中研修深入课堂，了解围绕课题研究下的课堂，发现研究状态下的课堂，形成专业视角下的观摩课。

（4）研讨。

围绕研修主题，进行真研讨、真碰撞，使研讨的过程成为课题研究深入和推广的过程。

（5）论坛。

当前的教育正在发生巨大的变化，“种子教师”要认识到个人的局限，并要学会借助团队的力量。海淀区教科院科研管理所严星林所长曾经强调，“种子教师”要开放心态，打开视野，多走出来，多交流，打开思维，要打破学科、学段的界限。论坛就是一个很好的开放交流形式。在论坛上，教师相互交流教育教学中遇到的实际问题和处理的方式，将来源于教学一线的困惑、矛盾和问题，由研究的成果变成行动，不是坐而论道，而是立即行动，寻找学科教学规律，构建新型课堂。通过分享交流，教师相互启发，拓宽视野，交流成果，点燃思想，增强友情。通过论坛，教师可以展示自己的思想力量、自己的视野，以思想易思想，并传递着自身的价值观。

（6）科研方法系列讲座。

一是利用集中研修的时间，安排科研讲座；二是录制系列科研讲座，通过微信平台发布。讲座教师有教科院的专职科研人员，也有“种子教师”片区负责人。

与此相对应的课程师资团队也逐渐形成：一是项目团队的同伴，他们在研讨中相互启发，分享心得。二是承办校的优秀学科教师，他们的研究课和他们分享的研究成果，都成了“种子教师”研修活动的资源。三是海淀区教科院的科研人员和“种子教师”片区负责人，他们参与研修活动并对研修活动进行指导。例如，连续三届“种子教师”论坛，吴颖惠院长都亲临现场做指导；高培志副书记进行科研方法的讲座；严星林所长对“种子教师”研修活动的指导形成了系列点评——《科研“种子教师”发展的三个结合》《科研对教师教育教学的启示和影响》《“种子教师”要养成一种用科研行走的方式》《“种子教师”，要发自内心地走研究之路》《研究的力量》等；海淀区教科院的江虹、邬盛鑫、方丹、文军庆、李艳莹、侯兰等教师也分别参加了研修活动。四是高校和科研单位的专家，他们参与研修活动并对研修活动进行指导，对有价值、有意义的课题研究进行“1＋1 跟进指导”。以上四个方面共同形成了支持“种子教师”研修活动四个层面的课程师资团队。

（三）经验型教师发展成为研究型教师的研修活动策略

1. 研修主题要突出实践性和实用性

每次“种子教师”研修活动都有比较明确的主题，这些主题都来自教师的教育教学实践。研修活动要引导“种子教师”在行动中研究问题、解决问题，能够将教学实践性知识策略化、逻辑化，即教师能研究、会写作。“种子教师”研修活动区别于一般意义的教研活动，它更重视研究。研修活动要利用教师已有的实践经验和研究经验，在“专业学习”和“实践改进”之间形成一个有机的互动和能力构建的通道，将实践经验和实践研究转化为“种子教师”的方法论，从而使研修活动的实用性得到提升。“种子教师”研修活动主题包容性强，不同学科学段的教师都可以参与。比如针对《北京市实施教育部〈义务教育课程设置实验方案〉的课程计划（修订）》中关于中小学实践课程开展的要求，海淀片区进行了“实践课程培养学生什么素养”的主题研修活动。

2. 采用打通学科、学段、学校界限的融通研修方式

“种子教师”团队是一个来自不同学校，在年龄、阅历、学历、任教班级、学习意愿和能力、专业发展水平等方面都存在诸多不同的群体。这就决定了“种子教师”研修活动必须是一种打破学校、学科、学段界限的融通式研修活动。其特点是：保持中、小、幼学段学科的打通，探寻教育的本质；关注课堂与学生发展；关注教师研究与学校发展；了解各校的发展和研究特色，拓宽“种子教师”的视野。这种开放融通的研修方式，突破了传统研修相对单一的局限，可以提升教师的综合育人能力，帮助教师形成教育性思想而非仅仅是学科性思维。

3. 研修活动关注成人学习理论

教师作为成人，其学习是主动建构、实践知识的过程，是基于现实问题的学习，他们往往会主动将自己的课堂和学生作为研究对象和研究内容，所以教师学习也是一个知识创造的过程。“种子教师”研究项目从一开始就关注

到了“种子教师”的成人身份，在研修活动中不是将“种子教师”当作被动的接受者，灌输知识和技能，而是遵循成人学习的特点，重视“种子教师”，尊重“种子教师”独立的自我概念，相信“种子教师”对自己学习的原因、目标等都有准确的把握；重视“种子教师”的个人经验，经验在成人学习中发挥着不可或缺的关键性作用。成人学习通常以问题为中心，而不是以学科为中心。“种子教师”研修活动以问题为切入点，让“种子教师”积极主动地参与到研修活动中来，而问题的解决又将促进“种子教师”持续、全面的专业发展。现代的成人学习理论强调在“共同体”中学习，“种子教师”就是在“种子教师”的研修共同体中通过研讨交流实现自我发展和超越的。

4. 研修活动中突出“研讨”

“种子教师”集中研修活动强调突破以往研修活动中的薄弱环节——研讨，克服只“听”而少“研讨”的弊端。通过体验式的研讨，可以让更多的研修者积极参与其中，使他们将研讨内容与自身既有知识经验内化整合；通过了解他人成功的经验，学习者可以认识到自身的不足，并选择性地借鉴和吸收他人正向的经验，解决自己的问题；通过相互影响、加深了解、互相启发，分享者可以把分享的内容内化成自己新的经验；学习者也可以把自己的成功经验分享给其他人，从而得到外界的认可和重视，使其产生强烈的成就感和满足感，进而促使其不断学习，达到进行有意义学习的效果，使研修真正成为触及研修者教育行为和理念并引起深刻变化的学习过程。例如，在二里沟片区研修活动中，花园村第二小学的白雪老师以“最近发展区究竟在哪儿”为题，梳理自己的“种子教师”研修心得，这些分享使得现场研讨变得真实、生动，充满感染力。图 7-3 为二里沟片区“种子教师”这次研修活动的分组讨论现场。

图 7-3 二里沟片区“种子教师”研修活动分组研讨现场

5. 坚持与教育变革方向的一致性，研修活动突出人性化、选择性和多样化思路

（1）人性化。

人性化，简单地说，就是以人为本的研修思路，站在人的立场，站在教师需求的立场来考虑研修活动的设计。如“种子教师”在研修活动中，感受到了阅读的重要性，使如何进行有效、专业的阅读成为“种子教师”成长中的需要。二里沟片区负责人霍霖霞老师适时地组织了“阅读，让我们成为‘有思想的教育者’”这一与阅读有关的主题研修活动。

（2）选择性。

理想的研修活动是开放且有选择性的。让研修者能选择最适合自己的主题，在保证基本品质的前提下，把选择的自由还给研修者，这是未来教师研修的发展趋势。项目组在组织每次片区集中研修活动之前，都会将研修主题和内容通过微信平台推送的方式告知“种子教师”，“种子教师”可以根据自己的需要，选择跨片区参加研修活动。例如，五棵松羊坊店片区郭学军主任根据“种子教师”的需求，尝试策划了“如何撰写开题报告”“教育叙事文体的撰写”“实践教学核心素养策略与工具分享”等主题，推出可供片区“种子教师”选择的菜单式的研修活动。

（3）多样化。

与选择性相适应的就是多样化，因为没有多样化就没有选择性，更谈不上自由。多样化应该是未来教师研修的一个非常重要的特征。“种子教师”30多次集中研修活动，有30多个不同的主题。

（四）形成了“种子教师”评价方式，为项目第二轮开展做了一些必要的准备

项目组研发了《教育科研继续教育学分认定表》作为结业认定，“种子教师”根据《海淀区首届教育科研“种子教师”结业自评量化标准》（如表7-4所示）进行自评，片区负责人根据大家的自评材料进行核实认定，评选出优秀“种子教师”。首届“种子教师”共220人结业，评选出36位优秀“种子教师”。这些探索为项目第二轮开展提供了必要的参考依据，为探索经验型教师向研究型教师发展提供了实践经验，在此基础上项目组编制了《海淀区教育科研“种子教师”申报与管理办法（修订稿）》和《“种子教师”研修手册》，为项目第二轮开展提供了研修指南。

表 7-4　海淀区首届教育科研“种子教师”结业自评量化标准

姓名		学校		所属片区及联系方式		
评价项目	评价维度	具体内容	评价说明	标准	权重	得分
自主研修	研究基础	阅读	阅读教育研究相关领域书籍、收看“种子教师”平台等发布的科研方法讲座视频或文字材料	阅读 10 本及以上书籍 10 分	10	
		写作	撰写的研修总结、教育随笔、论坛征文、论文等获奖（2015—2017 年“种子教师”论坛征文获奖）	一等奖：20 分 二等奖：15 分 三等奖：10 分 撰写：8 分	20	
集中研修	规则意识	考勤	参加集中研修的出勤情况	全勤 15 分 每缺勤一次扣 3 分	15	
	交流合作	研讨	在“种子教师”片区集中研修活动中，参与研讨、交流、展示	有专题发言 25 分 有研究课 25 分 代表小组汇报 15 分 积极参与研讨 10 分	25	
	研究能力	主持课题	承担区级及以上课题的情况（2015、2016 年度）	主持区级及区级以上课题 25 分 参与课题项目 10 分	25	
		参与课题	参与课题研究的情况（2015、2016 年度）			
研修贡献	团队意识	策划活动	为片区集体研修活动献计献策等	片区负责人根据实际情况给分，最高分为 5 分	5	
合计：					100	

（五）在实践探索的过程中，形成了一些阶段性成果和公开发表的论文

在促进“种子教师”专业发展，促进经验型教师向研究型教师转变的途径与策略方面，项目组及“种子教师”取得许多有意义的研究成果，这些成果以公开发表的论文为主（如表 7-5 所示）。这些论文主要从项目研究的实践探索、理论背景、现实意义、实际成效、“种子教师”成长和项目特色等方面做概述总结。

表 7-5 项目组及“种子教师”公开发表的论文

论文题目	作者	发表刊物及时间
一种扎根教师教育实践的科研方式	杜卫斌 严星林	《中国教师》2016 年 9 月 15 日
种子教师研究项目：一种专业成长的实践范式	吴颖惠	《中国教师》2017 年 3 月 15 日
走向“专家型教师”的研究之路	严星林	《中国教师》2017 年 3 月 15 日
成人学习理论视角下的教师教育研究——以北京市海淀区教育科研“种子教师”研究项目为例	杜卫斌	《中国教师》2017 年 3 月 15 日
且行且思，种子教师在研究中成长	何耀华	《中国教师》2017 年 3 月 15 日
种子教师研究项目中的读书活动设计——以二里沟片区“阅读，让我们成为‘有思想的教育者’”活动为例	霍霖霞	《中国教师》2017 年 3 月 15 日
种子教师研究项目：架起理论与实践的桥梁	王吉根	《中国教师》2017 年 3 月 15 日
种子教师研究项目的“温度”与“锐度”——以西苑片区种子教师研究项目为例	徐　征 庄　严	《中国教师》2017 年 3 月 15 日
重塑阅读力，提升教师素养——记“阅读，让我们成为‘有思想的教育者’”种子教师研究活动	雷　蕾	《中国教师》2017 年 3 月 15 日
最近发展区究竟在哪儿？——从一节课分析种子教师研究项目对教师专业发展的作用	白　雪	《中国教师》2017 年 3 月 15 日

五、项目的评价

海淀区首届教育科研“种子教师”共计 220 人结业，结业率为 78%，其中 36 人被评为优秀“种子教师”。“种子教师”研究项目得到了海淀区教委、海淀区教科院、各学校领导和“种子教师”的认可、肯定与支持。在 2015 年全国“中国好老师”行动计划区域推进会上，海淀区教委陆云泉主任就海淀区“种子教师”的研修活动做了专题介绍，给予了充分的肯定。在第二届海淀区教育科研“种子教师”论坛上，海淀区教科院吴颖惠院长肯定了“种子教师”研修这种为海淀区培养中青年优秀教师的方式。海淀区教科院科研管理所严星林所长认为，每次“种子教师”研修活动都抓住了海淀区学校科研的特色，展示了学校科研成果，每一次研修活动都让人充满了期待。北京市教科院的綦春霞老师认为，海淀区“种子教师”研修活动具有一定的创新性和较强的实践价值，收到了预期的效果，发挥了“种子教师”在区域的示范、引领和辐射作用。北京师范大学实验小学特级教师陈延军在评审“种子教师”申报的课题时说，“种子教师”申报的课题基于教学实践中的问题，严谨务实，课题申报书撰写规范。北京师范大学第三附属中学的韩丽君老师说，这种跨界研修，使教师们有机会了解到不同阶段的教育有不同阶段的鲜明特点，从而对学生教育成长的过程有了更加全面系统的思考。“种子教师”研修活动也被《海淀教育》《海淀报》《现代教育报》和《中国教师》等媒体相继报道。图 7-4 为《中国教师》对海淀区教育科研“种子教师”研修活动的报道截图。

TEACHER'S JOURNAL

海淀区教育科研种子教师专项研究

编者按

北京市海淀区教育科学研究院（以下简称“海淀教科院”）作为基层教育科研机构，拥有多年广泛组织和带领教师参与“群体教育科研”的经验。近年来，又创立了“海淀区教育科研种子教师研究专项”（以下简称“种子教师研究项目”），这一新型教师专业发展模式，旨在引导教师在学校实践现场中，通过一次又一次的教育研究活动，在充分表达、共同分享、相互讨论的基础上，认识、学习和完成各项课题或项目研究任务，不断提升自身教科研能力与水平，培养更多推动教育改革的“种子力量”，促进区域教育内涵发展和品质提升，形成指向研究型教师的专业发展新范式。

图 7-4　《中国教师》对海淀区教育科研“种子教师”的报道截图

六、项目进一步研究的问题与思路

“种子教师”研究项目要避免朝两个方面的发展：一是被教育理论吓倒，走向教育教学研究教条化；二是只关注本学科的教学研究，只在乎经验，只研讨教研，只关注把课上好，走向教育教学技术化。教育专家张铁道认为，在一般的教师研修活动中，大家更关注学习理论性的知识，而对介乎理论和实践之间的方法论知识未能给予足够的重视，而方法论知识往往能够连接理论和实践，是促成二者相互转化的加工机制和实践智慧，造成行知脱节现象的缘由往往在很大程度上是因为方法论知识与应用能力的缺失。所以，教师研修课程应该帮助教师获得如下学习体验：使教师有机会就自身教学实践经验进行反思、总结、交流，借助自身研究过程，将实践经验转化为方法论知识，再内化为教师的教学能力，即“体验性学习—分享性学习—建构性学习—概念性学习”的过程，要把体验做足。同时，“种子教师”要做到能够使用教育理论对研究的问题进行解释，站位要高，视野要广，既要了解一些理论，还要知晓当下的教育研究热点，这样的研修活动才能够使“种子教师”真正有所获得。在以后的课程设置中，项目组要考虑增加教育理论的学习和教育研究热点的介绍，在“种子教师”研修活动中既要重点考虑教师交流研讨，还要重视方法论的学习，从而打通理论和实践之间的隔膜，逐渐实现知行的统一，实现“种子教师”从经验型教师向研究型教师的转化，并带动更多教师走上教育科研的道路。

附录一　专家点评引领项目发展

科研“种子教师”发展的三个结合

严星林

今日活动的主要意义是希望我们能够形成一个教师发展共同体。如何形成一个共同体？第一是明确愿景。大家团结一致确认共同完成的事情是什么，即目标要明确。第二是科研教师的发展。“种子教师”的发展要在三个方面进行：一是与学生发展相结合，眼中有学生，把学生工作放在第一位，这是一个根本问题；二是与学校发展相结合，关注学校的发展，有意识地与学校的发展结合起来；三是教师的自我修炼，教师要坚持专业阅读与专业写作方面的锻炼。

我希望每次活动都有固定的内容：第一，保持中小幼打通研修；第二，要有研究课，教学是我们最关注的问题，课后各位可以交流经验和感受；第三，要多组织读书分享活动，每次至少分享交流一本书。另外，还可以增加对学校特色的介绍及承办经验的分享。

感谢育英学校，感谢各位老师无私的分享。张艳霞主任对科研工作全面的分享非常精彩。刘江主任对如何衔接相关工作的分享，对一线老师的启发非常大。虽然每个学校的具体情况不尽相同，但是从衔接的角度、方法上，刘主任提供的模板值得各位参考。同时要感谢尹宏老师、张海英老师和孟丹老师，这三位授课老师的课程内容及分享，对我们产生了很大的启发。最后感谢李卫云老师关于阅读的分享，李老师的分享对小团队如何阅读一本书，如何分享一本书，具有很好的启发。非常感谢我们“种子教师”的热情参与，教科所将以最大的努力为各位老师提供更大的平台、更好的发展机会。

（2014 年 10 月 22 日五棵松羊坊店片区“种子教师”研修活动点评）

科研对教师教育教学的启示和影响

严星林

首先衷心感谢北京市温泉第二中学对活动的支持，感谢姜兴主任对活动的组织，感谢三位授课教师为大家呈现了优秀的课堂氛围。

北京市温泉第二中学的研究具有独特性："低、小、多、快"。"低"就是"低起点"，"小"就是"小步子"，"多"就是"多活动"，"快"就是"快反馈"，非常适合北部新区的学生。我认为，有效的学习需具备几个条件。从学习者的角度来看，第一，考虑学习者已有的学习经验，即教学的起点，也就是学生已有知识的起点。学生的实际起点低，所以教学的起点低。第二，学习者的主动性，若无主动性，有效的学习是不会发生的，所以要关注学习者的主动性。第三，学习者思维的投入，需要组织活动以促进学习者思考。从外部条件来考虑，第一，学习材料的呈现，这是影响学习是否有效的一个因素，教师在备课时对此要有充分的思考。第二，学习环境的创设，学习者学习时的物理环境、心理环境等对学习都是有影响的，要为学生创设合适、宽松、安全的学习环境。第三，学习结果的反馈，如果教师对学生的学习情况没有反馈，将不利于学生进行有效学习。从有效学习的条件来看，"低、小、多、快"是符合有效学习的规律的。因此，温泉第二中学的研究内容及它反映在学习有效性方面的成果是比较深刻的，值得其他学校参考。科研不落实在课堂中，对学校来说，它的实效性就大打折扣，所以，我们不能停滞于只是做课题、发论文。

对"种子教师"来说，把思路打开，不局限于学科方面，需要在交流的基础上拓展思路，以使自己达到更高的层次。

教师面临的问题到底是什么？我认为主要有这样几点：第一，如何把握学科方向；第二，如何关注学生，把握学生的身心发展规律，了解学生各个年龄阶段的认知特点；第三，关注教师自己，《教学勇气》这本书给我最大的启示在于，它里面提出了一个命题：教师如何关注自己，要是忽略这个，教师要达到高层次就很难。比如，窦桂梅老师的语文课讲得特别生动，而我自己又讲不了这么生动，怎么办？这需要找到一个和自己性格、特长结合的点，内心不要有冲突，否则学不来，还会非常焦虑。《教学勇气》中所说，如果找到一种适合自己的教学方式，你就会觉得很自然，也会很自信。非常希望"种子教师"能够发展起来，建议老师们多看看《教学勇气》，找到适合自己的教学方式。

"种子教师"要做一个主动者，做一个有心人。在这里我对大家提三点要求：第一，要写教学日记或者教学反思；第二，要持续地关注一个问题，下学期我们将为大家提供一个平台——区级规划课题，为平时一直关注某一问题的解决并尝试着把它申请为区级课题的“种子教师”提供专项课题申报机会，大家可以早做准备；第三，大家要把自己的教学反思、案例积累下来，我们会积极向《海淀教育》推荐。总之，我们希望能够为大家提供更大的平台，帮助大家成长。

（2014 年 11 月 27 日北部新区片区“种子教师”研修活动点评）

“种子教师”，要发自内心地走研究之路

严星林

在听完老师们的自我介绍后，不知道大家有什么样的感受？这是一个非常特殊的团队，在这个团队里面，有幼儿园老师、小学老师、中学老师和特教的老师。这种研修是科研方式的一种创新，这样的团队也是一种创新。那么，这样的一个团队能够做什么？我们希望“种子教师”一起探讨。作为一个新的事物，幼儿园教师、小学教师走进中学的课堂，以后中学教师也会走进幼儿园的课堂或小学的课堂，大家可以看看在科研状态下，中、小、幼的课堂是一个怎样的状态？这些工作对“种子教师”个人有什么作用还无法预知，若从事科研之路，其中的用处需经过自己的探索去发现。做研究就是要视野开阔，各位“种子教师”一定要利用好现在的这个平台。

请老师们关注《“种子教师”研修手册》前几期的主题，这些主题是学校打造的办学特色，每次确定的主题都是学校的亮点内容。第一次研修活动是在育英学校举行的，大家一起学习了它的中、小、幼衔接一贯制教育。第二次研修活动是在北京市温泉第二中学举办的，我们一起学习了温泉第二中学提倡的“低、小、多、快”。第三次研修活动是在首都师范大学附属育新学校举办的，主要是关于思维课堂的学习。今天，我们一起走进交大附中，感受“幸福课堂”。“幸福课堂”这个概念提得非常好，抓住有趣、有参与、有成就三个要素，就抓住了“幸福课堂”的核心。下一次，“种子教师”研修活动还会推出哪一所学校，非常令人期待。

非常感谢今天为大家授课的老师。非常幸运走进了刘洋老师的课堂。听完刘洋老师的讲课，我认为：第一，刘洋老师的学科素养非常高；第二，刘洋老师的研究能力非常强。我感觉刘洋老师是在研究中做教学的。刘洋老师这节课的部分内容对学生来说也是比较抽象的，他将这些抽象内容用图像表现出来，很好地训练了学生的思维能力——也就是想象与推理能力。下面，

我谈两点感受：第一，目标设定的依据。为什么将想象和推理作为目标？因为课前通过对学生视频学习情况的了解，发现学生对新学内容存在认知障碍，说明学生的想象和推理存在问题，因此依据这个确定了课堂教学目标。课堂目标怎么定？我认为是学生的问题在哪里，课堂目标就在哪里，这是教学的一个原则。第二，刘洋老师在课堂上做的点评具有鲜明的特点。有一位学生在回答完问题后，刘洋老师不断追问，要确定这位学生是不是真懂了，并且引导他思考有没有其他可能性？这是合理的想法，是总结的火花。有个同学打断回答问题同学的思路，刘洋老师告诉他，“不要搞学术权威”“推理的步骤出问题了”“推理必须是严密的”，以及“这句话太值钱了”，这种评语点燃了学生的思想。刘洋老师之所以能够做出如此的点评，我认为有三个关键点：第一，就是教师的教育观。教育观就是将学生观、学习观、教学观综合起来。你认为学习是什么，你如何看待学生，这些会影响教师的点评。第二，教师必须要有本学科深厚的知识功底和学科素养，包括对学科本质的认识，否则就发现不了学生的话意味着什么。“这句话太值钱了”，为什么这句话值钱？因为教师将其与学科联系起来，学生的这句话能够反映出这个学科的核心思想，所以它特别值钱。“不要搞学术权威”，这是什么？这就是学生观。第三，课堂上，在思维和想象方面学生表现出的能力是看得见的，刘洋老师借用信息技术手段，将学生的思维呈现出来，学生在课堂上掌握情况如何，如何能够及时反馈到老师那里去，以前的教学上因为技术等原因，没有顾及这些方面，导致老师不能及时发现学生的问题。

最后，对所有的“种子教师”，我提两点要求。第一，作为“种子教师”，大家要发自内心地走研究之路，这条路很辛苦，也不是所有人都能够做研究、做课题的，但作为科研“种子教师”，大家有这个潜力，所以一定要有一个自我认同，做一个幸福的、想法和行为统一的人；第二，海淀区教科所也会全力支持各位老师的研究。在海淀区“十三五”教育科学规划课题中将会成立“种子教师”的专项课题，老师们要为自己订一个研究主题、研究方向，否则研究就是无序的，将无所收获。我希望老师们通过课题研究，能对一个领域持续地关注下去。

（2015年3月26日双榆树片区“种子教师”研修活动点评）

“种子教师”研修活动的设计要关注教师的成长

严星林

参加今天的研讨会我非常激动。与第一次研讨交流相比，参加这次研讨会我有两点感触。第一，我感觉到了老师们的成长。究其原因，我认为，首先是要去实践。刚开始时，大家可能有恐惧、惴惴不安等情绪，但是都过来了。杜老师提到张铁道关于教师专业发展中的“引领能力”，在座的老师们除了实践能力、交流能力、研究能力三项能力以外，还应具备“引领能力”。片区负责人，就更要具备“引领能力”，并且要在组织协调活动中不断提高这种能力。其次，片区负责人要有开放的心态，没有开放的心态，就无法发展。一般老师主要关注教学，如要再发展，就要打开自己。第二，就是我非常感动。在感动之余，教科所还要加大支持的力度，要为片区负责人创造更好的工作条件。

根据老师们的交流，我有以下几点建议。

第一，老师们要去思考这个项目要做什么？这个团队是一个什么性质的团队？需要明确的是，“种子教师”研究项目要落在一个主题上，即关注教师的专业发展（或者说是教师成长）。学科是教师专业成长的大背景，和一般教师的专业发展相比，“种子教师”的专业发展要突出其科研素养，这可以作为片区负责人设计研修活动的核心思路。我们要通过研究型教师的培养，以及和“中国好老师”项目的对接，助力“种子教师”的成长。

第二，关于科研工作的评价标准问题。什么是好的科研工作？我觉得应遵循“三有标准”：一是有成果。科研区别于一般行政性的工作，在做完之后，要考虑成果是什么？而有成果的前提是什么？是要有研究，如果没有研究就完成了工作，那么也就没什么成果。所以，我们在组织片区活动或者是研究课题的时候就要思考，活动之后，会有一个怎样的成果？这个成果可能是一种模式，也可能是一种策略，或者是其他形式的内容。这个需要在设计研修活动之前就要考虑到。二是有影响。如何做到有影响？我认为有两个办法：第一个办法是要做活动，做有成果的活动，做有成效的活动，影响自然就好；第二个办法就是宣传，要有宣传的意识。三是有队伍。工作过程中是否组建了一支队伍，也是评价工作是否成功的一个指标。队伍建设是否成功的标准是“两个有”，即有骨干、有凝聚力。片区负责人平时做工作，可以对照“三有标准”，看是否能够达到。

第三，关于“种子教师”管理、评价的问题，这个学期要研制一个标准出来，过程性的管理要有一个考核，以后评选时就可以参考这个标准。

第四，建议片区负责人对以下四个问题进行思考：① 研修活动的设计中，要围绕有利于教师专业发展（成长）的大主题去考虑，要突出培养教师的科研素养。“种子教师”研修活动要落在教师专业发展上，在设计活动时，要把这个目标考虑进去。② 研修活动要考虑是否能够做到有趣、有情、有理、有用，要努力让研修活动有温度，能够打动人。往往打动人的活动并不是内容上有多精彩，而是能使参与者受到“情”上的冲击，这种情绪体验的力量是非常强大的。所以，科研活动要有理，要有高度，这样活动效果就会好一些。③ 要思考如何总结提炼经验，思考哪些活动对“种子教师”成长和发展有效。我们给“种子教师”提供了阅读、写作、观摩课、研讨、论坛、科研系列讲座等课程，在组织研修活动时，我们可以试着去总结、提炼，比如“阅读”课程对教师专业发展有效的成功经验有哪些？能否通过研修活动使教师有体验、有体会？为什么研讨对教师的成长很重要？在参与研讨之后，“种子教师”对研讨内容的触动有多大？到底效果在哪？这些都要去总结和提炼，要把研究思路带进去，比如，你可以观察“阅读”对教师所起到的作用，然后将其经验提炼总结出来。④ 宣传的思考，发出自己的声音是非常有必要的，它不仅是为了个人，更是为了团队发展的需要。

总之，非常感谢各位老师的辛勤付出。

（2015 年 9 月 15 日区“种子教师”研究项目新学期工作会讲话）

附录二　“种子教师”研究项目系列活动微信报道（摘选）

让教育科研扎根成长，开花结果

——记五棵松羊坊店片区“种子教师”研修活动

2014年10月22日，五棵松羊坊店片区“种子教师”研修活动在北京市育英学校召开。本次研修活动的主题是“教师个人研究与学校整体科研的关系——以育英学校教师如何落实学校小初衔接课程为例”。五棵松羊坊店片区科研“种子教师”、片区负责人、一贯制实验学校部分教师、海淀区教科所相关教师共70余人参加了此次研修活动。

此次研修活动分三个部分进行：听课、研讨、读书分享。

参加活动的老师分别听了育英学校张海英、孟丹、尹宏三位老师并开的语、数、英三节课（下图为育英学校孟丹老师上课现场）。然后，参加此次研修活动的所有教师一起就刚刚听的三节课进行了研讨。研讨会上，授课教师

孟丹老师上课现场

就衔接研究如何落实在各自的教学实践中进行了讲解说明。育英学校校长助理、学部主任刘江老师以“做中国最有价值的教育之中小衔接”为题，从为什么要进行中小衔接课程的建设，怎样进行中小衔接课程的建设，中小衔接课程建设的效果怎样三个问题对育英学校的核心课题“小初高一体化课程建设与育人模式变革研究”进行了阐述。

育英学校课程研究中心的张艳霞主任以“让教育科研成为育英人的生活常态”为题，从对“什么是教育科研”的理解，育英人的常态教育科研，科研工作的管理，学校教育科研工作的一点思考四个方面对育英学校的教育科研工作进行了比较详细的阐述。

在共读一本书环节中，育英学校的语文学科主任李卫云老师从“就《教师阅读力》这本书谈个人的阅读感受”“有关教师阅读力这个话题”“分享我的近期阅读”三个方面进行了关于阅读这个话题的分享。

最后，海淀区教科所科研管理室的严星林主任对本次活动进行了点评。他认为，作为“种子教师”，其发展要做到三点，一是要与学生发展相结合；二是要与学校的发展结合起来；三是要坚持自我修炼——要坚持专业阅读和专业写作。他希望以后“种子教师”研修活动要保留三个固定的内容：要保持中小幼打通研修；要有听课评课活动，之后要进行交流研讨；要有读书分享活动。

此次研修活动不仅有科研落实，也有研讨交流、读书交流，还有理念引领。参与的老师普遍反映这次研修活动的实操性很强，通过这次研修活动，大家对教育科研有了更深刻的理解和认识。这对于落实《海淀区教育科研“种子教师”评选与管理办法（试行）》中关于“种子教师”的培养，也是一个有益的探索。

我们希望通过对全区 284 名“种子教师”的培养，发挥“种子教师”的引领作用，带动更多教师走上教育科研的道路，从而促使更多教师走上学术化和专业化的发展道路，增强“种子教师”的职业成就感和幸福感。这将有助于在全区形成良好的教育科研氛围，形成优秀的教育科研成果，进而可以有力地推动我区基础教育改革不断向前发展。

（杜卫斌撰稿）

科研行走　科研落地

——记首届海淀区教育科研“种子教师”论坛

教育科研是促进教师专业成长的重要路径，同时，教育科研也要“落地”。教育部副部长郝平认为，面对新形势、新要求、新技术，要拿出情况真实、分析深刻、见解独到的高质量研究成果。目前，随着科研落地的“种子教师”研修活动不断地开展着，“种子教师”研修活动也越来越被关注。2015年4月17日，以“科研促发展”为主题的首届海淀区教育科研“种子教师”论坛在北京立新学校进行，这是海淀区一线科研骨干教师对科研如何“落地”的一次集中展示。来自海淀区各校的科研“种子教师”和学校教科室主任共350多人参加了此次论坛。下图为老师们正在参加此次论坛。

“种子教师”正在参加首届海淀区教育科研“种子教师”论坛

整个论坛分“科研促学校发展”“科研促教师发展”“科研促教学发展”三个分论坛进行，来自9所学校的教师分别做了交流发言。

在“科研促学校发展”分论坛上，来自海淀实验中学的张荷老师分享了她的经验，她从2007年开始，持续6年关注于教育科研评价的研究；中关村中学的鲁小凡老师认为，学校科研管理要建设四个体系，即观念体系、组织体系、制度体系和文化体系；北达资源中学的邱青松老师认为学校科研要落到实处，需要学校领导示范引领，需要广大教师关注教育规律，教育科研应关注常态化的科研，要有组织、有规划、有秩序地进行。

在“科研促教师发展”分论坛上，亮甲店小学的徐筠老师用自己参加课题研究的经历，阐述了课题研究对教师专业发展的作用；海淀实验小学的王晓英老师认为，一线教师做课题一定不要求大，而要求小，只有小才能够深，才能够实，才不至于空；北京外国语大学附属中学的霍霖霞老师归纳了教师发展背后存在的一些问题和不足，并提出如何营造比较好的评比氛围的问题。

在“科研促教学发展”分论坛上，北京石油学院附属实验小学的綦宝珠老师结合本校的综合实践活动，分享了全面整合课程资源促综合实践活动常态发展的心得；北京市第二十中学的程磊老师以信息技术教学为例，谈了评价的有效方式；清河中学的黄志红老师分享了课后作业的设计与实践，体现了一线教师在教学中积累出来的教育智慧。

来自海淀区教科所的侯兰、王笑梅、张晓玉老师分别对上述三个分论坛中老师们的交流和分享进行了点评。

北京立新学校曾军良校长以“走在基础教育改革探索与创新实践的道路上”为题，为论坛致辞。曾校长回顾了该校发展的历史进程，同时，分别从“教育的改革从哪里来”“今天的学校究竟怎么管理”“学校远景规划的探索与创新”“一所学校怎么办”“干部培养和探索创新”“教师培养的探索与创新”“魅力课堂的探索与创新”“校园文化的探索与创新”“选修课程的探索与创新”等方面介绍了该校的现状和办学理念。

宁波市镇海区仁爱中学的刘波老师做了题为“阅读如何促进教师专业发展”的发言。他认为，教师阅读首先要基于教育，教师的阅读可以从以下四个方面考虑：第一，教育理论、教育名家的著作；第二，德育著作；第三，心理学类著作；第四，教育科研指导类著作。刘波老师认为，教师只有坚持专业阅读，才能获得专业成长。刘波老师还回顾了阅读是如何促进他本人的专业发展的经历，他强调，在今天这样一个大的背景下，教师要有一种“大阅读观”，读书、读报刊、读线上信息都是阅读的组成部分，阅读形式上可以将碎片时间变为黄金时间，根据自己的需要，为自己的阅读进行“私人定制”，做一个快乐的读书人。推动读书就是推动社会幸福，我们每一位老师自己爱读书，带动身边的人读书，就是推动社会进步的一种表现形式。

来自上海海事大学的魏忠副教授做了“未来体验：教育大数据的生产消费与决策管理”为主题的发言。他认为，铃声、班级、教案、教材和按照时间编排的流水线场景的学校教育模式，映射了工业化集中物流和经济批量模式，这种模式以数理为基础，以标准化为诉求，以等级秩序和结构稳定为必然条件，以牺牲小我实现系统目标为导向。从历史来看，每次技术的革命，都会带来信息载体改变之后的教育革命，而信息载体的成本和主流需求，是影响教育思想变革的关键因素。信息技术的时代，更多地强调互联网与跨界思维、大数据与用户思维、生命信息与生态思维。大数据时代的到来也将从根本上改变人类的学习方式，学生应该多在实验室活动，而不应该久在教室里端坐；教师与学校将会被重新定位，教育之美，使得在学校学习的学生能够充分感受到体验与可视之美；尊重生命与人性之美，通过个性化与人性化的美丽体验，教育将为每一个孩子留下二十年心灵的归宿。过去我们被教育“设计”，现在我们设计教育，为每个孩子设计他所需要的教育，创造导向。

在此次论坛上，教师相互交流教育教学中遇到的实际问题和各自的处理方式，使大家真切地感受到了科研对教育教学的促进作用。同时，我们也将借此平台，打造和形成一批优秀的教育科研成果，促进“种子教师”进一步发展，逐渐形成“种子教师”的影响力和领导力。

（杜卫斌撰稿）

科教融合，共同成长

——记海淀片区“种子教师”研修活动

2015 年 10 月 13 日下午，海淀片区“种子教师”的研修活动在北京市中关村中学举办，共计四十余名“种子教师”参加了此次研修活动。

此次研修活动分三个单元。

第一单元：课堂展示。此环节由北京市中关村中学的王爱平老师和袁月老师根据个人研究的课题分别进行了课堂教学展示。

第二单元：课题汇报。在此环节中，北京市中关村中学的袁月、王爱平和鲁小凡三位老师分别就“基于 PBL 教学法的高中学生英语听说能力培养的策略”“基于历史学科能力培养的课堂教学策略”“数学课堂渗透中国传统数学文化的案例研究”的课题研究与教学的融合，向参加此次活动的“种子教师”做了介绍。图为鲁小凡老师在向现场的“种子教师”做介绍。

鲁小凡老师在向现场的“种子教师”做介绍

第三单元：研讨交流。根据上述三位老师的课堂展示和课题研究，与会的“种子教师”分成五组，就“结合您的听课，您认为课堂上哪些方面能够体现授课教师课题的研究内容？课题研究与课堂教学的结合点如何选择？在繁忙的日常工作条件下，我们如何进行课题研究？您希望片区如何开展研修活动？您最期待的研修活动内容是什么？”等问题开展了讨论。

经过半个小时的激烈讨论后，各小组分别推荐一位发言人，向与会的“种子教师”汇报展示各组讨论交流的成果。北京市科迪实验中学的王修老师代表第一组发言。他认为王爱平老师的课以中国经济史为例，按照提出问题（历史现象）—学生探究（通过历史现象寻找、理解历史概念）—教师归纳总结（对学生成果纠正、提升）—学生深刻理解概念，提高解题能力（成果）的顺序，从题目多条线索寻找适合某一概念的条件，最终到概念，这是王爱平老师教学的最大策略，也契合了她的课题研究。海淀区培智中心学校的米洁老师代表第二组发言，他们小组是围绕“课堂问题”来讨论的，这个“问题”是来自教师预设？还是来自学生学习？袁月老师设计的问题，是源于她对学生的了解，教师给学生一些方法、工具，让学生逐步走向他们的目标。中关村一小的井兰娟老师代表第三组发言。就“在繁忙的日常工作条件下，我们如何进行课题研究？”话题，他们小组认为一线教师的课题研究要关注合作；团队研究要结合自己的实践，开展一些有针对性的小课题研究；要坚持做研究，随时记录，并定期进行学习和交流。人大附中的程岚老师代表第四组发言。他们小组认为，不管教师研究的是什么，最主要的是让学习在课堂真正发生，那么，以学生为中心的课堂是如何实现的呢？他们认为是P（Problem）＋B（Based）带来L（Learning）。什么样的问题才能使得学生成为课堂学习的主体呢？他们小组通过讨论，认为教师还可以再让出一些时间，让学生去展开讨论和小组展示。对什么样的评价能够促使学生的学习更加有效地发生这个问题，他们认为是自我评价和同伴互评，教师可以在学生展示之前将评价的量规抛出来。中关村中学的欧阳蕾老师代表第五组发言。他们小组认为老师透过问题表象，可以帮助学生发现学科的核心概念，并帮助学生把这些学科概念建立起内在联系。

海淀区教科所高培志副书记高度肯定了此次“种子教师”研修活动，他以教育科研的意义、现状为切入点，强调了教育科研贵在坚持和积累，并勉励了与会的“种子教师”。

（鲁小凡撰稿）

“研究让我学会去做一个专业的老师”

——记四季青片区“种子教师”研修活动

什么是开题论证？开题论证要解决的核心问题是什么？怎样的课题开题

报告才算是规范的？开题论证如何做更好？带着这些问题，四季青片区“种子教师”走进北京市第十九中学，参加了主题为“研究让我学会去做一个专业的老师”的研修活动。

本次研修活动分两个单元进行。

第一个单元，学习观摩课题开题论证。参加此次研修活动的“种子教师”分组观摩学习了北京市第十九中学王天红、范丽慧、吴倩倩、姚玉欣、李牧、归蕴璐、刘桂英、娄福艳和范立春九位老师的区级课题开题论证。海淀区教科所吴颖惠所长、海淀区教科所科研管理室严星林主任、王侠老师、侯兰老师、李艳莹老师、杜卫斌老师，十九中余晓灵校长、陈雪芬书记、杨芝萍副校长、万红副校长、檀晋轩副校长和贾小宇老师分别对课题进行了点评。在观摩了整个开题论证过程后，参加此次研修活动的“种子教师”分组就“对课题开题环节的理解和认识”话题进行了研讨。

第二个单元，分享与交流。中国人民大学附属小学的张宏光老师代表第一小组发言。他们小组认为课题研究主要是一个解决问题的过程，分四个步骤进行：提出问题—分析问题—提出假设—检验假设。提出的问题要小而具体、要聚焦，检验假设的时候，要求目标显性、可操作、可观察、可测量。

海淀区教师进修学校附属实验学校的张畅老师代表第二组发言。他们小组认为课题研究中要明确两点：第一，考虑要研究什么，课题研究方向要明确，要和学生的实际贴近，要使学生受益；第二，要思考研究方法是什么，研究方法要结合研究内容，而不是简单的方法罗列。

北达资源中学的朱文娟老师代表第三组发言。他们小组认为本次研修促进了大家对开题环节的认识和理解：提出的问题要是教师有一定研究和思考的问题；文献综述要对本研究有作用，要对文献进行提炼，不能简单罗列；研究内容要包括对概念的界定，研究目标和内容要明确；开题论证要说清楚为什么、是什么和怎么做。

首都师范大学附属小学的马艳芳老师代表第四组发言。他们小组认为开题报告要有三个要点：价值、清晰、规范。价值要立足于课堂教学中的基本问题和学生的发展；清晰就是清楚研究的内容，即在文献综述中要把文献和课题研究的关系理清楚，另外，目标、过程以及人员分工也要清晰；规范即行文要规范、环节要规范。

北京市第十九中学的王秀丽老师以“且思且行，走向专业”为题，以自己做的研究为例，介绍了她是如何在教育教学实践中开展课题研究的。王秀丽老师认为，在开始做研究的时候，理解和套用理论很有用；在研究进入比较成熟的阶段的时候，专家的引领很重要。她认为科研可以改变教师的思维方式，进而改变行为方式，具体要在教育教学中总是带着这样的思考：① 为什么要做？这么做有理论支撑吗？② 该怎样做？③ 这么做有用吗？王秀丽老师还以“暖”系列主题班会为例，分享了她班主任工作中的研究案例。她说，课题研究让她的思维方式发生了转变，遇到问题会思考了，让她学会了去做一个很专业的老师。下图为王秀丽老师在分享如何开展课题研究。

王秀丽老师在分享如何开展课题研究

海淀区教科所科研管理室的严星林主任强调，课题研究要用研究的思路来推动，开题论证要做到三个“清楚”，即清楚课题有什么价值、清楚要做什么（目标、内容、成果）和清楚具体的实践方案是什么（如何做）。课题负责人阐述开题报告时要做到“三说”，即说清楚、说过程、说效果。同时，他还与“种子教师”交流了两个话题：课题研究如何促进学校发展；课题研究要带给教师什么。他认为，课题研究可以改变学校的治理结构，可以培养教师的理性精神、聚焦问题的能力、诊断（评估）意识以及专业的自信和自尊。

通过参加本次研修活动，“种子教师”对开题论证的认识有所提高，增强了大家教育研究的信心——做专业的教师、从专业的角度做专业的教育，也使大家对研究的认识更加深刻，达到了预期的研修目的。

（何耀华撰文）

阅读，让我们成为“有思想的教育者”

——记二里沟片区“种子教师”研修活动

2015 年 12 月 16 日，二里沟片区“种子教师”齐聚北京外国语大学附属中学，共同分享阅读智慧，研究阅读问题。

二里沟片区负责人霍霖霞老师结合媒体数据和片区“种子教师”现场读书情况调查数据分析了当前的国民读书现状，通过中外案例说明了读书的重要性。

北京市海淀区定慧里小学的王欣老师分享了《教师的挑战——宁静的课堂革命》一书。老师们就如何尊重学生的主体地位、如何采取合作与探究的学习方式等问题，根据中小学不同特点进行了深入而热烈的研讨。

北京理工大学附属中学的孙冠芳老师结合自己多年的教育教学经验，以幽默的语言、生动的案例为老师们展现了《如何成为高效能教师》一书的魅力，她分享了此书中的三点：积极期望、课堂管理、掌握课程。

北京外国语大学附属中学的雷蕾老师则通过自己啃“硬骨头”式的书籍阅读，提炼出《如何阅读一本书》的精髓，为老师们介绍了阅读的三阶段和主题阅读的方法。

海淀区教科所杜卫斌老师还为本次活动送来了“意外惊喜”，他为大家邀请了《中国教育报》2014 年度推动读书十大人物候选人刘波老师，但因刘波老师时间冲突，他以文本对话的方式参与研修，与老师们“聊”阅读中遭遇的问题。刘波老师从专家的视角、结合自己丰富的阅读经验回答了老师们困惑已久的“如何坚持读理论性强的书籍”等问题，并为解决移动互联时代阅读碎片化的难题提供妙招：读无定式，贵在坚持；读无局限，贵在内化。

活动的最后，全程参与本次研修活动的海淀区教科所高培志副书记对教师阅读进行了高位引领。一方面，他建议老师们在阅读中处理好四个关系，即读书与实践的关系、读书与研究的关系、读书与积累的关系、读书与分享的关系；另一方面，对于如何撰写读书报告他也给了有益的建议。

以下是老师们参与此次活动的心得体会的节选。

读书的效果不会马上显现，但它会让你像流动的水一样，每一秒都和上一秒不同。它像一把钥匙，打开研究中困惑的大门。感谢这次充满思想碰撞的交流活动，感谢奉献出自己思想的“种子教师”们，期待下次再相逢！阅读，让我们成为“有思想的教育者”。

——花园村第二小学　白雪

今天来参加研修活动之前，我还在想这次活动可能就是大家谈谈读后感；而在参加研修活动后，我有了不同的感受：第一，霍霖霞老师介绍的内容使我感到读书的迫切性；第二，孙冠芳老师的文章使我真的受益匪浅，她说要有一个积极的期望，要相信学生，以及课堂管理要有规矩，这些都使我对自己的教育教学产生了反思和感悟；最后，教科所高书记的总结是此次活动的点睛之笔，使我对如何写读书报告有了一个清晰思路。总之，此次活动使我受益匪浅。工作期间很难有这么一个时间静下心来学习，对我来说是一个提升。

——海淀实验小学　马媛媛

（霍霖霞撰稿）

聚焦　研讨　引领　提升

——记第二届海淀区教育科研“种子教师”论坛（二里沟片区、北部新区片区）

2016年5月10日，第二届海淀区教育科研“种子教师”论坛（二里沟片区、北部新区片区）在北京外国语大学附属中学举行。

本次活动由海淀区教科院的杜卫斌老师和北京外国语大学附属中学的霍霖霞老师共同主持。中国教育科学研究院的曹培杰博士、海淀区教科院的吴颖惠院长及部分骨干科研人员、北京外国语大学附属中学的于昕悦副校长、海淀区“种子教师”项目片区负责人及二里沟片区和北部新区片区的“种子教师”共计60人参加了本次活动。老师们围绕“学习方式变革的实践研究”这一主题进行了充分的交流学习。下图为霍霖霞老师在主持本次研修活动。

本次论坛共分为四个单元。在“我们在行动”单元，第二届“种子教师”征文活动中脱颖而出的四位教师分别分享了自己的科研成果。

霍霖霞老师在主持这次研修活动

海淀区花园村第二小学的王向征老师就自己的研究成果《“互联网＋”时代下辅导学生个性化学习的实践探索》做了主题发言。王老师清晰地陈述了自己尝试借助互联网和学生微课的方式，来解决学生课后个别化辅导问题的研究过程，并谈了研究的成效与思考。

北京理工大学附属中学的严水冬老师带来他的研究成果——《翻转课堂在初中信息技术〈网站设计与制作〉教学中的应用》，他系统总结了自己在《网站设计与制作》的教学中应用翻转课堂教学模式的实施过程，并对研究成效及研究问题进行了总结反思。

海淀区上庄中心小学的陈燕松老师分享了《设计特色作业，落实减负增效》的研究成果。作为一名一线数学教师，陈老师立足学情，从学生的兴趣出发，变革作业形式，通过布置弹性作业、开放性作业、应用型作业等，让学生在数学领域探索思考，提高学生思维能力，减轻学生课业负担。

海淀区实验小学的吕庆红老师就自己的研究成果《小学数学合作学习的探索》做了主题发言。吕老师从学生学习现状出发，谈了自己组建合作学习小组、实施课堂合作学习过程中的心得，并强调了合作学习中教师发挥主导作用的内涵。

在“我们在思考”单元，“种子教师”分四个小组分别对上述某一个主题发言进行了点评。老师们思维活跃、思路广阔、各抒己见，讨论得相当热烈。讨论结束后，各组分别推选出一名代表进行了汇报。中国教育科学研究院曹培杰博士、海淀区教科院科研管理所的严星林所长和海淀区教科院的方丹、张禹老师也以“观察员”的身份进驻各组，对各组的点评发言进行了再点评和指导提升，使在场的每位老师对“如何进行点评”有了更清晰的思路，同时对研究论文或报告撰写的框架结构有了更宏观的认识。

曹培杰博士带来了“‘互联网＋’时代的教育转型”的主题报告。曹老师语言幽默，结合大量的图片、案例为老师们展现了在互联网的强大攻势下，教育对象和教育目标都发生了变化，与之对应，未来课程、未来教室、未来教学、未来学校形态都会有全新的发展变化。曹老师既有理论高度、又有实践案例的报告为“种子教师”打开了一扇窗，让老师们积极思考。通过现场探讨，老师们普遍感到自己任重而道远，需要不断加强学习研究，以适应时代的要求。

海淀区教科院科研管理所严星林所长对本次活动给予了高度评价，并向“种子教师”提出了科研工作的“三有”建议——有理论、有方法、有案例。

海淀区教科院吴颖惠院长表示，海淀区教委和教科院对“种子教师”研究项目一直都很关注和重视。她还就科研工作的意义进一步进行了阐释：在繁忙的教学工作过程中开展研究，能够丰盈灵魂，充实生活，能够促使大家成为一个有思想、有追求的幸福教育者。她希望“种子教师”能够产生影响，并带动周围的老师，在热爱教师职业的同时，能够促进教育事业发展。

本届论坛老师们分享了科研成果，进行了思想的碰撞和交流。专家们独到的见解，让在场的老师们深刻感受到了科研的乐趣和力量，也进一步增强了“种子教师”这个团队的凝聚力。

（霍霖霞撰稿）

教育叙事，一个与内心对话、滋养教师回归心灵的过程

——二里沟、东升片区“种子教师”研修活动

2016年11月17日，二里沟和东升两个片区的教育科研“种子教师”齐聚北京市二十一世纪国际学校富有特色的图书馆，以“教育叙事研究——讲述‘种子教师’自己的研修故事”为主题，进行本学期的集中研修。本次活动由二里沟片区负责人霍霖霞老师和东升片区负责人丁新老师共同组织策划。

北京市二十一世纪国际学校小学部主任兼课程中心主任喻淑双老师首先代表学校对这两个片区“种子教师”的到来表示热烈欢迎，并向老师们介绍了二十一世纪国际学校的办学理念、办学特色，尤其重点介绍了学校在校本科研、校本培训、校本课程建设方面的扎实实践和丰硕成果，使在场的“种子教师”深受启发。

然后，老师们共同观看了《春花初始共萌发，冬藏分享齐收获》短片，共同回顾了两年多来首届教育科研“种子教师”的片区研修历程。镜头中老师们一张张神采飞扬的笑脸，一个个思考研讨的表情，成为撰写研修故事的最佳出发点。

教育叙事研究作为促进教师研究与反思的重要形式，近几年引起国内教师们的热切关注。但大部分“种子教师”还没有真正抓住教育叙事研究的本质，因此，本次研修特别邀请了北京师范大学教师教育研究中心的吴国珍教授，吴教授为大家做了“教育叙事研究和心灵成长”专题讲座。吴教授通过分享大量一线教师的叙事研究案例和分析《教学勇气》一书中的重要章节，为老师们揭示了教育叙事研究的真谛——讲述内心真实的、微妙的、曲折的心路历程，是一种真善美的分享，是一个与内心对话、滋养教师回归心灵的过程。

为了将教育叙事研究与“种子教师”研修实践紧密结合起来，花园村第二小学的白雪老师和定慧里小学的刘丽伟老师分别以“最近发展区究竟在哪儿”“学习成长、蜕变”为题，与老师们做了交流分享。现场的分享真实、生

动，充满感染力，为研讨环节提供了生动、具体的资料。下图为白雪老师在现场分享交流。

白雪老师在现场分享交流

在研讨环节，各组的“种子教师”畅所欲言、集思广益。大家根据吴国珍教授介绍的教育叙事研究的方法和理论，对白雪和刘丽伟两位老师的研修故事进行了深入分析。老师们自选角度，既有对白老师和刘老师教学实践分享的思考，也有对“教育叙事与教学叙事的区别”的探讨，还有对“教育叙事和教学叙事的区别”提出的困惑。最后，吴国珍教授对老师们的研讨进行了总结性点评，对大家提出的困惑也给予了专业的回应。

“种子教师”项目负责人杜卫斌老师对老师们热情的参与态度和积极的研究状态给予了肯定，同时也布置了后期“种子教师”研修工作。杜老师希望本次研修活动可以帮助“种子教师”有效梳理个人研修活动的收获和感悟。

（霍霖霞撰稿）

什么是最好的“教育叙事”

——记五棵松羊坊店片区“种子教师”研修活动

2016 年 12 月 27 日，20 多位五棵松羊坊店片区的“种子教师”聚集在北京十一学校，开展了以“教师教育叙事文体的撰写”为主题的研修活动，片区负责人郭学军老师主持了此次研修活动。下图为郭学军老师正在主持本次研修活动。

郭学军老师在主持研修活动

本次研修活动紧扣“种子教师”的教育教学实践，围绕“教育叙事研究方法以及文本的撰写”的主题展开，以期为下学期“教育叙事”的征文做好理论铺垫。

花园村第二小学的白雪老师分享了自己在组织综合实践课程中的教育经历和成长感悟。

中国教育科学研究院的曹培杰博士从质性研究和量化研究的比较的视角，介绍了“教育叙事”作为一种研究方法对于一线教师研究实践的重要价值。他认为，量化研究存在局限性，加上教师教育教学实践性强，所以对于教师来说，“教育叙事”可能是最好的研究方法。曹博士结合三个典型案例，分析了“教育叙事”的特点和写作框架。他认为优秀的“教育叙事”表现为逻辑严密（通过分析、推理、归纳、对比、演绎进行事实求证，剖析复杂因素）和深究原因（通过反复追问，最终发现问题的真正内核）；而且最好的“教育叙事”至少具备以小见大（讲的是细节，说的是道理）和富有启发（透视问题背后的原因，让读者看到更多可能性）两个特点。所以，他认为“教育叙事”应呈现三个层次：“看山还是山，看水还是水”“看山不是山，看水不是水”“看山是山，看水是水”。第三层，则是最好的“教育叙事”。

曹博士还通过与大家的积极互动，带动“种子教师”一起对三篇案例进行了分析，使“教育叙事”的特征不断聚集，带给大家非常清晰、准确的认识和了解，让“教育叙事”从“高大上”的理论，融入大家身边每日发生的故事中。“种子教师”结合自己的实践故事，展开了热烈的讨论。结合大家提出的如何区分“教育叙事”“教育随笔”“教育案例”，“教育叙事”与行动研究、案例研究的关系等一些疑问，曹博士强调：“教育叙事”要不断追问，要挖掘出故事背后的深刻内涵，反映对教育的认识和理解。

为了给老师们提供更多的分享和学习的资源，本次活动在最后还增加了一个自选项目，即参加十一学校“以诊断促改进”的教学沙龙。

本次研修活动从下午 2 点开始，直到晚上 6 点才结束。将近 4 个小时的活动，既有专家的理论讲座，又有结合实践的案例分享，还分享了教育故事，参加此次活动的“种子教师”都感觉本次研修活动充实而富有收获。

（郭学军撰稿）

附录三　“种子教师”研究项目大事记

海淀区首届教育科研“种子教师”研究项目推进大事记

项目进程	具体活动或研修主题	承办单位	片区	时间
项目准备和启动	发布《海淀区教育科研“种子教师”评选与管理办法(试行)》文件，在全区范围内评选科研“种子教师”。	海淀区教科院	全区	2013 年 12 月 10 日
	全区评选出 284 名科研“种子教师”，并颁发证书	海淀区教科院	全区	2014 年 1 月
项目推进、开展和建设	教师个人研究与学校整体科研的关系——以育英学校教师如何落实学校小初衔接课程为例	北京市育英学校	五棵松羊坊店	2014 年 10 月 22 日
	以课例为载体，以问题为主线的校本研修系列——“低、小、多、快”在教学中的实践与研究	北京市温泉第二中学	北部新区	2014 年 11 月 27 日
	聚焦课堂、思考课堂、高质课堂——走进育新学校，研讨“思维课堂”	首都师范大学附属育新学校	东升	2014 年 12 月 9 日
	交大附中基于“备课组微项目”创建幸福课堂的行动教研——打造“有趣、有参与、有成就”的幸福课堂	北京交通大学附属中学	双榆树	2015 年 3 月 26 日
	创设“以学生为主体”的课堂，培养学生积极心理品质	北京市第十九中学	四季青	2015 年 4 月 9 日
	教育科研方法专题培训——如何撰写开题报告	北京外国语大学附属中学	二里沟	2015 年 4 月 10 日
	首届海淀区教育科研“种子教师”论坛：科研促发展	北京实验学校(立新学校)	全区	2015 年 4 月 17 日

续表

项目进程	具体活动或研修主题	承办单位	片区	时间
	以种子的力量，推动教师专业发展——过幸福完整的教育生活	北京市温泉第二中学	北部新区	2015年5月12日
	聚焦课堂、思考课堂、高质课堂——走进育新学校小学部，研讨“思维课堂”	首都师范大学附属育新学校小学部	东升	2015年5月19日
	科教融合，共同发展	北京市中关村中学	海淀	2015年10月13日
	在可持续发展教育中打造幸福学校	北京交通大学附属中学	双榆树	2015年10月28日
	如何做好课题开题	北京市第十九中学	四季青	2015年10月22日
	实践课程培养学生什么素养	北京市海淀区双榆树中心小学	海淀	2015年12月10日
	阅读，让我们成为“有思想的教育者”	北京外国语大学附属中学	二里沟	2015年12月16日
	如何运用Reading Circle阅读教学策略拓展学生思维	北京大学附属小学	西苑	2015年12月28日
	践行中华优秀传统文化教育	北京市温泉第二中学	北部新区	2015年12月29日
	关于教育研究课题中几个关键点	北京十一学校	五棵松羊坊店	2016年4月7日
	课例的深度研究	北京大学附属小学	西苑	2016年4月26日
	基于教学实践的课题研究申请书撰写	北京外国语大学附属中学	二里沟	2016年4月6日
	“用学科融合实现活力课堂”的实践——走进北京石油学院附属实验小学，感受活力教育	北京石油学院附属实验小学	东升	2016年4月22日
	信息技术助推绿色生态课程可持续发展	北京明天幼稚集团第七幼儿园	双榆树	2016年4月13日
	研究是促进教师专业发展的重要途径	北京市第十九中学	四季青	2016年4月13日
	一贯制学校课程整合及衔接途径研究	北京市海淀北部新区实验学校	北部新区	2016年4月15日

续表

项目进程	具体活动或研修主题	承办单位	片区	时间
	第二届海淀区教育科研“种子教师”系列论坛：幸福教师，幸福学生	北京市第十九中学	四季青、海淀	2016年5月6日
	第二届海淀区教育科研“种子教师”系列论坛：学习方式变革的实践研究	北京外国语大学附属中学	二里沟、北部新区	2016年5月10日
	第二届海淀区教育科研“种子教师”系列论坛：学科实践与学科融合	首都师范大学附属育新学校小学部	东升、双榆树	2016年5月18日
	第二届海淀区教育科研“种子教师”系列论坛：怎样教，学生才喜欢——课堂教学变革探索	北京十一学校	五棵松羊坊店	2016年5月24日
	第二届海淀区教育科研“种子教师”系列论坛：课例研究与案例写作	北京大学附属小学	西苑	2016年5月30日
	讨论优秀“种子教师”的标准，科研培训：如何撰写开题报告	北京十一学校	五棵松羊坊店	2016年10月25日
	教育叙事研究	北京市海淀区万泉小学	海淀	2016年11月24日
	我的“种子教师”研修故事——叙事研究方法的应用	北京市二十一世纪国际学校	二里沟	2016年11月17日
	“种子教师”研修成果展示	中国人民大学附属小学	四季青	2016年11月17日
	“种子教师”课程建设探索展示	北京市海淀区和平小学	北部新区	2016年11月17日
	教育叙事研究方法	北京大学附属小学	西苑	2016年11月17日
	教育叙事文体的撰写	北京十一学校	五棵松羊坊店	2016年12月27日
项目总结、结业	第三届海淀区教育科研“种子教师”征文评审、首届“种子教师”评价、首届“种子教师”总结筹备	海淀区教科院	全区	2017年3—10月
	首届“种子教师”总结大会暨第三届海淀区教育科研“种子教师”论坛	海淀区教科院	全区	2017年11月

后　记

海淀区教育科研“种子教师”研究项目自2014年10月在北京市育英学校进行第一次研修活动以来，在海淀区教科院领导的高度关注和支持下，八个片区的“种子教师”一道走过了一条艰辛的探索之路。几年来，“种子教师”研究项目在海淀近20所学校进行了30多次的研修活动，三届论坛共评选出一等奖论文69篇，二等奖论文125篇，“种子教师”专项课题立项43项，“种子教师”研修活动也被《海淀教育》《海淀报》《现代教育报》和《中国教师》等媒体报道。初步完成了“种子教师”研修的感知、体验和领导力建设等三个阶段，部分实现了“种子教师”从经验型教师向研究型教师的转化目标。

“种子教师”研究项目能够顺利开展并取得一定成效，首先得益于海淀区教科院领导的重视和大力支持。2013年年底在吴颖惠院长的推动下，海淀区教科院出台了《海淀区教育科研“种子教师”评选与管理办法（试行）》文件，吴院长百忙之中参加了两届“种子教师”论坛，后期也多次关注“种子教师”研修活动，并对研修工作进行了具体的指导。高培志副书记也参加了研修活动并为“种子教师”做专题讲座和活动点评。严星林所长不仅亲自参加每学期初的“种子教师”片区负责人工作会，还多次参加“种子教师”研修活动并对活动进行点评，为“种子教师”研修工作的顺利开展明晰了思路和方向。

其次，还要感谢支持此项目的各学校领导和专家。“种子教师”研究项目组相继在北京市育英学校、北京中法实验学校（原北京市温泉第二中学）、首都师范大学附属育新学校、北京交通大学附属中学、北京市第十九中学、北京外国语大学附属中学、北京实验学校、首都师范大学附属育新学校小学部、北京市中关村中学、北京市海淀区双榆树中心小学、北京大学附属小学、北京十一学校、北京石油学院附属实验小学、北京明天幼稚集团第七幼儿园、北京市海淀北部新区实验学校、北京市海淀区万泉小学、北京市海淀区和平小学、北京市二十一世纪国际学校和中国人民大学附属小学等学校开展了研修活动，得到了相关学校领导和教师的支持，各学校领导高度重视此项工作，亲临研修现场，老师们的研究课也成为“种子教师”的重要课程，为研修活动的进行提供了场地和课程支持，保证了项目的顺利开展。中国教育科学研究院的曹培杰博士，海淀区教科院李艳莹、侯兰、方丹、张禹、文军庆、江虹、邬盛鑫、王笑梅和张晓玉老师等科研人员参与了研修活动，他们或开设科研方法的讲座，或点评研修活动，为“种子教师”研修活动提供了方法指导和理念上的引领。

最后，更是要感谢八个片区的负责人和参与研修的“种子教师”，感谢丁新、霍霖霞、姜华、何耀华、姜兴、庄严、王吉根和郭学军八位片区负责人，以及胡兰、鲁小凡和刘千老师，正是由于他们的倾心投入、精心设计、辛勤付出，才使得“种子教师”研究项目三年的研修活动能够落到实处，并逐渐实现目标。参与此项目的 200 多位“种子教师”也是克服了各种困难，参加研修。正是由于大家的共同努力和付出，才逐渐形成了团结、和谐、高效的“种子教师”研修团队，使得项目能够一直开展下去，达到预定目标，取得好的成效。

本书能够成稿，是多方共同努力的结果。海淀区教科院吴颖惠院长非常重视，并撰写了序一。海淀区教科院科研管理所严星林所长主持和策划了本书的结构框架，对全书进行了多次审阅和修改，撰写了序二。本书的编写分工为：何耀华、万红撰写第一章，姜华、翟江娜撰写第二章，鲁小凡撰写第三章，庄严撰写第四章，霍霖霞撰写第五章，项目负责人杜卫斌撰写第六章、第七章，杜卫斌同时负责本书的统稿工作。本书的完成是项目组全体成员共同合作、辛勤劳动的结晶。

由于时间仓促，水平有限，不当之处恳请读者批评指正。

编者

2019 年 6 月